No Rules Rules

不拘一格

网飞的自由与责任工作法

［美］里德·哈斯廷斯（Reed Hastings）
［美］艾琳·迈耶（Erin Meyer） 著

杨占 译

图书在版编目（CIP）数据

不拘一格：网飞的自由与责任工作法 /（美）里德·哈斯廷斯，（美）艾琳·迈耶著；杨占译. -- 北京：中信出版社, 2021.1（2024.1重印）

书名原文：No Rules Rules

ISBN 978-7-5217-1948-2

Ⅰ.①不… Ⅱ.①里… ②艾… ③杨… Ⅲ.①网络公司—企业管理—经验—美国 Ⅳ.① F279.712.444

中国版本图书馆 CIP 数据核字（2020）第 099395 号

Copyright © 2020 by Netflix, Inc.
Simplified Chinese translation copyright © 2020 by CITIC Press Corporation
ALL RIGHTS RESERVED

本书仅限中国大陆地区发行销售

不拘一格——网飞的自由与责任工作法

著　　者：[美]里德·哈斯廷斯　[美]艾琳·迈耶
译　　者：杨占
出版发行：中信出版集团股份有限公司
　　　　　（北京市朝阳区东三环北路27号嘉铭中心　邮编 100020）
承　印　者：北京盛通印刷股份有限公司

开　　本：787mm×1092mm　1/16　　印　张：23　　字　数：230千字
版　　次：2021年1月第1版　　　　　印　次：2024年1月第15次印刷
京权图字：01-2020-0762
书　　号：ISBN 978-7-5217-1948-2
定　　价：69.00元

版权所有·侵权必究
如有印刷、装订问题，本公司负责调换。
服务热线：400-600-8099
投稿邮箱：author@citicpub.com

目　录

推荐序一 | 企业如何最大化地驱动创新　陆奇　VII
推荐序二 | 打造面向未来的新型组织文化　曾鸣　XIII
自　序　一 | 没有规则的规则　里德·哈斯廷斯　XVII
自　序　二 | 把员工当成真正的成年人　艾琳·迈耶　XXV

第一部分
迈向自由与责任的企业文化

1 ▶ 首先，提高人才密度……
优秀同事造就优质工作环境

危机带来的启示　005
优秀员工彼此激励共同成长　008
工作表现具有感染力　010
第一个关键点　012

2 ▶ 其次，提高企业坦诚度……
以积极的态度说出你真实的想法

高绩效 + 无私的坦诚 = 极高绩效　021

我们不喜欢但需要坦诚　024

反馈环：培养坦诚的文化　026

鼓励员工对领导提出反馈　027

学会正确地给予和接受反馈　034

4A 反馈准则　036

当场反馈，实时反馈　038

厘清什么是无私的坦诚，什么是有才华的浑蛋　040

第二个关键点　043

3 ▶ 现在，尝试取消管控……
上：取消限期休假制度

休长假，领导要带头　051

建立和加强情景管理　057

无期限休假制度让自由更具价值　059

给予自由，再落实责任　062

▶ 继续尝试取消管控……
下：取消差旅和经费审批

事前情景设定，事后核实报销　071

从虚假报销中吸取教训　074

最佳回报：自由、高效与节俭　076

第三个关键点　083

第二部分
打造自由与责任的企业文化

4 ▶ 进一步提高人才密度……
支付行业最高薪资

为精英人才提供应得的薪酬　093
不仅要付工资，还要懂得如何支付　096
奖金不利于灵活性　098
开出比其他公司更高的工资　102
支付行业最高薪资　104
始终保持市场最高工资　106
向猎头了解自己的市场价值　113
第四个关键点　119

5 ▶ 进一步提高坦诚度……
开卷管理

隐秘信息　126
把握分享信息的时间　129
第五个关键点　151

6 ▶ 取消更多的管控……
无须决策审批

取消管控，你准备好了吗？　161
对自己认定的想法要敢于下注　163
下注前后需要做些什么　167
第六个关键点　193

第三部分
巩固自由与责任的企业文化

7
▶ 实现最高人才密度……
员工留任测试

家庭讲究"团聚"而不是"绩效" 201
从家庭式工作到高绩效团队 203
员工留任测试 206
里德访谈记录 208
实施结果统计 220
第七个关键点 221

8
▶ 实现最高坦诚度……
反馈循环

去看看"牙医" 227
一种崭新的360度书面反馈 228
360度面对面 234
第八个关键点 242

9
▶ 取消多数管控……
情景管理而非控制管理

控制型管理还是情景管理？ 248
防范错误还是勇于创新？ 252
"松散耦合"还是"紧密耦合"？ 255

团队的认同一致吗？　257

一致对准北极星　258

一致性呈树形，而非金字塔形　261

《伊卡洛斯》——最后一幕　273

第九个关键点　275

第四部分
走向全球

10　走向全球的网飞文化

进入文化地图　287

坦诚，全球范围内大相径庭　296

在间接文化中增加正式反馈　300

学会调整你的方法，交流、交流、再交流　303

一切都是相对的　307

最后一个关键点　311

结语　313

致谢　321

参考文献　323

推荐序一

企业如何最大化地驱动创新

奇绩创坛（原 YC 中国）创始人兼 CEO　陆奇

我很高兴能向中国读者介绍里德·哈斯廷斯和艾琳·迈耶合著的新作，这本书将对所有关心企业如何更好地驱动创新的读者提供深度的思考价值和借鉴意义。

首先，我介绍一下本书的主要作者里德·哈斯廷斯。他是网飞的创始人和首席执行官，是一个有深厚技术背景和非常成功的连续创业者。对于产品研发、市场营销，尤其是企业文化建设，他有着敏锐的视角、穿透性的洞察和高度的智慧。同时，里德也是一个执行能力杰出的企业家，网飞骄人的成长背后很大的原因是里德对企业创新的前瞻性探索和务实有效的执行。在工作之外，里德对生活和社会责任充满着热情，并执着地持续追求与奉献。

我和里德相识多年，他曾在一段时间内担任微软董事，我们在董事会及其相应业务环境中有过多次交流，他的犀利观点和坦诚给我留下深刻印象。在他离开微软董事会之后，我们仍然保持联系。当我面临重大问题时，我会找里德交流并倾听他的智慧。他约人会面通常是一起绕着网飞公司附近景色美丽的园区走一圈，至今我还清晰地记得几年前我们午饭后的徒步交谈。

这本书的中心主题是企业如何最大化地驱动创新。它的理论基础和实践验证是围绕人才和以人才为中心的企业管理及文化建设。书中的所有素材均源于网飞成长过程中里德和他的管理团队不断探索的实践经验。

本书的另一位作者是艾琳·迈耶，她采用了调研采访的形式，将大量的实际案例深入浅出地串联在一起，生动地描述了里德如何建立起网飞独特的企业文化，以及网飞如何发挥强大创新力从而引领全球流媒体创新，并能保持长期高速成长。亲历者多角度讲述的案例让读者能有身临其境的体验，近距离地观察到里德和他的团队大胆探索和务实执行的过程，以及如何建立起网飞独特的企业管理方法和有强大生命力的企业文化。

除了具体的理念和实践案例，两位作者还提炼了清晰的思维结构和方法论总结，帮助读者系统性地理解网飞文化的体系结构和落实方法，使读者能举一反三，把网飞文化精髓变成活的知识。

网飞文化的内核是人才，它的理论基础是我们大家必须关注的"人才效益现象"，即一个富有才华的人所产出的创新效果将数倍于一个能力中等的人，并且随着技术和创新发展，这种倍数还在不断增加。这里需要强调的是，这种人才效益现象针对的是创新能力起决定性作用的工作岗位，比如技术研究和产品开发等。针对这一现象，里德提出将人才密度作为企业创新能力的内核基础。因为优秀人才能激励其他优秀人才，而精英创造的出色成果能感染更多的出色人才。一个企业只具备少量的人才是不够的，它需要累积足够的人才密度才能具备高水平的创新能力。

基于这个管理理念，网飞通过大胆探索，建立起了多项提高人才密度的企业文化和管理机制。第一是人才薪酬策略。网飞执着地寻找一流人才加盟，并坚定不移地付出市场上相应岗位的最高薪酬。这一点看似简单，执行起来并不容易，比如招聘经理必须有能力吸引一流人才，能敏感地了解各种岗位薪酬市场的最新行情，并在工资奖金组合上做出有吸引力的决策。第二是人才去留策略。网飞的做法是违反常规的，在网飞，即使员工工作努力并做出贡献，但只要跟不上企业创新步伐就可能随时被告知离岗。网飞会付出比市场高很多的离职安置费。这种独特的做法在行业界是颇有争议的，但是通过多年实践，网飞的实际员工离职率并没有显著高于行业平均水平，而其产生的创新效益是大家有目共睹的。

高人才密度只是企业创新的基础，要充分发挥这些人才的创新潜力，企业还必须建立起多层次、多维度、完整的文化和管理体系，而这种企业文化所需要的底层基础是坦诚沟通和正面有效反馈。因为要让企业高速创新，它的组织和业务运营必须快速决策，并得到及时且真实的反馈信号，尤其是领导层做出的重要决策。这里最为重要但最难的是坦诚沟通，特别是领导和员工之间的沟通。在企业沟通中讲真话不容易，往往对员工有压力并且可能带来职业风险。打造这种文化需要领导以身作则，需要智慧、勇气、胸怀和长期努力。对此里德为网飞和我们树立了一个非常好的榜样。书中有很多具体案例展示了里德是如何应对棘手问题的，建议大家在阅读中先选择自己的答案，然后再对比里德是如何以他的原则来处理的。需要强调的是，在企业沟通中只是坦诚还不够，还需要有效反馈。书中列出的网飞沟通方法论值得读者参考。

在高人才密度和有效沟通反馈的基础上，网飞创建了一系列新颖高效的企业管理机制，它们都围绕着一个共同的核心：在管理上放权，赋予员工更多的自由，同时也让员工承担其相应的企业责任。它们的核心宗旨是让员工最大化地施展他们的才华和对企业的责任心，使企业能最大化地发挥人才潜能，驱动创新。

网飞采取的第一项放权措施是取消关于员工假期的规定，给员工充分的自由来决定休假时间和天数。我记得当时网飞休假政策出台时，在整个业界都引起了震动。理论上，这种方法能更好地激励员工，带来更好的创新效益，但具体实施中会有很多挑战和大量的风险。很多企业领导层会讨论这种可能性，但绝大多数停留在纸上谈兵阶段。只有网飞在里德的领导下，大胆探索，小心求证，不断迭代，务实执行，真正地实现了这种彻底给员工自由的休假政策，而且它的实际效果是风险可控，并相当有效地激发了员工的积极性。

网飞放权赋予员工更多自由的下一个措施是取消差旅和经费审批。这一政策在不同的维度赋予员工更多的自由度，让他们能更大程度地发挥才能，同时也需要员工进一步承担相应的企业责任，把控好由此带来的风险。基于同样的原则，里德和他的团队通过大量的探索和迭代，找到了一些有效落实的执行方法，比如"事前情景设定，事后核实报销"等，使得员工不仅得到更多的自由度，而且网飞的整体运营因此变得更为高效和节约。

网飞再下一层更为核心的企业改革是从"控制管理模式"转型到"情景管理模式"。这对很多企业管理者和企业创新探索者来讲，是一个长期追求但非常难实现的企业管理境界。在企业决策过程当中，理想的情况是每一个重要决定都由最了解情况、专业能力最强的相关责任人来做决策，但是绝大部分企业在管理上都采用金字塔决策模式，重要的决定都是由领导层来做，而领导层往往并不是最适合做这些决策的。网飞所采用的是树形的决策模式，企业领导层只负责树根部分，确保整个企业有高度一致的战略方向，同时赋能每一根树枝，让它们能基于相应的业务情景来做决策。这里需要指出一点，里德的技术背景也起了重要的作用，因为网飞的组织架构是源于软件系统架构中低耦合的设计原则，这种设计能使软件系统在规模化成长的同时保持灵活高效。对于高速成长的企业也一样。相对于从上到下高耦合组织架构而言，"认识一致，松散耦合"的组织体系是更为有效的。

经过里德和团队长期的努力，网飞形成了非常独特和有强大生命力的企业文化，并且在不断地进化和自我更新。里德也通过本书对外分享网飞文化，希望能帮助更多企业打造有特色的企业文化。我认为有几个重要原因使得网飞文化值得读者认真思考和借鉴。首先，网飞从诞生起一路高速成长的创新历程是对整个网飞文化最好的佐证，因为有大量实例能验证网飞文化确实是驱动网飞创新的核心动力。其次，尽管网飞文化是在互联网流媒体产业高速发展的环境中建立起来的，但读者仍可以从网飞文化体系中提炼出一系列管理理念和实践方法论，并将它们应用于其他行业的企业创新工作。在阅读本书的过程当中，我也把我解读的网飞文化和我过去几十年在企业文化和管理上的尝试和经验做了不少对比，我高度认同里德的价值观和许多管理理念，同时受到了很多启发，这将有助于我和奇绩创坛更好地支持中国的创业企业，尤其是技术驱动的创业创新。

我深信对于中国读者尤其是专注于企业创新的人来讲，网飞文化能提供高价值的思维启发和实践经验，同时我认为借鉴网飞企业文化也需要充分考虑中国国情和主流文化的大背景，需要有针对性并且用更接地气的方式汲取网飞文化中的精髓。比如需要努力做到网飞文化的一个重要前提：企业员工能像"成年人"一样工作，能自主地维护企业利益和承担企业责任。需要指出的是，网飞已经在全球多个地域尝试，并得到了不少正面反馈。书中最后一章介绍了网飞文化在主流文化与中国相似的国家（比如日本）所取得的进展，这将对中国的读者有更直接的借鉴意义。创新（尤其是技术驱动的创新）将是未来推动中国经济发展的核心动力，每一个企业都需要最大化地加速创新。我希望中国的每一位读者，创业者，企业家，都能从本书中受益。

推荐序二

打造面向未来的新型组织文化

阿里巴巴集团前总参谋长　曾鸣

你同意下面这些做法吗？

"末位淘汰制是我们最为排斥的规定。"

"只是做得称职的员工也得拿钱走人，我们要为这些岗位招聘明星员工。"

"按市场最高价支付工资，不要搞绩效奖金。"

"我从不关注员工的工作时长，考核员工也不是看他是否在努力工作。"

"永远保持坦诚。身为领导者，不能让你的下属对你的决策感到不解和诧异。"

可能大部分人都不会同意这些做法。但这些原则却是网飞公司大力提倡的。他们为什么会这么做？理解网飞公司这些选择的内在逻辑，对于我们应对智能商业时代的组织挑战有很大的启发，这正是本书的价值所在。

创立于1997年的网飞，如今市值超2000亿美元，和迪士尼公司并驾齐驱。这样惊人的成功源于公司独特的文化。网飞在融合硅谷的科技创新和好莱坞的创意过程中，形成了自己独树一帜的组织理念和企业文化。虽然网飞的企业文化早已名声在外，但争议也很大。《不拘一格》给我们带来了惊喜。这本网飞创始人和管理学教授合著的书，非常系统地讲清楚了网飞到底是怎么运作的。我认为，由于未来组织最重要的挑战就是充分发挥员工的创造力，网飞看似异类的理念很可能就是未来组织的主流，网飞就是未来组织的样本。因而，理解网飞文化的底层逻辑对于打造未来组织有重要的借鉴意义。

网飞文化的核心是"人才重于流程，创新高于效率，自由多于管控"。必须理解，这样的文化建立在一个非常重要的基础上：创造力需要自由，但自由又不能被滥用。所以网飞只招"成年人"，即那些理解自由意味着更大责任的人。网飞文化落地有三个抓手：提高人才密度，引入坦诚文化，取消各种管控。书中的前九章严谨地阐述了这三者是怎么互相促进，并通过三个阶段螺旋式提升的。"一旦你提高了人才密度，你就可以放心地提出坦诚的问题；然后，你才可以逐步取消管控员工的种种规则。"放在这样一个完整而自洽的体系内，才能理解以上那几个网飞看似反常的原则。

正因为网飞所有方法都是非常自洽、环环相扣的，读者必须深入理解这些想法背后的理念和价值观，不能只是学习其中几个你看起来觉得很棒的做法，不然很有可能南辕北辙。例如，"如今，完整的差旅和开支政策只有短短的六个字：网飞利益至上"。这样只提供简单原则的方式，看起来容易，实际上对管理提出了更高的要求：需要更多时间的交流，更好的表率，以及类似"情景设定"这样的管理创新。再比如，"这种分散决策的模式已经成为我们企业文化的基础"。但前提是公司有高人才密度和高透明度，不然很可能适得其反。

这本书写得非常精练，很多段落都值得反复咀嚼，深思。例如：

"构建一个高效且具有创造力的工作环境，离不开出色的员工。他们……具有超凡的创新能力，能够完成繁重的任务，并能很好地相互协作。"

"尽管自由会在一定程度上导致员工的滥用，但代价比员工受到种种束缚要低得多。如果总是要求员工提交各种申请，依靠层层审批来加以控制，不仅会打击员工的积极性，还会失去低规则环境所带来的速度和灵活性。"

"你把那些通常只有高管才知道的信息直接分享给底层员工，他们就可以自己做判断，完成更多的工作。由于不需要浪费时间去寻求信息和获得批准，他们的工作效率会更高。没有上级的指示，他们自己就可以做出更好的选择。"

"对于我们的员工来说，透明度代表我们相信员工能够认真负责地对待工作。我们对他们的信任又会增强他们的归属感、使命感和责任感。"

"自由与责任的关系并不是像我先前所想的那样背道而驰，相反，自由是通往责任的一条途径。"

"当老板放弃'决策审批者'这一身份时，公司业务发展会更加迅速，员工创新能力也会增强。"

……

网飞的做法和"自组织"的理念是相通的。我认为，随着机器智能对于人的常规脑力劳动的逐步取代，人的价值将越来越建立在创造力的基础上，未来就是创造力的时代。而创造力是很难在各种繁文缛节、严格管控的环境下发展起来的。怎么办？我们显然需要面向未来的组织创新。这几年，我虽然陆续提出了赋能、协同、共创等新的理念，但一直没有碰到一个比较成熟的新组织的案例。网飞的实践证明，基于自由和责任的新型组织更能够在复杂多变的环境下充分发挥员工的创造力。

想要在未来激烈的竞争中脱颖而出的企业，必须能够创造出属于未来的新型组织。十年后，我们将听到属于他们的故事……

自序一

没有规则的规则

里德·哈斯廷斯

2000年初,我和马克·伦道夫(Marc Randolph)来到位于得克萨斯州达拉斯的文艺复兴大厦,走进27楼一间巨大的会议室。这里是百视达公司的总部。我悄声对马克说:"百视达的规模是我们的1 000倍。"百视达是一家拥有60亿美元资产的大公司,主要从事家庭影视娱乐业务,在世界各地拥有近9 000家租赁门店。

百视达的首席执行官约翰·安蒂奥科(John Antioco)被誉为资深的战略分析师。他认为,如今无处不在且发展迅猛的互联网将会颠覆整个影视租赁行业。这位首席执行官蓄着山羊胡子,穿着一身名贵的西服,面带微笑地接见了我们,表情看上去十分轻松。

相比之下,我就显得很紧张了。我和马克一起经营着一家成立才两年的小公司,通过公司网站出租DVD光碟。我们有100名员工,订阅量只有30万,而且发展还很不平稳,仅仅去年一年就亏损了5 700万美元。所以,我们很希望与百视达达成合作协议。几个月的努力,就为了得到安蒂奥科先生给予我们的肯定答复。

我们围着一张巨大的玻璃桌子坐了下来。闲聊几分钟后，我和马克就开始介绍我们的合作提议。我们提出让百视达收购网飞，然后由我们来开发和运营 Blockbuster.com 网站，从事在线视频业务。安蒂奥科仔细地听着，频频点头。接下来他问道："如果百视达收购网飞，需要多少费用呢？"我们回答说 5 000 万美元。听到这个价格，他断然拒绝了。我和马克只得失望地离开了百视达。

那天晚上，我躺在床上闭着双眼，脑海里闪现出这样一幅景象：整个百视达 6 万名员工都认为我们的这个提议十分荒谬，对我们嘲笑不已。当然，安蒂奥科也不为我们的提议所动。像百视达这样的家庭影视巨头、行业领军品牌，拥有上百万的客户和巨额的营业收入，还有一位才华横溢的首席执行官，为什么要对像网飞这样刚刚起步、发展也不稳定的小公司感兴趣呢？如果我们自己都做不好，他们又能起什么作用呢？

世界在不断地改变，我们的公司也慢慢站稳了脚跟，而且得到发展和壮大。2002 年，距那次会面又过去了两年，网飞上市了。虽然我们取得了长足发展，但百视达当时的规模依然是我们的 100 倍，它的市值为 50 亿美元，我们仅为 5 000 万美元。此外，百视达归维亚康姆（Viacom）所有，而维亚康姆是当时世界上最具价值的媒体公司。然而沧海桑田，时移世易，2010 年，百视达宣布破产，到 2019 年，仅在俄勒冈州的本德市还有最后一家影视租赁门店。百视达从 DVD 租赁到流媒体的转型失败了。

但对于网飞，2019 年却是可圈可点的一年。我们的电影《罗马》

（Roma）获得了奥斯卡最佳影片提名，并获得了三项奥斯卡大奖，这是导演阿方索·卡隆一项了不起的成就，同时也凸显了网飞向成熟娱乐公司的转变。十多年来，我们不仅成功实现了从 DVD 邮递业务到互联网流媒体的转型，在 190 个国家拥有了超过 1.67 亿的订阅量，还跻身全球性大型媒体公司行列，有实力制作自己的电视节目和电影。我们有幸能与全球最有才华的创作者合作，其中就包括了珊达·瑞姆斯、科恩兄弟，以及马丁·斯科塞斯。网飞把握住了时机，实现了突破，为观众带来了精彩的节目和影视欣赏的全新体验，让人们的生活得到了极大丰富。

经常有人问我："这一切是怎么做到的呢？为什么网飞能不断适应发展，而百视达却不能呢？"我们去达拉斯的时候，百视达还占据着绝对优势。他们拥有自己的品牌，影响力巨大，资源丰富，前途无可限量，他们完全不费吹灰之力就可以碾轧我们。

当时甚至连我自己都没有意识到，我们有一点是百视达所不具备的，那就是人才重于流程、创新高于效率、自由多于管控的企业文化。我们的文化强调以人才密度实现最高绩效，对员工实行情景管理而不是控制。这使得我们能够不断地成长，并随着整个世界、随着客户需求的变化而变化。如果一定要说网飞有什么不同之处，那就是它不拘泥于规则。

***

百视达并不是一个特例。当产业转型时，绝大多数公司都会遭遇经营惨淡的情况。柯达未能从胶卷摄影转变为数码摄影，诺基亚未能从翻盖手机发展成智能手机，美国在线也未能从拨号互联网转型至宽带业务。我自己第一次创业成立的纯软件公司（Pure Software）也没有能够适应行业的变化，因为我们当时的企业文化缺乏创新性和灵活性。

纯软件公司是我在1991年创办的。起初，我们的企业文化很不错。公司当时只有十几个人，也做出了一些新东西，比如，有一套用于复杂软件系统的调试工具就曾风靡一时。像许多小型创业型公司一样，我们的行为几乎不受任何规矩和制度的约束。如果我们的营销人员想要在餐厅里工作，那是完全没问题的，不需要得到管理层的许可，因为他们在那里可以很方便地给自己倒一碗幸运麦片，这样"有助于思考"。碰上欧迪办公用品搞特价销售，我们的设备负责人想为我们的员工购买14把豹纹办公椅，她也不必填写采购订单或者获得首席财务官的批准。

纯软件发展壮大以后，我们雇用了一批新员工，其中有些人犯了一些愚蠢的错误，这让公司蒙受了不小的损失。每次遇到这种情况，我都会制定一项新的规定来防止错误的再度发生。例如有一次，我们的销售人员马修到华盛顿去拜访一位潜在的客户。客户住在五星级的威拉德洲际酒店，于是马修也住在了那里，一晚700美元。我知道以后很是无语，于是让我们的人事部门拟订了一份差旅报销的规章制度，明确了员工在机票、餐饮和酒店住宿方面可以报销的金额，并规定超出标准须经管理层批准。

我们的会计希拉有一条黑色的狮子狗，她有时会把它带到办公室里来。有一天，我发现这条狗把会议室的地毯咬了一个大洞，更换那块地毯花了不少钱。于是，我又制定了一项新规：没有人力资源部门的特别许可，工作期间禁止带狗进入公司。

规定和管理流程成了我们工作的基础，那些擅长在条条框框里循规蹈矩的人得到了提拔，而许多有创造力且特立独行的员工却感到窒息，于是他们便离职去了别处。看到他们离开，我很难过，但那时我相信这就是公司成长的过程。

后来，公司出现了两个新的情况。第一个情况，是我们的创新跟不上节奏。我们的效率越来越高，但创造力却越来越弱。为了发展，我们不得不收购其他拥有创新产品的公司。这就导致业务越来越复杂，规则和流程也越来越多。

第二个情况，是软件行业从 C++ 语言转变为了 Java 语言。为了生存，我们也亟待做出改变。但是，我们选择并培养的员工已经习惯了遵照流程做事，缺乏创新思维，也没能快速转型。所以，我们无法适应发展，最终在 1997 年将公司卖给了最大的竞争对手。

接下来，我们便创办了网飞，我希望公司有更大的灵活性，员工有更多的自由和创新意识，而不是一味地防范错误和遵守规则。但我也知道，随着公司的发展，如果没有相关的规则和流程，公司就可能会陷入混乱。

经过多年的反复实践、试错，以及不断的改进，我们最后终于找到了行之有效的办法。如果你给员工更多的自由，而不是制定规则来阻止他们发挥自己的判断，他们会做出更好的决定，也更有责任感。这样，员工工作起来会更愉快，更有动力，公司经营也会更加灵活。但是，要实现这种自由，你必须有一个基础，即让公司先从以下两个方面得到提升：

第一，提高人才密度。

在大多数公司，规则和控制流程针对的都是那些表现马虎、做事不专业或不负责任的员工。但如果你规避或者剔除掉这样一些人，你就完全不需要那些规则。如果你能组建一支几乎完全由高绩效员工组成的团队，那么大多数规则都是可以去掉的。人才密度越高，你能提供的自由度就越大。

第二，提高坦诚度。

有才华的人身上有很多东西值得学习。但在一般情况下，讲究客套的人际交往会妨碍员工做出必要的反馈，从而影响绩效水平的提升。如果优秀的员工都养成坦诚反馈的习惯，那么他们就能更好地完成工作，同时对彼此负责，这就进一步减少了对传统管控的依赖。

在此基础上，须做好一道减法——减少管控。

首先，将员工手册由厚变薄，差旅、经费支出、休假等相关规定统统可以不要。然后，随着人才密度越来越大，反馈越来越频繁和坦诚，你就可以取消整个组织的审批流程，教会你的经理们"进行情景管理，而非控制管理"，同时让员工把握这样一个原则：工作不是要费心地取悦老板。

最重要的是，一旦你着力营造这样的文化氛围，企业管理便进入了一个良性循环。取消管控将构建一种"自由与责任"（Freedom & Responsibility，简称F&R）的文化氛围，这也是网飞员工经常挂在嘴边的词。这种文化会吸引很多顶尖的人才，同时又将管控的程度降至最低。实现了这一切，就能让你的公司达到大多数公司无法企及的效率和创新水平。当然，这一切并不是一蹴而就的。

第一步
打造高绩效的员工团队，**提高人才密度。**
鼓励互相反馈，**引入坦诚文化。**
通过取消休假、差旅及报销制度，**逐步取消管控。**

第二步
支付市场最高薪资，**进一步提高人才密度。**
增强企业内部透明度，**提升坦诚度。**
通过取消决策审批，**消除更多管控。**

第三步
通过员工留任测试，**实现人才密度最大化。**
通过反馈循环，**实现最高坦诚度。**
通过情景设定，**取消多数管控。**

当然，作为一种尝试，我们既有成功的方面，也有失败之处。网飞的生活，和寻常的生活一样，比上面这张龙卷风示例图所展示的更复杂一些。这正是我要请公司外部的人来研究我们的文化，并和我一起写这本书的原因。我想让一位公正的专家走进我们公司，近距离观察我们的企业文化，研究我们的文化是如何一天天发展起来的。

我想到了艾琳·迈耶，我刚刚读完她写的《文化地图》（*The Culture Map*）。艾琳是巴黎欧洲工商管理学院（INSEAD）的教授，最近被Thinkers 50（全球管理思想家排行榜）评为全球最具影响力的管理思想家之一。她经常在《哈佛商业评论》上发表关于工作环境文化差异的研究，我从她的著作中得知，她也曾是赴南部非洲任教的"和平队"志愿者，比我早了10年。于是，我便主动联系了她，本书应运而生。

在本书中，我们将按照网飞发现这些节点的顺序，一章一章地将其串联起来。

本书的前面九章内容分为三个部分，探讨了这三个步骤的实施办法，每一部分都分别呈现出这三个步骤演进的一个周期。第十章讲述了网飞的企业文化与其他国家的文化融合时遇到的一些情况，这种融合十分有趣，但同时也是全新的挑战。

我们将看到这些节点在网飞的工作环境中是如何发挥作用的：我们也可以看一看，自己能从中学到些什么，能否运用到你的企业中，从而创建自己特有的、富于自由与责任的企业文化。

自序二

把员工当成真正的成年人

艾琳·迈耶

独特的网飞文化

企业文化通常难以用清晰的语言来表述,定义往往也模棱两可,有的就算能明确地表述出来,在现实中也不可能真正做到。公司宣传或年度报告中的口号常常只是一些空话。

多年来,美国有家很大的公司一直自豪地将其价值观展示在总部大厅:诚信、沟通、尊重、卓越。这是哪家公司呢?这就是安然公司。它自诩拥有崇高的价值观,却在史上最大的企业欺诈和腐败案件中倒闭了。

不同于一般的企业,网飞的企业文化因其表里如一而受人称道,但也可能是臭名昭著,这取决于你看待的角度。数以百万计的商界人士研究过一份名为《自由与责任》[①]的演示文稿,共有127张幻灯片。这原本

---

① 原文为"Netflix Culture Deck",后网飞将其命名为"自由与责任"。

是网飞公司内部使用的,但里德在2009年将其分享到了互联网上。据说,脸书的首席运营官谢丽尔·桑德伯格认为"《自由与责任》是出自硅谷的一份最重要的文件"。她说:"我很喜欢《自由与责任》的坦诚,但我不喜欢里面的内容。"

看看下面的幻灯片,你就能明白谢丽尔为什么会这么说。

和所有公司一样,
我们努力招聘最好的员工。

与大多数公司不同,
我们践行:
仅仅做到称职也要拿钱走人。

只是做到称职的员工也得拿钱走人,
我们要为这些岗位招聘明星员工。

适用于管理者的留任测试:
我手下的员工,如果告诉我他将要跳槽,
前往另一家公司从事类似的工作,
我会不会尽力挽留他?

且不说炒掉那些努力工作但业绩并不出众的员工是否有悖道德，这些幻灯片让我觉得这是一种极其糟糕的企业管理模式。这一模式违反了哈佛商学院教授埃米·埃德蒙森（Amy Edmondson）所说的"心理安全"原则。埃德蒙森教授在 2018 年出版的《无畏的组织》(*The Fearless Organization*) 一书中指出：如果你想激励创新，你就需要创造一个让员工可以安心地放飞梦想、大胆发言和勇于冒险的环境。工作环境让员工越有安全感，就越能激发他们的创新意识。

　　很显然，网飞公司没有人读过这本书。他们雇用了最优秀的员工，然后向他们灌输一种忧患意识，告诉他们如果不追求卓越，就自个儿拿一笔遣散费走人。这听起来无疑是扼杀了创新的希望。

　　在《自由与责任》中还有一页幻灯片是这样的：

网飞的休假制度与追踪考核

"没有休假制度与追踪考核。"
网飞对上班着装没有要求，
但也没有人赤身裸体来上班。

经验：不是什么事情都需要制度与规则。

　　不给员工安排假期似乎是不人道的做法，这样做只能把公司变成一个"血汗工厂"。而网飞却把这样的制度包装得像福利一样。

　　有假期的员工会更开心，在工作中会更加投入，生产效率也会更高。而事实上，很多员工都没有休满安排给他们的假期。玻璃门网站

（Glassdoor）的一项调查显示：2017年，美国员工实际休假天数只有他们应休假期的54%。

如果没有限期休假的制度，员工真正休假的时间可能就更少了。这样的认识是有理论依据的，即心理学家所说的"损失规避"。我们人类都不想失去自己已经拥有的东西，这种感觉甚至超过我们对新事物的渴望。面对可能失去的东西，我们会竭尽全力地抓住它。所以，如果有休假的安排，我们还是会尽可能地去休假。

如果没有假期，你当然也没必要担心会失去假期，所以就更不可能去休假了。而许多传统政策中"过期作废"的规则听起来像是一种限制，但实际上是在鼓励人们抓住机会休假。

还有一页幻灯片是这样的：

> **永远保持坦诚**
>
> 身为领导者，
> 不能让下属对你的决策感到不解和诧异。

当然，没有人会赞同将工作环境建立在秘密和谎言的基础上，但有时采取一定的策略，显然比直言不讳更好。例如，当团队成员陷入困境，需要鼓舞士气或者增强自信时，我们就需要委婉地处理。而"总是坦诚"的一揽子规则听起来却是在破坏关系，磨灭激情，还会造成一个不太愉快的工作环境！

总的来说，网飞的《自由与责任》给我的印象就是极度男性化，充斥了过多的对抗性和彻头彻尾的攻击性。你可能会觉得，这种公司的创造者，就是一个在一定程度上用机械论和理性主义观点来看待人性的工程师。

尽管如此，有一个事实却不可否认，那就是——

网飞公司业绩斐然

2019 年，也就是网飞上市 17 年后，其股价从 1 美元一路攀升至 350 美元。相比之下，投入标准普尔 500 指数或纳斯达克指数的 1 美元，同期的增长在 3~4 美元之间。

不仅仅股票市场对网飞青睐有加，客户和评论家们也对其钟情不已。网飞的原创剧集如《女子监狱》（*Orange is the New Black*）、《王冠》（*The Crown*）已经成为 10 年来最受欢迎的电视剧；而《怪奇物语》（*Stranger Things*）可能是全球收视率最高的电视剧。一些非英语电视剧，如西班牙语的《名校风暴》（*Elite*）、德语的《暗黑》（*Dark*）、土耳其语的《守护者》（*The Protector*），以及印度语的《神圣游戏》（*Sacred Games*）等，都大大提升了其母语国家的影视水平，还催生了新一代的国际巨星。在过去几年里，网飞获得了 300 多项艾美奖提名，还多次获得奥斯卡金像奖。此外，网飞获得的金球奖提名多达 17 项，比其他任何网络和流媒体客户端都要多；在国际信誉研究所（the Reputation Institute）的 2019 年度全国排名中，获得了"全美最受推崇公司"第一名。

网飞还深受员工们的追捧。在 2018 年由 Hired.com（一家科技人才市场网站）进行的一项调查中，网飞被评为公司职员最想去工作的公司，击败了谷歌（排名第二）、埃隆·马斯克的特斯拉（排名第三）和苹果（排名第六）。2018年，专门从事薪酬及职场研究调查的Comparably公司从45 000家美国大公司收集到500多万份匿名调查，他们根据这些数据进行了"最幸福员工"排名，结果显示：在所有参评的公司中，网飞位列第二，仅次于波士顿剑桥的软件公司HubSpot。

最有意思的是，与产业转型失败的绝大多数公司不同，网飞在短短15年的时间内，成功应对了娱乐和商业领域的四次大规模转型：

- 实现了从邮政递送DVD到网络流媒体播放的转型。
- 从网络播放旧内容到通过外部制片公司创作新内容，如《纸牌屋》（*House of Cards*）。
- 从外部授权到创建自己的制片公司，制作出大量获奖电影和电视节目，如《怪奇物语》（*Stranger Things*）、《纸钞屋》（*La Casa De Papel*）以及《巴斯特·斯克鲁格斯的歌谣》（*The Ballad of Buster Scruggs*）。
- 从美国到世界各地，成为一家业务遍及190个国家的全球性公司。

网飞公司的成功超乎了我们的想象，简直有些不可思议！很显然，这其中有一些不同寻常的因素，而这些因素是2010年宣布破产的百视达所不具备的。

与本书的结缘

2015年2月，我在《赫芬顿邮报》上读到一篇文章，题为《网飞成功的一个原因——它把员工当成真正的成年人》。文中这样写道：

> 网飞认为你具有惊人的判断力……判断力几乎可以解决所有模棱两可的问题，而流程做不到。
>
> 从另一个方面来看……网飞也期待员工发挥出超高的工作水平，不然就得立马走人（不过有一笔丰厚的遣散费）。

我越来越感到好奇：这样一个组织，在现实生活中是如何成功运作的呢？我刚开始的感觉是，缺乏规则必然会造成混乱；如果员工不能发挥出超高的工作水平，就得立马走人，这又难免会引起员工的恐慌。

几个月后的一天，当我醒来时，发现收件箱里有这样一封电子邮件：

发件人：里德·哈斯廷斯
日期：2015 年 5 月 31 日
主题：和平队、您的大作

艾琳：

您好。
我是 1983—1985 年赴斯威士兰的和平队志愿者，现任网飞公司首席执行官。我很喜欢您的大作《文化地图》，我们现在要求所有管理人员都要阅读这本书。

我也经常来巴黎，希望有时间能与您一起喝杯咖啡。
这个世界很小！

里德

这样，我便与里德相识了。后来，里德建议我采访一下网飞的员工，亲身体会一下真实的网飞文化，并收集资料与他共同完成这样一本书。借这样一个机会，我可以走进这一看似与我们所知的心理学、商业行为和人类行为相悖的企业文化，看看它为什么能取得如此巨大的成就。

接下来，我对网飞在硅谷、好莱坞、圣保罗、阿姆斯特丹、新加坡和东京的在职及离职员工进行了200多人次采访，采访对象涵盖从高管到行政助理的各个层次。

网飞通常不支持匿名行为，但在我的采访中，我坚持认为每个采访对象都可以选择匿名接受采访。因此，选择匿名的受访者在本书中仅以化名出现。不过，正如网飞"永远坦诚"的企业文化所倡导的那样，许多人都乐于将各种令人惊讶，甚至是有损个人形象的想法和故事分享出来，有些是关于自己的，有些是关于上级的。他们并不介意将这些内容公之于众。

以不同的方式串联关键点

史蒂夫·乔布斯在斯坦福大学的毕业典礼上做过一场著名的演讲。他在演讲中说道："面向未来，你无法将所有节点串联在一起；只有回望过去，你才能看清这些节点是如何串在一起的。你要相信，这些节点会在未来以某种方式联系在一起。所以你要有一种信念，这种信念可能是你的直觉、你认定的命运，抑或你向往的生活、你所相信的因果报应，或者其他某种想法。这种方法从来没有让我失望过，这让我的生活变得与众不同。"

乔布斯并不是唯一持这种观点的人。理查德·布兰森也经常把"A–B–C–D"挂在嘴边，即时刻把节点连在一起。戴维·布赖尔和《快公司》杂志发布过一段很有意义的视频，认为我们连接生活节点的方式决定了我们如何看待现实，进而决定了我们如何做出决策，如何得出结论。

现在的关键，就是要鼓励人们提出更多的质疑。在大多数组织机构中，人们总是循着他人的轨迹去串联生活的节点，以维持工作与生活的现状。但是某一天，有人用不一样的方式连接了这些节点，就会对整个世界有一种全新的认识。

这就是网飞所发生的故事。尽管里德在经营纯软件公司时积累了丰富的经验，但他当时并没有着手建立这样一套独特的文化体系；相反，他追求的是组织的灵活性。但后来发生了几件事，促使他用一种全新的方式将企业文化的各个节点联系在了一起。当诸多要素融合在一起之后，他才在反思中意识到，是怎样的企业文化助推网飞走向了成功。

第一部分

迈向自由与责任的企业文化

这一部分展示了一个团队或组织如何开始打造自由与责任的企业文化。这些概念环环相扣,所以不建议你按章节将这些概念截然分开。一旦你提高了人才密度,你就可以放心地提出坦诚的问题;然后,你才可以逐步取消管控员工的种种规则。

▶ 首先，提高人才密度……

1

优秀同事造就优质工作环境

20世纪90年代，那时的我喜欢从街上的百视达门店租借录像带。我每次只租两三盘，这样就能在短时间内看完并归还，否则就得交纳逾期费。有一天，我挪动了一下餐桌上的一堆文件，无意中发现居然有一盘录像带忘记了归还，已经逾期几周了。我拿去归还时，店员告诉我需要额外支付40美元的逾期费。当时我觉得自己真是糊涂！

这件事也引发了我的思考：百视达大部分的利润都来自逾期费，而这种赚糊涂钱的商业模式是无法留住顾客的。那么，是否有另一种商业模式能够使客户既能享受在家看电影的愉悦，又不会因忘记归还而承担高昂的费用呢？

1997年初，我创办的纯软件公司被收购。于是，我和马克·伦道夫开始考虑推出影片邮寄业务。亚马逊因线上销售图书而取得成功，那么影片呢？我们先是考虑让客户通过我们的网站进行租赁，然后再邮寄归还，后来我们发现，存储影片的录像带光邮寄成本就要4美元，运营成本过高，市场空间很小。所以，我们否定了这一想法。又有朋友告诉我，现在新出了一种名叫DVD的存储介质，秋后便能投入使用。他解释说："DVD就和CD碟片一样，但可以存储电影。"于是，我赶紧跑到邮局，给我自己寄了几张CD碟片（因为当时我还找不到DVD），而每张碟片的邮费仅为32美分，比录像带的邮费低得多。之后，我便回到位于圣克鲁兹的住处，焦急地等待着。两天以后，这些碟片完好无损地送到了我的手中。

1997年8月，我和马克共同创办了网飞公司。1998年5月，网飞正式上线运营，成为全球首家在线DVD租赁服务商。当时我们有30名员工，925部电影，几乎涵盖了那时DVD的所有目录，马克是公司第一任首席执行官。1999年，我接任公司首席执行官一职，马克继续在公司高层做行政管理工作。

到2001年初，公司客户量已增至40万，员工数量达到120名，我也试图避免那些在纯软件公司遇到的问题，尽量不对员工施加过多的管控。尽管如此，公司营造的工作环境也不是尽善尽美的。好在我们一直都在不断地发展，业务还不错，员工们干得也比较出色。

危机带来的启示

2001年春，突然爆发的经济危机来势汹汹。互联网经济的第一个泡沫破裂了，大量的互联网公司破产倒闭，所有的风投公司也停止了投资。我们一下子变得捉襟见肘，甚至难以维持公司的正常运转，盈利更是遥不可及。办公室里人人垂头丧气，士气日渐消沉。我们也因此不得不决定裁去三分之一的员工。

我与马克以及帕蒂·麦科德（Patty McCord）一起考量了每个员工对于公司的价值。帕蒂是随我一起从纯软件公司过来的，现在是公司的首席人力资源官。很明显，我们的员工都在各自的岗位上为公司尽职尽责。因此，我们只好把所有员工分为两组：继续雇用表现更为优异的80名员工，而其余40名相对逊色的员工将不得不离职。毫无疑问，具有非凡的创造力、工作出色，且与他人合作良好的员工是留下来的最佳人选。但现在的问题是，许多人都只是在某一方面表现得很好：一些人与同事相处极好，配合默契，但工作能力平平；而另一些人则是工作狂，但缺乏判断力，需要有人引导；同时还存在一小部分人，他们天资卓越，行动力也很强，但是牢骚不断，也很容易产生悲观情绪。他们中大部分人必须离开，但决定让哪些人离开真不是一件容易的事情。

在裁员的前几天，我的妻子注意到我格外紧张，事实也的确如此。我担心公司的士气会因此一落千丈。我敢断言，一些员工离开之后，留下的人会因为朋友、同事的离开而对公司产生质疑，会认为公司对员工不管不顾。这一点势必让所有人心生不满。更糟糕的是，留下来的人还必须完成离职者交接的工作，增加的工作量也会使他们倍感痛苦。现在资金已经很紧张了，士气再持续低迷下去，我们还能撑得住吗？

裁员公示的那一天终究还是到来了。和我想的一样，那真是糟糕透顶的一天。被解雇的人哭着吵着，用力摔门，带着沮丧大嚷大叫。到了中午的时候，离职员工的吵闹声终于平息了，我静静地等待着下半场的暴风雨——留下来的员工将表达他们的反对和抗议……然而，尽管有人流下了眼泪，悲伤的气氛笼罩着办公室，但所有人都表现得很平静，一切都是静悄悄的。接下来的几周，不知道是出于什么原因，公司的氛围突然来了一个很大的转变。虽然我们公司靠着削减成本才得以生存，有三分之一员工刚刚被迫离开，但剩下的员工却个个充满激情与活力，还颇有创意和想法。

几个月之后便到了年末。那年圣诞节，DVD 播放机很受欢迎。到了 2002 年初，我们的 DVD 邮寄订阅业务再次迅速增长。突然间，我们的工作量大大增加，但我们的员工却比以前少了 1/3。让我万万没想到的是，这 80 名员工以前所未有的高涨情绪，圆满地完成了所有的工作。他们工作时间延长了，但所有人都激情满满。当然，激动的不仅仅是员工。我每天也是早早起床，迫不及待地想要去上班。那段时间，我每天都开车接帕蒂一同上班。每次我把车停在她家门口的时候，她都会笑着跳上车，一个劲儿地问我："里德，这究竟是怎么回事？这是着魔了吗，跟谈恋爱一样，还是有什么搞不懂的化学玩意儿？不会一阵风就过去了吧？"

帕蒂一语中的。我们都感觉现在整个公司的员工都疯狂地热爱自己的工作。

我并不想裁员。幸运的是，从那之后，我们再没有必要做大规模裁员这类事情了。也就是在 2001 年那次裁员之后，我对员工积极性和责任心的理解有了彻底的改变，这就是我的"通往大马士革之路"①。我对一个组织机构中所谓的"人才密度"也有了新的认识。正是我们的这些经验和教训引领着网飞走向成功。

在我向读者介绍我们的这些经验教训之前，我想我应该适当地介绍一下帕蒂，因为在网飞过去十多年的发展中，她扮演了举足轻重的角色。如今，她的门徒杰西卡·尼尔（Jessica Neal）又成了公司人力资源部的负责人。我第一次见到帕蒂是在纯软件公司。那是 1994 年，帕蒂突然打电话到办公室，请求跟首席执行官谈一谈。我妹妹那段时间负责接听电话，便把电话接了进来。帕蒂是在得克萨斯州长大的，从她的说话方式我可以隐约听出来。她说自己当时正在太阳微系统公司的人力资源部工作，想来纯软件公司做人力资源管理。我便请她过来喝杯咖啡聊一聊。

在会谈的前半段，我压根儿不明白帕蒂在说些什么。我让她告诉我她在人力资源管理方面的理念，她回答说："我认为，个人对企业的贡献与个人的追求不能混为一谈。我负责人力资源的管理，而您是首席执行官，我希望能够与您合作，一起提升我们领导层的情商，提升员工的参与度。"听她说完，我感觉一头雾水，仿佛自己年幼无知，毫无经验。我说："你们做人力资源的就是这样讲话的吗？我一个字也听不懂。如

---

① 该典故出自《圣经》，讲述了保罗在去往大马士革的路上从基督教迫害者转变为基督教捍卫者的故事。此处指作者在管理理念上有了脱胎换骨的转变。——译者注

果你还想跟我们一起工作的话，就别再说这些东西了。"

帕蒂直接跟我说，她觉得自己受到了侮辱。那晚回家之后，她丈夫问她会面的情况，她告诉丈夫："不怎么样，我跟首席执行官吵了一架。"但是，她能明确地告诉我她对我的真实看法，这让我很是欣赏，所以我给了她这份工作。也就是从那以后，我们开启了这段纯粹而持久的友谊，即使在她离开网飞之后，这份友谊也一直保持着。我们能成为挚友，在一定程度上可能正因为我们是不同类型的人：我是搞数学和软件出身的，而她是人类行为专家，还很会讲故事。在对待团队的问题上，我看到的是将人员和讨论联系在一起的数字以及运算法则，而她看到的则是我看不见的情感与微妙的人际反应。在纯软件公司1997 年被收购以前，帕蒂一直和我一起工作；随后，她又加入了早期的网飞公司。

2001 年裁员后，我和帕蒂四处奔走，试图弄清楚我们的工作氛围为什么会飞速好转，以及我们怎样才能将这种积极的正能量保持下去。我们逐渐意识到，在这些进步的背后，正是帕蒂所说的"人才密度"的急剧提高。

优秀员工彼此激励共同成长

每位员工都有一定的才干。在我们最初的 120 名员工之中，一些员工表现非常突出，另一些员工也相当不错。总体而言，我们的员工队伍中人才济济。裁员后，我们只剩下 80 名最能干的员工。员工总数少了，但人才的比例更高了。这就是我们"人才密度"提高的原因。

我们得知，在一个真正人才济济的公司，每个人都会努力工作。工作效率高的人，在整体人才密度高的环境中，也能得到更好的发展。

我们的员工都在相互学习，团队也在高效运作。这既增加了个人的积极性和满意度，也使整个公司的工作效率更高。我们发现，周围全是优秀人才的环境，能够让你的工作上到一个新的台阶。

最重要的是，与才华横溢的同事一起工作很令人振奋，容易受到鼓舞，同时能感受到很多的乐趣。今天，公司拥有7 000名员工，但和当时只有80名员工一样，我依然有这样的感受。

事后看来，一个团队只要有一两个表现欠佳的人，就会拉低整个团队的绩效。如果你有五名优秀员工和两名表现欠佳的员工，这两名表现欠佳的员工会造成如下后果：

- 消耗管理者的精力，使他们没有时间把精力放在优秀员工身上。
- 团队讨论的质量得不到保证，拉低团队整体智商。
- 强迫他人围绕着他们开展工作，致使工作效率低下。
- 排挤其他追求卓越的员工。
- 向团队表明你接受平庸，从而使问题更加严重。

对于优秀员工而言，好的工作环境并不意味着一间豪华的办公室，一个好的健身房，或者一顿免费的寿司午餐，而在于周围全是才华横溢的人，具有合作精神的人，让你不断进步的人。如果每一名员工都很优秀，他们就会相互学习、相互激励，工作表现也会迅速得到提升。

工作表现具有感染力

从 2001 年的裁员事件中,里德发现:工作表现无论好与坏,都是具有感染力的。如果你表现平平,可能会影响到很多本可以表现出色的人,导致他们也无心进取。如果你的团队成员个个表现出色,那他们也会相互激励,从而推动彼此取得更大的成就。

澳大利亚新南威尔士大学的威尔·菲尔普斯(Will Felps)教授进行了一项有趣的研究,证明工作状态确实具有感染力。他创建了若干个团队,每个团队由四名大学生组成。他要求每个团队在 45 分钟内完成一项管理任务,表现最好的团队将获得 100 美元的奖励。

学生们不知道的是,有些团队中专门有人扮演这样的一些角色:"懒惰者",他会开小差,并且将脚翘在桌子上发短信;"狂傲不羁者",他会带着讽刺腔调说些"你在开玩笑吗"或者"看得出,你以前根本没听过商务课"之类的话;还有"沮丧的悲观主义者",看起来像是他的猫刚刚死掉似的,总抱怨任务不可能完成,对团队能否成功表示怀疑,有时会将头垂在桌子上。在这一过程中,扮演者并没有向其他团队成员暗示自己的特殊身份。

菲尔普斯首次发现,即使其他团队成员都很有才干,也很聪明,但一个人的不良行为会降低整个团队的效率。在长达一个月的多次试验中,拥有"糟糕者"的小组比其他小组差了 30%~40%。

这些发现与数十年前的研究结果相去甚远。当时的研究表明,团队成员都会自觉遵循集体的价值观和共同规范。而菲尔普斯的研究却表明，即使组队的时间只有45分钟，一个人的行为也能迅速地传染给其他成员。正如菲尔普斯所说的那样："团队中其他成员也会受到他的感染，这一事实的确让人感到惊讶。"如果扮演者是一个懒惰者的形象，那其他成员也会对该项目失去兴趣，最终，大家都会觉得这项任务并不重要。如果扮演者是一个狂傲不羁的形象，那么小组中的其他人也跟着犯浑：言语粗暴，互相侮辱。如果扮演者是一个沮丧的悲观主义者形象，结局是最悲惨的。菲尔普斯说："其中一个小组的视频给我留下了深刻的印象。刚开始的时候，所有成员都坐得笔直，充满活力，对这项具有挑战性的任务都是一副跃跃欲试的样子，但到最后，他们都低垂着脑袋，瘫坐在椅子上。"

我从2001年裁员中学到的东西，在菲尔普斯这里有了一个完美的诠释。如果你的团队中有几名成员表现平平，那么团队的力量可能就会分散，从而拉低整个团队的绩效水平。

对于这种行为上的感染力，我们很多人都应该有切身体会。我12岁那年便有这样一次经历。

我1960年出生于马萨诸塞州。我从小非常普通，没有特别的才华和出众的能力。在我读三年级的时候，我们一家搬到了华盛顿。刚开始的时候一切都很好，我也结识了一大帮新朋友，但到了六七年级的时候，有一个叫卡尔文的男孩开始在操场上挑动大家斗殴。问题的关键并不是我们受到了霸凌或者欺负，而是这个本来并不那么引人注目的孩子，却给我们带来了一种新的行为模式，让我们都受到了他的影响，并且也开始采用相同的方式去对付其他人。我并不想卷入其中，但不去又会深感耻辱，这种感觉比参与斗殴更糟糕。一场斗殴的输赢，对我们似乎真的很重要。如果没有卡尔文，我们在一起玩耍和相处的方式会好得多。所以，当父亲告诉我要回到马萨诸塞时，我都有一种迫不及待的感觉。

2001年裁员之后，我们意识到，此前正是一少部分人，在网飞公司营造了不良的工作氛围，许多人的工作在细节方面做得并不好，这实际上向他人表明，表现平平也是可以的。这样便导致了公司整体水平的下降。

2002年，我和帕蒂在对工作环境有了全新的认识之后，便制订了新的计划。我们的首要目标就是尽一切可能保持裁员后的人才密度，以及良好的工作环境和氛围。我们将聘用最优秀的员工，并开出市场上最优厚的薪酬。我们将对公司的管理人员进行培训，使其能够拿出勇气和魄力，按照公司标准，开掉那些表现欠佳的员工。我也开始专注于公司的人员配备，包括从高层管理人员到底层的接待员，从而将一个高效、合作的团队推向市场。

第一个关键点

这是为整个网飞传奇打下基础的最关键的一点。

构建一个高效且具有创造力的工作环境，离不开出色的员工。他们背景不同，看问题的角度各异，但他们有着共同的特点，那就是：具有超凡的创新能力，能够完成繁重的任务，并能很好地相互协作。你必须首先确保这一关键点落实到位，否则其他原则都没有意义。

> **本章要点**
>
> · 作为领导者，你的首要目标是营造一个完全由优秀员工组成的工作环境。
> · 优秀的员工能完成大量重要的工作，而且极富创造力和工作热情。
> · 团队中如果有成员过于狂傲，做事懒散，平庸，或者悲观，整个团队的表现都会受到影响。

迈向自由与责任的企业文化

当你淘汰了表现欠佳的员工，提高了人才密度之后，就可以着手引入坦诚的企业文化。

这将是第二章探讨的内容。

▶ 其次，提高企业坦诚度……

2
以积极的态度说出你真实的想法

在纯软件公司担任首席执行官的最初几年里,我很好地学会了这门艺术。不过身处公司领导层,我依然感觉很不顺心。我属于冲突回避型,针对一个问题,如果我找员工当面谈,员工会感到很不舒服。所以,我总是尝试采用变通的方法。

我的这种性格和我童年的经历有关。我小的时候,父母凡事都很支持我,但我们在家从不谈论情绪方面的问题。我不想让家人感到不安,所以遇到困难也不愿意对他们说。在我身边,我并没有看到多少人能坦诚地提出建设性的意见。后来,我也是花了很长一段时间才学会这么做。

我的这种性格的弊端在工作中很快得到了体现。例如,在纯软件公司有一位名叫阿基的高管,他考虑问题周全,但我觉得他花在某项产品研发上的时间太长了。对此,我感到有些不满。然而,我并没有直接去和阿基谈,而是到公司外面另外找了一批工程师,使该项目能够继续下去。阿基得知此事后非常恼怒,他对我说:"你不直接告诉我,而是绕过我去把事情办了,这让我感到很不舒服!"

其实阿基说得很对。我解决问题的方式确实很不好。但我也不知道该如何才能开诚布公地把我的担忧说出来。

我的私人生活也有同样的问题。1995年纯软件公司公开上市的时候,我和妻子结婚已有四年,还有了一个年幼的女儿。那时正是我职业生涯的一个巅峰,但是,我并不知道如何才能当一个好伴侣。第二年,纯软件收购了3 000英里(约4 800公里)外的另一家公司,我的情况就更麻烦了。每周我都有一半时间不在家,妻子也表达了她的不满。于是我就会为自己辩护,说我做的一切都是为了这个家。有朋友问她:"你难道不对里德的成功感到兴奋吗?"她只想哭。渐渐地,她对我开始变得冷淡,而我对她也感到有些愤懑。

后来,我们求助于婚姻顾问,终于使问题得到了解决。婚姻顾问让我们把各自的不满都说出来。我也通过妻子的眼神,重新读懂了我们之间的关系。她在乎的并不是钱。我们俩是1986年在归国和平队的聚会上认识的,当时她便爱上了我这个在斯威士兰教了两年数学的志愿者。而如今,她发现自己嫁的却是一个痴迷于商业成功的家伙。那她在乎的到底是什么呢?

在这种情况下，提出和接受坦诚的反馈给了我们很大的帮助。我也明白了，其实我对她一直都不够坦诚。我口头上说"家庭对我来说是最重要的"，但又总是不在家里吃晚饭，整日整夜地工作。我现在觉得自己的话简直比那些陈词滥调还要烂，就是些彻头彻尾的谎言。从那以后，我们俩都学会了如何做更好的伴侣，而我们的婚姻也得到了重生。（现在，我们已经结婚29年了，两个孩子都已长大成人！）

我也努力把坦诚这一信条带到公司。我开始鼓励每个人说出自己的真实想法，但意图必须是积极的，不要攻击或伤害他人，从而将各种想法、意见和反馈摆到台面上来加以解决。

随着坦诚的反馈越来越多，我看到了反馈带来的好处。办公室的工作效率也因此提升到一个新的水平。

网飞的首席财务官巴里·麦卡锡（Barry McCarthy）就是一个典型例子。巴里于1999—2010年担任网飞首席财务官，是一位了不起的管理者，具有远见，为人正直，能力非凡，能帮助我们每个人深刻地了解公司的财务状况。但是，他的管理也带着一些情绪。首席营销官莱斯莉·基尔戈（Leslie Kilgore）也向我提到过巴里的这一问题，我鼓励莱斯莉自己去同他讲。我受到婚姻顾问的启发，建议她说："你就把刚才对我说的话讲给他听。"

莱斯莉于2000—2012年担任公司的首席营销官，目前是我们董事会的成员。她不是那种喜欢信口开河的人，但有时会搞点出人意料的冷幽默。第二天，莱斯莉与巴里进行了一次交谈，感觉她比我还要厉害。她想出一个法子，通过计算来衡量巴里情绪的喜怒无常为公司带来的损失。她用巴里自己的财务语言与他对话，给交流增加了幽默感，这让巴里很感动。巴里回到自己的团队,将自己收到的意见告诉了团队成员,并且对大家说,如果他自己的情绪影响到大家的工作,大家一定要直言不讳。

这一决定的效果也是非常显著的。在随后的几周甚至几个月的时间里,财务部门的许多人都跟我和帕蒂谈到巴里在管理上有了积极的改变。而且,那还不是唯一的好处。

在莱斯莉向巴里提出建设性的反馈意见之后,巴里又向帕蒂,后来也向我提出了建设性的反馈意见。看到他对莱斯莉的反馈有很好的反应,巴里的团队在他情绪波动时,也敢于带着幽默提醒他。渐渐地,同事之间也开始有了相互的反馈。我们当时没有雇任何新人,也没有提高任何人的薪水,但日益增加的坦诚度却让公司的人才密度得到了提高。

我发现,公开表达意见和反馈,而不是在背后说三道四,有助于避免中伤他人,减少公司内部的钩心斗角,我们的工作效率也会因此而提高。通过反馈,人们知道了自己该如何努力,工作就会越干越出色,公司的业绩也会越来越好。

我们那时就有这样一个提法:"评价一个人,要人前人后一个样。"我也尽可能地营造这样一种氛围。每当有人来找我抱怨另一名员工时,我都会问:"你直接跟他谈的时候,他自己是怎么说的?"这个提法的确非常激进。在大多数情况下,无论是社交场合还是专业领域,坚持说出自己真正想法的人很快就会被孤立,甚至遭到排斥。但是在网飞,我们却热烈拥抱这样一种态度。我们鼓励员工不断提出建设性的反馈意见,可以是自下而上的意见,也可以是自上而下的意见,还可以是部门间横向的意见。

道格是网飞法律部的一名员工。我们以他的例子来看看他的坦诚是如何在工作中体现出来的。他是2016年来到公司的，入职不久，就随公司的老员工乔丹前往印度出差。正如他所解释的那样："乔丹是那种别人过生日时会记得为他们买脆香米的同事。但是他也过于苛责，而且缺乏耐心。"尽管乔丹一直强调必须以人际关系为导向，重视建立各种人脉关系，但在他们到达印度之后，道格发现乔丹的举止与他本人的主张并不一致。

> 当时我们正在与一位名叫萨普纳的供应商共进晚餐。就餐的餐厅位于一座山坡之上，可以俯瞰孟买市容。萨普纳性格外向，笑声爽朗，我们在一起相处得很愉快，但谈论的话题一旦偏离了工作，乔丹就会显得有些不悦。萨普纳和我笑着聊到她的孩子10个月大时就已经会走路了；我则告诉她说，我17个月大的侄子自己搞出一套玩踏板车的新方法，连腿都可以不用动。我们俩可谓志趣相投，而这种关系对于业务往来也肯定会有帮助，但乔丹却是一脸的无奈。他把椅子往后拉了拉，一直紧张地盯着手机，好像这样就可以让咖啡上得快一点。我知道，他的行为对我们的努力造成了影响。

道格在以前的任何工作中都没有太多话，别人对公司的规章、职位、待人接物等有种种看法，他却总是保持沉默。而且他还没有完全适应网飞的文化，要公开指出新同事的不当行为是要冒风险的。直到他们回来一周之后，他才鼓起勇气，"让我真正成为网飞的一员吧"，道格告诉自己。他将印度之行的反馈添加到了与乔丹下次会面的计划中。

见面的当天早晨，道格走进会议室，心中涌动着阵阵不安。反馈是会面的第一项议程。道格问乔丹对他有什么意见和建议，乔丹提了几点，这让道格感到轻松了一些。随后，道格对乔丹说："乔丹，我不想对你提出什么意见。但这次去印度，我确实看到了一些对你有帮助的东西。"根据乔丹的回忆，接下来的事情是这样的：

> 坦率地讲，我认为自己在处理人际关系方面的能力数一数二。每次去印度，我都会给团队讲应该如何建立情感纽带，这就是道格的反馈让我如此震惊的原因。因为压力很大，所以我表现得有点像机器人，根本没有注意到自己的行为，甚至还影响了既定的目标。我每个月都会去印度，但我现在再也不会对别人说教了，相反，我会告诉同事："嘿，这是我的弱点！如果下次印度的尼廷为我们安排城市观光，而我又盯着手表看的话，你就把我狠狠地教训一顿！日后我会好好谢谢你的。"

在给予反馈和接受反馈成为一种常态之后，人们会学得更快，工作效率也会更高。唯一遗憾的是，道格没有在吃晚餐的时候就把乔丹拉到一边，及时地给他提出来。

高绩效 + 无私的坦诚 = 极高绩效

想象一下，周一早上 9 点，你和其他同事在一起开会。你一边喝着咖啡，一边聆听老板关于撤销项目的计划。这时，你的头脑中发出另一个声音：你并不赞同老板的观点，你觉得这肯定是一个失败的计划。而你昨晚看《实习医生格蕾》(Grey's Anatomy) 的时候想出了另一个方案，这个方案似乎更有效。你会纠结：我应该把我的想法说出来吗？你正犹豫着，这一幕很快就过去了。

10 分钟后，你的一位同事开始为她最新的项目整合团队。她这个人说话总是没完没了、喋喋不休，但确实极富感染力；而且大家都知道，她感觉很敏锐。她漫无目标地陈述了一番，你又禁不住叹息，觉得这个项目毫无意义。于是，你再次陷入纠结：我应该把想法说出来吗？但你又一次保持了沉默。

上面的情况你可能都经历过，但你不会总是保持沉默。如果你经常遇到这样的情况，想一想是不是由于以下几个原因：

- 你认为你的观点得不到支持。
- 你不想被视作一个"麻烦"。
- 你不想陷入不愉快的争论。
- 你不想惹恼或激怒你的同事。
- 你担心会被认为缺乏团队精神。

但是，如果你在网飞工作，你可能就会把心里的想法说出来。在早晨的会议上，你可以告诉老板，他撤销项目的计划并不是最好的，你还有别的想法可能会更好。会议结束后，你可以告诉你的同事，为什么她应该重新考虑刚才的项目。另外，你也可以和另一个同事一边喝咖啡，一边聊聊上周开全体大会的一些事情。他可能会告诉你，同事们要求他对最近的一项决定做出解释，一个个问题让他应接不暇。

在网飞，如果你与同事有不同意见，或者是有好的建议却不说出来，就会被视为对公司不忠，因为你本可以为企业提供帮助，但你却没有这样做。

当我第一次听说网飞的坦诚文化时，我对此表示怀疑。网飞不仅提倡坦诚反馈，而且还提倡持续反馈。当时在我看来，这只会让员工听到更多伤人的话。大多数人都不愿接受刺耳的言论，觉得这样的话可能会让思想变得消极。鼓励人们坦诚地发表反馈，这一想法听起来不仅令人觉得难以适应，而且风险很大。但是，当我开始与网飞员工合作的时候，我看到了这样做的好处。

2016年，网飞在古巴召开季度领导人会议，里德让我在会上做主题演讲。这是我第一次为网飞工作，但与会者都读过我写的《文化地图》。我打算在会上展示一些新的东西，于是做了大量的工作，准备了定制的演示文稿，里面的内容也是全新的。通常，当我面对大批听众时，都会选取经过实践检验且内容可靠的材料。这一次，当我走上讲台时，我能感觉到自己的心跳明显加速。前45分钟，演讲进展得很顺利。听众包括网飞公司驻世界各地的约400名经理。每次我提问的时候，会场上都会有数十只手高高举起。

然后，我邀请参会者进行了5分钟的分组讨论。我从讲台上走下来，走到参会者中间，想听听他们在谈些什么。我注意到一位操着美国口音的女士讲得特别生动。她看到我正在观察，便招手请我过去。她解释说："我只是对我的同事说，你这种在讲台上引导讨论的方式，有悖于你提出的多元文化的相关内容。当你要求第一个举手的人发表评论时，你实际上已经掉入了一个陷阱，而这恰恰是你的书中提醒我们要注意避免的。因为只有美国人举手，所以只有美国人才有发言的机会。"

听罢，我不禁吓了一跳。在演讲过程中，当着众多参会者给我提出负面的反馈意见，我还是头一回遇到这样的事情。我开始感到不安，而且我意识到她说的是对的，这让我越发紧张。离下一段演讲还有两分钟，及时调整还来得及。当我继续演讲时，我建议听听不同国家代表的评论。首先是荷兰，然后是法国，再往后是巴西、美国、新加坡和日本。这样做的效果非常好。如果我没有得到及时的反馈，那我也不可能想到这样一个办法。

这样的反馈也成为后来与网飞员工交流的基本模式。采访网飞员工的时候，我甚至连问题都还没有提，他们就会对我的行为提出反馈。

例如，我去采访阿姆斯特丹的丹妮尔·克鲁克-戴维斯，她很热情地招呼我，告诉我她很喜欢我的《文化地图》。随后，我们还没有坐下来，她就问我："我能给你提一点意见吗？"她告诉我，我这本书的有声版录制得很不好，朗读者的声音不能很好地将书中的信息表达出来。"我希望你能重新录制一下。这本书内容非常丰富，但是声音把这一切都破坏了。"我大吃一惊，但反思过后，觉得她是对的。那天晚上，我打电话给出版商，要求把这本书的音频重新录制一下。

还有一次在巴西圣保罗的采访。采访还没开始，受访的巴西经理就友好地表示:"我想给你提一些建议。"我们也就刚刚打了个招呼……不过我还是试图表现得已经司空见惯的样子。他告诉我说,我预先发送给受访者的电子邮件过于程式化,感觉有些专横。"你在书中告诉我们,巴西人做事比较含蓄、隐晦,也比较灵活,但是你并没有按自己建议的那样去做。下次你最好发送一封包含主题,但没有特定问题的电子邮件。你可能会接收到更好的反馈。"这位经理还打开我发的电子邮件,让我看看到底哪些句子有问题。这使我感到很不自在。同样,这个反馈也帮助了我。从那以后,我在发送预采访内容的电子邮件之前,都会预先在受访者当地寻找联系人,他们知道如何让受访者更好地接受采访。

你肯定在想,既然坦诚的反馈有这么多的益处,那为什么在大多数公司里面,我们给出和收到的反馈都很少呢?如果你对人类行为有大致的认识,你就可以知道其中的原因。

我们不喜欢但需要坦诚

很少有人喜欢受到批评。工作中收到负面的反馈,会让你对自己产生怀疑,让你感到沮丧,感到自己很脆弱。你的大脑会对负面反馈做出反应,就像面对身体威胁时的战逃反应一样,都会将激素释放到血液中,从而加快反应速度并产生一定的情绪。

要说有什么比面对面的批评更令人不安的,那就是当着众人的面收到负面反馈。在我的演讲过程中,那位当着同事的面提出反馈的女士给了我很大的帮助。她告诉我她的意见对我有用,需要及时地反馈给我。不过,在众人面前收到反馈,会向大脑发出危险警报。我们的大脑对遭受群体排斥这类信号特别关注，因为大脑具有求生的机制，而我们最成熟的生存技能之一就是尽可能寻求安全。在原始社会，遭受排斥就意味着孤立和死亡。如果有人在你的部落宗族面前指出你犯的错误，你的大脑中一直对危险保持警惕的杏仁核——这也是大脑中最原始的一个结构——将会发出警报："你将受到群体的排斥。"面对这种情况，我们的本能反应就是逃跑。

同时，也有大量的研究表明，收到积极的反馈会刺激大脑释放催产素。这种令人愉悦的激素也能使母亲在哺乳时感到快乐。这便能解释为什么很多人喜欢说恭维的话，而不愿给出诚实的、建设性的意见。

然而，研究也表明，我们大多数人出于本能，还是能够理解真相的价值。佛克曼顾问公司（Zenger Folkman）在2014年进行了一项相关调查，收集了近千人的反馈数据。他们发现，尽管赞美可以带来愉悦，但多数人还是认为，同积极反馈相比，纠正性反馈更能帮助我们提高水平和能力。持这一观点的人数几乎是持相反观点人数的三倍。多数人都说，他们觉得积极反馈对于他们的成功没有太大的帮助。

以下为该调查得出的几项统计数据：

- 57%的受访者表示，他们希望获得纠正性反馈而不是积极反馈。
- 72%的人认为，如果他们收到更多的纠正性反馈，他们的水平和能力将会得到提高。
- 92%的人同意："负面意见如果反馈得当，有助于提高工作水平和能力。"

的确，当有人说我们做得不好的时候，我们会感到压力和不快。但是经过最初的压力之后，我们便能感受到反馈带给我们的帮助。大多数人都有一种直观的感受：一个简单的反馈环便可以帮助他们把工作做得更好。

反馈环：培养坦诚的文化

2003 年，在加州的加登格罗夫，一个位于洛杉矶南部的小城镇，人们遇到了一件麻烦事儿。在建有多所小学的街道上，交通事故频发，居民们很是担忧。当局张贴了限速标志，提醒驾驶员减速行驶，警察也对违章者开了不少罚单。

然而，事故率并没有降低。

于是，城市工程师尝试了另一种方法：安装实时车速显示系统，即"驾驶员反馈"。每套系统都包括一个限速标志、一个雷达传感器和一个报告车速的显示器。这套系统可以让来往的驾驶员知道实时车速，并提醒他们注意行驶速度。

专家们也不知道这样是否会对降低事故率有所帮助。毕竟，每辆车的仪表盘上都有车速表。此外，根据以往的执法经验，人们只有在看到违规的后果后才会遵守规则。这样一套显示系统又怎么可能影响驾驶员的行为呢？

但是，这套系统确实收到了效果。研究表明，驾驶员的速度下降了 14%。在三所学校的路段，平均速度都低于规定的速度限制。14% 的下降率意味着先前的状况得到了很大的改善，而采用的竟是这样一种简单且低成本的反馈形式。

反馈环是提高绩效最有效的办法之一。如果在我们合作共事的过程中，能不断地提出并接收到反馈，便能学得更快，完成得更多。反馈有助于我们避免误解，营造共担责任的氛围，同时减少对权力和规则的需求。

不过，在公司里鼓励坦诚的反馈，要比张贴交通标志困难得多。要营造坦诚的氛围，需要让员工放弃多年的经验和一贯的思维模式，比如"只有人家问起才提供反馈意见"，或者"公开表扬，私下批评"。

在考虑是否给予反馈时，人们经常会纠结于这样一个问题：他们既不想伤害接收者的感受，又希望能给对方提供帮助。而网飞的目标则是：帮助彼此取得成功，不要担心偶尔伤害了对方的感受。更重要的是，我们发现，在恰当的氛围中采用正确的方法，我们完全可以大胆地提供反馈而不会对他人造成伤害。

如果你想在自己的机构或团队中培养坦诚的文化氛围，可以采取几个步骤。要做到第一步并不容易。你可能会认为，培养坦诚的第一步是从最简单的步骤开始：领导者向员工提供大量反馈。但我建议，首先将重点放在更困难的事情上面：让员工向领导者坦诚地反馈。当然，领导者与员工间的反馈也可能是同时进行的，但只有员工向领导者提供了真实的反馈，坦诚反馈的最大好处才会真正体现出来。

鼓励员工对领导提出反馈

很多人读过《皇帝的新装》，里面讲述了一个愚蠢的皇帝赤裸裸地在百姓面前游行，还自以为穿着有史以来最精美华丽的衣服。然而，没有人敢说出来，除了一个不懂得等级、权力以及后果的孩子。

你在组织中的地位越高，收到的反馈就越少，你就越有可能是"赤裸着身体在工作"，也越容易犯下除你之外所有人都看得见的错误。这不仅会导致整个机构的运作出问题，而且还很危险。如果办公室助理把咖啡订单搞错了而没有人告诉他，那问题不大；但如果首席财务官把一份财务报表弄错了却没有人敢提出来，那公司就有可能陷入危机。

网飞的经理接受员工反馈的第一招，就是在与员工一对一的会谈中，定期将反馈列入会谈议程。不仅是征求反馈意见，还要向你的员工表明：我们希望听到大家的反馈意见。在会谈中，将反馈列为议程的第一项内容或最后一项，以便能够和业务讨论分开进行。你可以请求并鼓励员工向作为领导者的你提供反馈；作为交换，你也可以考虑向他们提供反馈意见。

另一项至关重要的，是你在获取反馈时的行为反应。你必须向员工表明，如果你能心怀感激地面对他人的批评，能够给予足够的"认同提示"，那么你也可以放心地提供反馈意见。正如《文化代码》（Culture Code）的作者丹尼尔·科伊尔（Daniel Coyle）所描述的那样，这种认同提示表明"你的反馈将使你成为这个群体中更为重要的成员"，或者"你与我坦诚相待，绝不会对你的工作或我们的关系造成危害。你将得到我们的认同"。我与管理团队经常交流认同提示的问题，因为一名员工就算再有勇气，向领导反馈意见时还是会有担忧。他会想："领导会不会记仇呢？""这对我的工作有影响吗？"

认同提示可能只是一个小小的语气或姿势，例如，使用欣赏性的口吻，身体靠说话人近一点儿，用肯定的目光看着说话人的眼睛。当然，你也可以把动作搞大一点，例如，感谢说话者所具备的勇气，并且在众人面前给予赞赏。科伊尔解释说，认同提示的功能是"回答大脑中不断出现的古老问题：我们在这里安全吗？与这些人共处，未来会怎样？有潜在的危险吗？"如果你能通过认同提示对反馈做出回应，员工就会越来越坦诚。

首席内容官特德·萨兰多斯（Ted Sarandos）是里德管理团队的一名高管，他公开征求反馈意见，并在接收反馈时给予认同提示。

特德负责网飞线上所有的电影和电视节目。他在重塑娱乐业的过程中扮演着举足轻重的角色，经常被称为好莱坞最重要的人物之一。特德并不是典型的媒体大亨，他没念完大学，曾在亚利桑那州的多家音像店一边工作一边学习电影知识。

2019年5月的《标准晚报》(Evening Standard)中有一篇文章是这样描述特德的：

> 如果网飞要为公司的首席内容官，同时也是千万富翁的特德·萨兰多斯制作一部迷你剧，那肯定会从20世纪60年代他小的时候讲起。那时的他还在亚利桑那州凤凰城的一个贫民区，盘腿坐在尽是蓝色光点的电视屏幕前，丝毫没有理会四个兄弟姊妹在他周围打闹。他这样一待就是几个小时，而且每天都是如此。

十多岁的时候，他在一家音像店找到一份工作。白天的时间漫长而空闲，他开始翻阅店里库存的 900 部电影。在工作中，他学到了大量关于电影和电视的知识，而且对人们的喜好有着非常敏锐的直觉（有人曾经称他为"人肉算法"）。不过电视看得太多对大脑可不好。

2014 年 7 月，特德将尼克国际儿童频道的高级副总裁布赖恩·赖特（Brian Wright）挖了过来，让他负责年轻人的节目。布赖恩加盟网飞仅仅几个月，就敲定了一部名叫《怪奇物语》的电视剧，这成为他在网飞的首部成名之作。布赖恩讲述了他第一天在网飞上班，亲眼见到特德在公开场合接受反馈的事情。

在我过去的工作中，一切都取决于老板喜欢谁，不喜欢谁。如果你给老板反馈意见，或者在众人面前与老板闹分歧，那你的前途就毁了。你会发现自己就此遭到冷落。

星期一，这是我来网飞工作的第一天，我心里处于高度戒备状态，试图找到新公司的处事原则和方法。上午 11 点，我第一次参加由特德（我上司的上司）主持的会议。在我看来，他就是一位超级巨星，下面有 15 名不同级别的员工。特德在会上谈到《黑名单》（The Blacklist）第二季的发布情况。就在他发言的过程中，一名比他低四个等级的员工打断了他的话，对他说道："特德，我想有些东西你搞错了，你对这个许可交易有误解，那种方法行不通。"特德坚持自己的观点，但那个家伙并没有退缩。"这真行不通。你把两份独立的报告混淆了。特德，你搞错了。我们需要直接与索尼公司的人见面。"

我简直不敢相信，这样一个低级别的员工竟敢在众人面前顶撞特德。根据我过去的经验，这无异于自毁前程。我的脸变得通红，直想躲到椅子下面去。

然而，事实却让我完全震惊了。会议结束后，特德站起身来，把手放在那个家伙的肩膀上。"今天的会议开得非常好，感谢你的发言。"他笑着说。我惊愕得下巴都快掉了。

后来，我在洗手间碰到特德。他问我第一天感觉怎么样。我对他说："哇，特德，我简直不敢相信，那个人在会议上居然敢用那种态度对你说话。"特德一副迷惑不解的样子。他说："布赖恩，如果哪一天你因为害怕不受待见而不敢提出反馈意见，那你可能就得离开网飞了。我们聘请你来，就是需要听你的意见。会议室里的每一个人，都有责任把他的想法坦率地告诉我。"

特德让我们清楚地看到，一个领导者要想获得员工的反馈，有些事情是必须要做的。他不仅要向员工征求反馈，而且要告诉员工，自己期待着他们的反馈（就像他对布赖恩所说的那样）。当你收到反馈时，需要通过认同提示进行回应。在上述例子中，特德就将手放在那名员工的肩膀上。

在网飞，里德也经常用这两种方式获取反馈。他收到的负面反馈比公司其他领导都要多，其中一项就是他的360度书面评估。他的这份评估每个人都可以参与，他也不断获得比其他员工更多的反馈。里德不断地征求反馈，并通过认同提示诚恳地做出回应。他甚至在公开场合讲，自己因为收到批评意见而感到喜悦。下面一段文字摘自他于2019年春与全体网飞员工分享的备忘录。

> 阅读360度书面反馈是一件让人感到很刺激的事情。我发现，恰恰是那些最直言不讳的批评是对我最有帮助的。因此，秉持着360度反馈的精神，我非常感谢你们勇敢而诚实地给我指出问题，告诉我："在开会时，如果你觉得讨论话题没有意义或缺乏讨论价值，你可以跳过或者一带而过……同样，不要让你的观点主导了整场会议。你需要协调大家的争论，让大家达成一致的目标。"我感到有些伤心和沮丧，但你们说得太对了，我会继续努力的。希望大家能一如既往地提出和接受建设性的反馈。

罗谢尔·金（Rochelle King）清楚地记得给公司首席执行官提出建设性反馈时的感觉。那是2010年，她在公司担任创意总监差不多已有一年时间。她向一位副总裁汇报工作，这位副总裁的直接上司为首席产品官，而首席产品官的直接上司则是里德，因此她比里德低三个等级。她向上级坦诚反馈的故事，已经使其成为公司的一个典范。

里德主持一个由25名董事、副总裁，以及部分管理人员参加的会议。帕蒂在会上发了言，但里德并不赞同她的观点。看得出，他对帕蒂有些恼火，并暗含讽刺地驳回了她说的话。里德开始讲话的时候，人们一个个连大气都不敢喘，会场气氛显得非常压抑。

也许是因为当时情绪不好，里德也没有注意到大家的反应，但我觉得，此刻的他没有表现出一位伟大领导的风范。

罗谢尔认真遵循了网飞的原则，即在这种情况下，保持沉默就是对公司的不忠。晚上，她给里德写了一封电子邮件，发送之前自己先"读了100遍。因为即使是在网飞，还是感觉有一定的风险"。最后，她把邮件发了出去。在邮件里，她是这么说的：

> 嗨，里德：
>
> 昨天我也是参会者中的一员。听了你对帕蒂所说的话，我感觉似乎有些轻率，而且对帕蒂也不够尊重。我之所以提出这一点，是因为在去年的务虚会上，你谈到了创建一个良好的对话环境的重要意义。在这种环境下，人们应该有勇气把心里的话讲出来，无论是赞同还是反对。
>
> 昨天在会议室里，有董事和副总裁，还有一些不太了解你的人。听到你对帕蒂说话的语气，如果我也不了解你，那我今后无论如何也不敢当着众人向你表达我的观点。因为担心你会否定我的想法。我刚才对你讲的，希望你不要介意。
>
> 罗谢尔

在听完罗谢尔的故事之后，我想到了过去我曾经做过的工作，从斯里兰卡咖喱餐厅的服务员到一家大型跨国公司的培训经理，再到一家波士顿小型公司的董事和一所商学院的教授。我也努力回忆了一下，看自己在担任这些不同角色的过程中，是否曾听到过有人礼貌而坦诚地告诉领导，说他在会议上说话的语气不太妥当。回忆的结果是一个大大的"不"。

我给里德发了一封邮件，问他是否记得 5 年前罗谢尔的这封邮件，他几分钟之内就回复了。

> 艾琳：
>
> 我还记得我们开会的房间，以及我和帕蒂所坐的位置。我还记得当时有些沮丧，情绪没控制好。
>
> 里德

他还把他回复罗谢尔的邮件也转发给了我。

> 罗谢尔：
>
> 非常感谢收到你的反馈。如果你发现我仍有不当之处，请继续与我联系。
>
> 里德

罗谢尔的反馈是坦诚的，同时也是经过深思熟虑的，其真正目的是帮助里德做得更好。但营造坦诚氛围的最大风险，就是可能会造成人们有意或无意的滥用。这就需要迈出培养坦诚文化的第二步。

学会正确地给予和接受反馈

在布莱德利·库珀和 Lady Gaga 领衔主演的奥斯卡获奖影片《一个

明星的诞生》(*A Star Is Born*)中有这样一个场景，充分体现出一点：坦诚把握不好便会尽显丑陋。剧中场景是这样的：

Lady Gaga 躺在充满泡泡的浴缸里。最近，她凭借实力成了音乐明星，获得了三项格莱美提名。她的导师（刚刚成为她的丈夫）醉醺醺地走进浴室。他坦率地告诉了 Lady Gaga 自己听完她最新原创歌曲后的感受，而这首歌是 Lady Gaga 刚刚在《周六夜现场》演唱过的。

你获得了提名，真是太棒了……我只是想弄清楚（你的歌）"为什么你会带着这样的屁股来到我身边"到底是什么意思？（翻白眼……长叹一口气）也许我冒犯了你，让你感到尴尬了，但我必须对你坦诚。

尽管网飞大力提倡反馈，但仅靠坦诚是没有用的，坦诚的氛围并不意味着一切。网飞的员工最初向我提供反馈时，我感到非常吃惊，以为反馈的原则就是"说出你的想法，不惜一切代价"。事实上，网飞的管理者们花费了大量的时间，帮助他们的员工懂得了何为正确的反馈、何为错误的反馈。他们利用在线的谷歌文档解释了什么样的反馈才是有效的反馈。他们还有培训计划，员工可以通过学习和实践，知道如何给予和接受反馈。

我仔细研究了网飞公司所有关于坦诚的资料，并听取了数十位受访者的解释。我发现，他们的经验可以总结为 4 项准则，我把它们统称为 4A 反馈准则，你也可以尝试一下。

4A 反馈准则

提供反馈

1. **目的在于帮助（Aim to assist）**：反馈的目的必须是积极的。反馈不是为了发泄，不是为了中伤他人，也不是为自己捞取资本。反馈者应清晰阐述这样做对他人和公司有什么样的好处，而不是对自己有什么好处。"你在与外部合作伙伴会面时在剔牙，这样做很让人生气。"这是错误的反馈方式。正确的反馈应该是这样："如果在与外部合作伙伴见面时你不再剔牙，那么合作伙伴可能会觉得你很敬业，我们就更有可能建立牢固的关系。"

2. **反馈应具有可行性（Actionable）**：你的反馈必须说明接收人可以做一些什么样的改变。我在古巴的那次演讲中，如果收到的是这样一个反馈："你在演讲过程中的做法与你自己的观点不符。"那这样的反馈就是有问题的。而正确的反馈可以是这样的："你选取听众发言的方式导致了最后的参与者只有美国人。"或者这样说更好："如果你还有别的方法，让其他国籍的参会者也发一下言，那你的演讲将更有说服力。"

接收反馈

3. **感激与赞赏（Appreciate）**：我们在受到批评时都会为自己辩护或寻找借口，这是人类的本能；我们都会条件反射式地进行自我保护，维护自身的名誉。当你收到反馈时，你需要有意识地反抗这种本能，并且问一问自己："我该如何去认真地聆听，以开放的心态去认真地对待反馈？既不辩护，也不生气，还应该满怀欣赏和感激。"

4. **接受或拒绝 (Accept or discard)**：在网飞，你会收到很多人的反馈。你需要认真地听，同时也认真地思考。不是每条反馈都要求你照办，但有必要向反馈者真诚地致谢。你和反馈者都必须清楚：对反馈意见的处理完全取决于反馈的接收者。

在本章开头的案例中，道格向乔丹提出了反馈，让乔丹看到在印度工作时，应该如何调整自己的行为，这是遵循 4A 反馈准则的一个典范。道格意识到，乔丹与客户会面的方式会影响他自己的计划。而道格的目标，就是帮助乔丹改进行为方式，并帮助团队取得成功（4A 准则之"目的在于帮助"）。道格提供的反馈意见让乔丹很受用。乔丹说，他现在与印度方面合作，采取的就是更好的方法（4A 准则之"反馈应具有可行性"）。乔丹表达了对道格的感谢（4A 准则之"感激与赞赏"）。当然，他可以选择不接受反馈，但是这一次他接受了。他说："现在出去之前，我也不会对别人说教了。取而代之的是，我会对同事说：'嘿，这可是我的弱点！如果下次印度的尼廷为我们安排城市观光，我又盯着手表看的话，就把我狠狠地教训一顿！'"（4A 准则之"接受或拒绝"。）

大多数人都和道格一样，会觉得及时的反馈尤其困难。他们会首先把自己调整好，等条件和时机成熟之后再说出想法。这样一来，反馈的效果就没有那么好了。于是，我们就要迈出坦诚文化培养的第三步。

当场反馈，实时反馈

剩下的最后一个问题就是：我们应该在什么时间、什么地点提供反馈呢？答案就是：随时随地。这可能意味着反馈意见还是在私底下说最合适。艾琳在网飞做主题演讲时，当着三四个人的面收到了第一个反馈，这样也挺好的。如果反馈真的对别人有极大的帮助，我们当着40个人的面说出来都没有问题。

全球传播团队的副总裁罗丝有这样一个案例：

我和来自世界各地的40位同事参加了一个为期两天的会议。根据议程，我有60分钟的时间介绍新剧《十三个原因》（第二季）的营销方案。

当第一季发布时，剧中的自杀事件引发了公众争议。对于第二季，我想采用品牌宣传中一种很常见的方法，我也有这方面的经验。不过这类方法在网络上用得并不多。

我的计划包括与西北大学合作开展独立研究，调查该剧对青少年观众的影响。网飞不会干预这项研究，但希望获得的数据有助于第二季的发布。

罗丝可以利用这60分钟的演讲吸引营销方面的同事参与这一项目。然而15分钟后，她的演讲却招来了反对声："你连结果都不知道，为什么要去做这样的投资呢？如果我们资助，这还算是独立研究吗？"罗丝觉得自己受到了责难。

每一只高高举起的手都像是一个挑战。似乎所有的人都在喊："你知道自己在做什么吗?!"面对一个又一个挑战，我不禁加快了语速，心里也感到不安。听众对我的质疑越多，我就越担心自己没法把内容讲完，于是讲得越来越快。

后来，罗丝的亲密同事比安卡在房间的后面挥动着手臂，这无疑为罗丝提供了一件救生衣。这是一种典型的网飞风格。"罗丝！你这样不行！你快要失去控制了！你听起来像是在为自己辩解！你讲得太快了。你没有好好地听别人的问题。你在重复自己的东西而没有回应别人的关切。深吸一口气，你需要大家的参与。"她大声喊道。

那一刻，我仿佛看到了观众眼中的自己——说得多，听得少，一副气喘吁吁的样子。我深吸了一口气。"谢谢你，比安卡。你是对的。我是怕时间不够。我需要每个人都了解这个项目。我来这里的目的就是想听到并解答大家的问题。我们回到正题上面来吧。刚才还有哪位提问我没有叫到的？"我有意识地改变了自己着力的方向，这让整个会议的气氛也发生了变化。大家的声调缓和了，脸上开始露出微笑，先前那种咄咄逼人的气势也烟消云散了，我也说服了大家参与这个项目。比安卡的坦诚拯救了我。

在大多数组织机构中，当着众多听众的面向正在演讲的人大喊，一般都会让人觉得不妥，也没有用。但如果你培养起了一种坦诚的文化，那么所有人都会意识到：比安卡对罗丝的反馈无疑是一个很大的帮助。

比安卡的目的就是要帮助罗丝取得成功（4A 准则之"目的在于帮助"）；她告诉罗丝可以采取哪些具体措施以调整自己的表现（4A 准则之"反馈应具有可行性"）；罗丝对比安卡报以感谢（4A 准则之"感激与赞赏"）；最后，她听从了比安卡的建议，这对所有人都是有好处的（4A 准则之"接受或拒绝"）。如果你遵循这一准则，随时随地都可以提出反馈，最大限度地让接收者受益。

在这一案例中，比安卡的目的和意图是善良的，但如果她别有用心，我们又该怎么办呢？有些人可能就是鸡蛋里挑骨头。他们会假装遵循 4A 准则，但实际上是要破坏罗丝的演讲，让她名誉扫地。对于这样的坦诚，你可能会觉得很危险。所以，接下来带给大家的，就是营造坦诚氛围的最终建议。

厘清什么是无私的坦诚，什么是有才华的浑蛋

和我们共事的，不乏聪明绝顶的人。这类人你是知道的，他们具有惊人的洞察力，口齿清楚，解决问题时总能直击要害。你的机构中人才越密集，聪明人也就越多。

但是，如果周围全是聪明人，你可能就有危险了。有时候，有才华的人听到的赞美之词太多，就会觉得自己真的比其他人更优秀。如果有他们认为不明智的想法，他们可能会报以嘲笑；如果有人发言不够清晰，他们可能会翻白眼；他们还会侮辱那些他们认为天赋不如自己的人。换句话说，这些人就是浑蛋。

如果你在团队中倡导坦诚的文化氛围，就必须把这样的人剔除出

去。许多人可能会认为"这个人确实很聪明，没有他不行"，但是，不管这样的人有多么出色，如果让他留在团队里，你营造坦诚氛围所付出的努力就不会有太好的效果。浑蛋对整个团队的效率有很大的影响，他们可能会将你的组织从内部撕裂。因为他们老是喜欢中伤同事，然后丢下一句："我这是坦诚。"

即使是在网飞这种对有才华的浑蛋说"不"的地方，我们也经常碰到一些难以界定的员工，这种情况就需要领导者的介入。原创内容专家保拉就是这样一个例子。保拉具有非凡的创造力、宽广的人际网络，这确实是一笔巨大的财富。她会花很多时间阅读剧本，并认真思考如何让电视剧受到大众的欢迎。她也努力践行网飞的文化，在任何场合都表现得坦诚并乐于助人。

但是，保拉总喜欢在会议上慷慨陈词，重复表达自己的观点，有时候说着说着还会敲桌子。如果别人没有抓住她的要点，她就经常打断别人的话。她确实很会抢时间。别人发言的时候，她也会趴在桌子上打电脑；如果她不赞同人家的观点，那她更不会听。如果其他人在会上的发言稍显啰唆，或者没有及时抓住要点，她就会立马打断。保拉并不认为自己的做法很浑蛋，她觉得自己是在以坦诚的反馈践行网飞文化。然而，由于她的行为确实影响到整个团队，所以她也不再为网飞工作了。

另一方面，坦诚的文化并不意味着不加考虑地说出自己的想法。相反，每个人都需要仔细地审视一下 4A 准则。在你提出反馈之前，可能需要反思，有时还需要做一些准备，必要时可以让专门的人员进行监督和指导。网飞负责回放应用程序接口的工程经理贾斯廷·贝克尔在 2017 年做了一场演讲，题为《我是一个有才华的浑蛋吗？》。他在演讲中提到的案例能够充分说明上述问题。

在网飞任职初期，我所在团队的一名工程师在我的专业领域犯了一个大错。之后他还发来一封电子邮件推卸责任，而且也没有提出任何解决办法。我非常生气，于是打电话给他，希望他能纠正自己的错误。在电话中，我直言不讳地批评了他。我并不喜欢这样做，但是我觉得自己是在为公司着想。

让我没想到的是，一周后，他的经理站在了我的办公桌前。他告诉我，他知道我与那名工程师联系过，并且认为从技术层面讲，我确实没有错。但他问我是否知道，自从我批评了那名工程师之后，那名工程师就一直情绪不振；还问我是否故意把他的员工搞得那么缺乏动力，工作效率低下。不，当然不是。那名经理继续说："你应该把要求给我的工程师讲清楚，让他积极地去解决问题。你是这样做的吗？""当然，那是肯定的。""那好。今后请一直都这样做。"于是，我就一直是这样做的。

这场对话持续了不到两分钟，但效果立竿见影。请注意，他并没有指责我品行有问题。相反，他问我："你打算伤害公司的利益吗？""你采取的方式合理吗？"这些问题实际上只有一个答案。如果他只是对我说："你这人有点浑蛋。"我可能会回答："我哪里浑蛋了？"但他通过几个问题，让我在回答的同时也进行了反思。

贾斯廷部分遵循了 4A 准则。他的目的是帮助工程师走上正确的道路。他强调了要牢记公司的利益。或许他的意见也是可行的，但是他依然被认为有些过火，因为他通过反馈宣泄心中的不满，这就违反了第一条准则。此外，还有其他一些一般性的反馈准则，例如"还在气头上切勿发表批评意见""在给予纠正性反馈时要注意语气平和"，等等。这些对于反馈都是有帮助的。

当然，我们可能都会有过火的时候。就贾斯廷而言，他是将冲动与坦诚混为一谈了。不过，他能够对自己的行为做出调整和改进，所以他今天仍然在网飞工作。

在第八章中，我们将重新回到这一主题上来，探讨提高团队坦诚度的另外两种方法。

第二个关键点

如果你的团队成员才华横溢、做事周全且心怀善念，你就可以要求他们做一些不是那么容易，但对提高公司效率有极大帮助的事情——相互坦诚地反馈意见，甚至向上级和权威反馈意见。

本章要点

- 一旦有了坦诚的氛围，高效率的员工将成为杰出的员工。坦诚的反馈将成倍地提高团队的工作效率。
- 在日常的会谈中引入反馈机制，从而为坦诚搭建舞台。
- 按照4A准则，指导员工有效地提供和接收反馈。
- 作为领导者，要不断征求反馈意见，在收到反馈时用认同提示予以回应。
- 要营造坦诚的氛围，先清除掉团队中的浑蛋。

有了人才密度和坦诚的氛围，你就可以着手取消管控，营造更加自由的工作环境。

迈向自由与责任的企业文化

大多数组织机构都有各种各样的管控流程，以确保员工的行为对公司有利。管控的机制包括政策、审批程序和监督。

首先要注重打造高人才密度的工作环境，然后营造坦诚的文化氛围，确保每个人都能够提出并接收到大量的反馈。

坦诚的氛围不再仅仅靠老板来纠正员工的不当行为。如果整个企业开始公开谈论哪些人的行为对企业有帮助,而哪些人的行为无助于企业的发展,那么老板也就能够从具体的监管工作中脱身出来了。

有了人才密度和坦诚的氛围,接下来就可以尝试取消管控。第三章将对此进行详细的探讨。

▶ 现在，尝试取消管控……

3 上
取消限期休假制度

网飞成立之前，我一直认为，创造性工作的价值不应当通过工作时长来衡量。靠时间来衡量价值的想法源于工业时代，那时的工作都是靠人工完成，但现在主要由机器完成。如果有哪个经理告诉我说："里德，谢莉工作非常勤勉，我认为可以提拔她。"我会觉得怪怪的。那么，我在乎的到底是什么呢？其实，我希望主管对我说的是："由于谢莉为公司做出了巨大贡献，我认为应该给她升职。"她得到提拔的原因，不能仅仅是她将大把的时间花在了工作上。试想一下，如果谢莉很多时候都躺在夏威夷的吊床上，一周仅工作25个小时，但的确做出了巨大贡献，那结果又怎样呢？我想，公司还是会给她升职，因为她对于公司有巨大的价值。

在步入信息化时代的今天，人们关注的是你的成果，而不是你大量的付出。对于网飞这类创意公司的员工来说更是如此。我从不关注员工的工作时长，考核员工也不是看他是否在努力工作。

2003年以前，网飞和其他公司一样，会为员工安排假期并做好休假记录。根据年资和职位的高低，每位员工每年都有一定天数的假期。

但后来一位员工的建议让我们做出了改变。他提出：

> 我们经常周末也在工作，闲暇之余也在回复邮件，一周之内可能只有一个下午能休息。既然公司对员工每天或每周的工作时长并没有进行追踪考核，那为什么要对员工每年休假的时长加以限制呢？

对此，我真不知道该怎么回答。公司员工的工作时间有两种：9:00—17:00（共8小时）与5:00—21:00（共16小时），这两者的时长足足相差一倍，但并没有人在意。那么，我们为什么要过分在意员工一年的工作时长呢？50周与48周的差距大吗？两者仅相差4%。帕蒂建议取消休假的限制。她的原话是："告诉员工我们的休假制度由员工个人'自行决定！'"

员工的生活由员工自己做主，让员工自行决定上下班时间，我很看好这个办法。可据我所知，目前还没有哪一家公司执行这样的规定，我也不知道这样的规定会造成什么样的后果。那段时间，我晚上常常从噩梦中惊醒。噩梦中有这样两个情景：

第一个情景：一个夏天的早晨，我开一个重要的会议迟到了。我在停车场停好了车，飞快地跑进楼里。这个会议需要我提前做很多准备，需要办公室所有员工的帮助。我跑进大门，呼喊着一个又一个名字：戴维、杰克……但办公室里死一般地沉寂。怎么一个人都没有呢？最后，我发现坐在办公室里的帕蒂，她围着一条羽毛围巾。我喘着粗气冲她喊道："帕蒂，其他人呢？"她慢慢抬起头，面带微笑地回答道："早上好呀，里德。大家都度假去了！"

这是我最担心的一点。我们团队的成员本来就少，可是需要处理的事情却很多。五个负责采购DVD的员工，如果有两个在冬季都要休上一个月的假，那整个办公室就无法正常运转了。而公司不断有员工休假，公司的经营会出问题吗？

第二个情景：冬天，外面下着暴雪，就像小时候在马萨诸塞见过的那样。雪堆积得很厚，办公室的门都被堵住了，员工们都无法离开。由于温度很低，屋顶上挂着一根根象牙般的冰凌，狂风拍打着窗户哗哗作响。办公室里人很多，有的在厨房的地板上呼呼大睡，还有一些人心不在焉地坐在电脑前。我非常气愤，心想为什么就没有人认真工作呢？为什么每个人看上去都如此疲惫？我用力把那些躺在地上睡觉的人拉起来，让他们赶紧回去工作，可他们朝着各自工位走去的样子如同行尸走肉一般，毫无生气。此时，我心里已有了答案，明白我们为什么都被困在这栋大楼里，因为员工们已经有很多年没有休假了。

我担心的是，若是公司不给员工安排假期，员工就会放弃休假。我们"无期限的"休假制度会不会变成"无休假"制度？事实证明，我们很多杰出的创意都是员工在放松状态下的灵光乍现。我们的首席产品官尼尔·亨特（Neil Hunt）便是这样一个例子。尼尔是英国人，在这个岗位上干了近20年。帕蒂形容他是"竹竿上顶着个脑袋"。因为他身高超过一米九，身形却瘦得像根竹竿，不过人非常聪明，公司许多杰出的技术创新都离不开尼尔。正是因为有了这些全新的技术，才有了网飞今日的辉煌。

尼尔十分热衷于到户外极端环境中度假，而每次回来时都会揣着新的想法，这些想法又推动了公司业务的发展。有一次，他和妻子带着冰锯前往内华达山脉北部，在冰屋里住了一个星期。回来后，他便设计了一种新的数学算法，优化了我们向客户提供的电影选择服务。尼尔的例子告诉我，为员工安排适当的假期有利于公司的发展。休假能够让员工的身心得到放松，使他们能够进行创造性的思考，并且以崭新的姿态面对自己的工作。如果一直不停地工作，那么他只会在原地转圈，而无法从全新的角度去看待问题。

我和帕蒂召开了公司管理层会议，共同讨论这两个一直困扰着我的问题，试图为员工休假找到一个好的途径。我们最终的决定还是取消限期休假制度，先试行一段时间。尽管是试行，但我仍然心存疑虑。因为照这样的决定，员工休假就不受任何约束，他只要愿意，就不用来公司，无须请示与审批，也不用担心老板会准几天假。他唯一需要考虑的是自己需要多长的假期，几个小时，一天，一周，还是一个月？

事实证明，这一做法的效果不错。时至今日，我们一直沿用这样的制度，这对公司的发展起到了很大的推动作用。员工自由有助于吸引和留住顶尖人才，尤其是 Z 世代和千禧一代。[①] 由于假期追踪考核制的取消，公司负责相关考核的岗位也取消了，从而节省了行政上的开支。更重要的是，公司借此向员工传递了这样一个信息：公司是信任员工的。从而进一步增强了他们的责任心。

尽管如此，如果另外两步没有走好，我的噩梦就真的有可能成为你的现实。第一步——

休长假，领导要带头

最近，我偶然读到了一篇文章，是一家小型公司的首席执行官写的。他曾经在公司里试行过网飞这种无期限的休假制度，从中你可以看到这样一种情况：

> 如果我休两周的假，我的同事会不会认为我很懒惰？我的假可以比老板休得更长吗？……我现在想明白了。近 10 年来，公司对员工的休假时间没有限制，但公司规模发展到 40 名员工之后，诸如此类的问题便开始浮现出来。去年春天，我的管理团队决定让员工对该政策进行表决。最终，员工们决定取消无期限的休假，改成有所限定的、与工作年限挂钩的休假制度。对此，我并不感到意外。

[①] Z 世代指 1995—2010 年出生的群体，千禧一代指 1982—2000 年出生的群体。——译者注

读到这里，我十分惊讶。为什么员工们不愿意自由安排假期，反而愿意被制度所约束呢？当我读到后面的内容，便知道症结的所在了。

> 我作为公司的首席执行官，在这种不限假期的制度下，每年也仅仅休两周的假。而规定假期之后，我会尽可能地休完我每年5周的假。因为假期是固定的，我可不愿将自己的假期浪费掉。

首席执行官每年仅休两周的假，这自然会让公司的其他员工感到，这种无期限的休假制度并不能为他们带来更多自由。所以，他们要求固定假期就不足为奇了。他们肯定会在固定的三周假期内感到更为舒适，而不愿意选择表面上不限时间，而老板却只休两周的休假制度。在没有相关制度的情况下，员工休假的长短在很大程度上取决于他的领导和周围的同事。所以，如果你真的要实行无期限的休假制度，必须从鼓励领导休长假开始，让他们做出表率。

对此，帕蒂从一开始就有明确的态度。2003年，公司召开高层会议，决定试行无期限的休假制度。帕蒂认为，为了将这一制度实施下去，公司高管必须做出表率，带头休假。在没有制度约束的情况下，公司管理者的行事风格对员工有很大的影响。她告诉我们，她希望看到整个办公室都贴着印尼或者太浩湖（Lake Tahoe）的明信片；当特德·萨兰多斯结束7月的西班牙南部之旅返回公司时，他希望每个人都能耐心地欣赏他的7 000张照片。

由于没有制度的规定，大多数员工都会观察部门其他员工的情况，以了解"软性的限度"。我个人也很喜欢旅游。在实施无期限休假之前，我也总会抽出时间去旅游。现在实施了这样的制度，我更愿意将我的旅游经历拿出来与大家分享。

在我准备与里德合作撰写本书的时候，料想里德一定是个工作狂。然而，出乎我的意料，他似乎有很多时间都是在休假。我到了硅谷洛斯加托斯（Los Gatos），他却说没法见我，因为他正在阿尔卑斯山徒步；他还抱怨说和妻子去意大利待了一个星期，因为枕头不平整落枕了。公司以前的一名员工对我说，他不久前才和里德去了斐济潜水，在那里待了一周。里德说他一年休六个星期的假，但据我了解，恐怕应该是"至少"六个星期。

里德对制度的实施起到了很好的带头作用。如果连首席执行官都不能带头实施，那这项制度肯定是无法推行的。尽管如此，他的行为在有些部门的效果却并不明显。如果部门的负责人不能像里德那样起带头作用，那真有可能把部门员工搞成里德噩梦中的僵尸。

其中一个例子就是营销主管凯尔。凯尔在进入公司之前曾是一名报社记者，他很享受那种工作的紧迫感带来的压力。他曾告诉我："突发新闻往往都是出现在深夜，数小时内，相关报道就得印刷出版。于是，正常情况下需要几天才能完成的工作，变成了要在几小时之内完成，这着实令人感到兴奋。"凯尔已经快60岁了，孩子都已长大成人，他在网飞位于好莱坞的一个部门任负责人。来到网飞之后，他沿袭了做记者时的一贯风格，什么事情都会设定截止日期。于是，部门中的每个人都照此行事。凯尔解释说："我们对工作充满热情，所以大家干起活来就像疯了似的。"凯尔很少休假，也不太喜欢谈论休假的事情，整个部门对他的话也是言听计从。

而负责市场营销的经理唐娜则被工作压得喘不过气来。她的 Fitbit 手环显示，她前一晚仅睡了 4 小时 32 分钟。事实上，唐娜每天都是晚睡早起，以便能够完成她所说的"永远也做不完的工作"。这已经成为她工作的常态。唐娜有两个孩子，她在第一个孩子出生后的四年里，一直没有休过假。她说："感恩节的时候，我请了几天假去看望母亲。那几天，我一直都在洗衣房里洗衣服。"

为什么唐娜不合理利用公司制度多休几天假呢？她的回答是："我丈夫是搞动画创作的，追求的是艺术。我是家里那个养家糊口的人。"唐娜每天都有做不完的工作，她的上司如此，她团队里的员工也是如此。她不想让自己看起来没有尽职尽责地工作。她说："我们的公司文化崇尚理想，但理想与现实之间存在巨大差异。为此，我们需要加强公司团队的领导能力，缩小这种差距。如果领导者没有树立好的榜样……你看看我现在的样子就知道了。"

随着公司规模的扩大，越来越多的部门并没有以里德为榜样，实行帕蒂所倡导的无期限的休假。在这样一些部门中，这项制度还真有点像是"无休假"的制度。不过，还是有很多部门领导学着像里德那样休假，并且让下面的人都看得到。一旦他们这样做了，员工们也会以他们为榜样，进而为公司带来很多意想不到的好处。

格雷格·彼得斯就是这样一个例子。他于 2017 年接替尼尔·亨特担任首席产品官。格雷格通常上午 8 点上班，下午 6 点下班回家和孩子们共进晚餐。格雷格对假期很看重，他还会利用假期拜访他妻子在东京的家人。同时，他也鼓励下面的员工合理安排假期。格雷格解释说："作为领导，光靠说是不够的，员工们也在看我们是如何做的。如果我只是说'我希望你们能够在工作与生活之间找到一个可持续的、健康的平衡点'，但自己每天却工作 12 个小时，那么员工也只会看我的行动，而不会听我说的话。"

格雷格的行动非常有说服力，他手下的员工都对他很信服。

格雷格团队中有一个名叫约翰的工程师。他开的车是 20 世纪 70 年代的棕褐色的奥兹莫比尔，配有乙烯基前排座椅、木纹仪表盘和后排座椅。每次开车到硅谷总部，约翰都会有一种回到 70 年代的感觉。奥兹莫比尔汽车有足够大的空间供他放山地自行车、吉他、罗得西亚脊背犬，还坐得下一对 6 岁的双胞胎女儿。约翰甚至觉得工作与生活是如此平衡，自己都感到些许愧疚了。

> 今年我已经休了 7 周的假，这才 10 月份啊。我的老板们都会休很多的假，我总觉得他们不知道我也已经休了这么多的假，因为他们根本就不过问这件事，甚至完全没放在心上。我喜欢骑自行车，喜欢玩音乐，我的孩子也需要我。我常常在想，我已经挣了这么多钱……我还需要继续工作吗？但我确实还有很多的工作要做，于是我告诉自己，能够维持工作与生活之间这种不可思议的平衡……已经很不错啦。

现在，格雷格团队的成员都找到了好的方法来安排自己的生活，这在传统的休假制度下是无法实现的。高级软件工程师萨拉每周工作 70~80 个小时，但每年要休 10 周的假。她最近一次休假时去探访了巴西亚马孙丛林的亚诺玛米（Yanomami）部落。她认为在几周紧张的工作后，需要一周的时间来做点不同的事情放松放松。她解释说："这是网飞休假自由带来的好处。重要的并不是假期的长短，而是可以完全按照自己喜欢的方式来安排生活。只要你工作出色，没有人会在意你有没有休假。"

老板的行为对员工有很大的影响，甚至可以改变一种文化原有的习惯。格雷格在担任首席产品官之前，曾在东京任网飞总经理一职。众所周知，日本商界人士都是工作时间长、休息时间短，甚至还有不少因为长时间工作而猝死的情况。日语里有一个专门的词语就叫"过劳死"（karoshi）。日本职员平均每年大约休 7 天假，但有 17% 的人一天假都不会休。

一天晚上，我和 30 岁出头的经理春香一起喝啤酒，吃寿司。她对我说："我的前一份工作是在一家日本公司。我在那里工作了 7 年，每天早上 8 点钟上班，午夜过后，我乘最后一班地铁回家。7 年来，我只休了一个星期的假，还是去美国参加我姐姐的婚礼。"事实上，她的这种情况在日本很普遍，大多数日本人都是这样的。

加入网飞改变了春香的生活。"格雷格在这里的时候，他每天晚饭前都会离开办公室，其他员工也是如此。他会经常去冲绳度假，或带孩子去新雪谷滑雪，回来还会给我们分享他拍摄的照片。他也很关心我们休假的情况，所以我们也都开始休假。若是离开网飞，我担心又会回到那漫长的没有假期的日子，那简直让人窒息。网飞为我们在工作与生活之间找到了平衡。"

格雷格作为一个美国人，却让办公室里的日本员工像欧洲人那样工作和休假。他没有制定规则，也没有喋喋不休地念叨，只是在行动上做出了表率，向其他员工传达了一种期望。

如果你也打算取消休假的期限，你和其他领导一定要做好表率。在网飞，尽管我一年休六周假，也鼓励我的团队休假，但正如凯尔和唐娜的故事所揭示的那样，要真正实施到位还需要一个漫长的过程，也需要持续不断地加以关注。如果你的领导团队做好了表率，也鼓励下面的员工以你们为榜样，你就不用担心无法唤醒那些躺在厨房地板上的僵尸。

要实施无期限休假，领导做表率是第一步。另一个值得关注的问题就是取消休假期限以后，有的员工可能会觉得非常自由，于是会选择在不恰当的时候休假，而且一休就是几个月，以致对团队工作和公司业务造成影响。

建立和加强情景管理

2007 年，莱斯莉·基尔戈提出了一个新概念，叫作"非控制性的情景管理"（我们将在第九章进行深入的探讨）。但在 2003 年取消固定期限休假制的时候，我们对这个概念并不了解，我们只知道公司领导应当多休假，并且经常谈论假期发生的趣事。除此之外，我们并没有考虑一些细节问题，也没有设定情景之类的想法。我们只是告诉员工，公司不会为员工分配固定假期，也不会追踪假期。结果，没过几个月，我们就遇到了问题。

我们是 2003 年取消固定休假制度的。然而刚到 2004 年 1 月，会计部门的一位主管就来向我抱怨道："感谢你提出的好主意，我们今年年末就得把公司的账目做了。"原来，该部门的一位员工对总在 1 月份的前两个星期做账感到厌倦，于是她决定休假，并称她有权休两周的假。现在，整个部门的工作陷入了混乱。

有一天，我在厨房遇到一位经理。她的眼睛浮肿，脸颊还有泪痕，好像刚刚哭过。她对我说："里德，这种假期自由简直要了我的命！"她的团队共有四名员工，目前离交付任务的最后期限已经很近了。但是，一名员工下周要休陪产假，还有一名员工告诉她，自己准备两周后休假一个月，乘坐加勒比海邮轮度假。对于他们的安排，这位经理觉得没法拒绝。她叹息道："这是自由的代价。"

这就是实行无期限休假需要考虑的第二步。原有的休假制度取消后，员工会一时陷入迷茫之中：有些人会不知所措，直到老板明确告诉他们可以怎么休假；如果不告诉他们，他们是不会主动休假的。而另一些人会觉得他们完全自由了，因而做出一些极不恰当的决定，例如在不适宜的时候休假，从而给其他同事带来很多的麻烦。这不仅会降低团队的工作效率，而且可能导致被解雇的命运，这对谁都没有好处。

由于没有书面的制约，每个部门经理都应当花时间与团队成员进行沟通，告知员工怎样做才合适。会计部门主管应当坐下来与团队成员交流一下，告诉大家 1 月份不适合休假，还可以分析一下哪些月份休假更合适。那位在厨房里泪盈盈的经理也应该与团队商量，共同设定一系列休假参数。例如"一次只能一名团队成员休假"，以及"在休假备案之前,应确保不会让团队其他成员感到非常不妥"。经理设定的情景越清晰越好。比如像那位会计部门的主管就可以这样对员工说:"若需要一个月的假期,至少得提前三个月提出来;若只是五天的假期,通常提前一个月就可以了。"

随着公司的不断发展,领导者进行情景设定与发挥表率作用的方式也越来越多样化。由于网飞的迅速发展与变化,员工难免会感到巨大的压力。所以,部门主管如果考虑不周,没有保持足够的警惕,就会出现像唐娜那样的情况。而凯尔的问题不仅仅是在休假这件事情上没有做好表率,还在于他没有设定情景,没有让手下的员工在工作和生活之间找到平衡。我自己不断地完善情景设定,也希望各部门领导为他们自己的团队设定好情景。公司每年都会召开四次季度会议,公司所有主管和副总裁(占员工总数的10%~15%)都要参加。一旦听说员工没有休假,我就会将休假的问题列入季度会议的议程。借这样的机会,我们可以对休假情景进行充分的讨论;同时,管理者们也可以交流各自采用的方法和技巧,互相学习应该如何平衡员工的工作与生活。

无期限休假制度让自由更具价值

自从网飞取消假期跟踪考核之后,其他公司也纷纷效仿,其中包括来自科技行业的玻璃门、领英、Songkick(音乐会推荐应用)、HubSpot(数字营销公司)和 Eventbrite(活动策划平台),还有费舍尔·菲利普斯律师事务所(Fisher Phillips)、高

诚（Golin）公关公司，以及电子零售业的 Visualsoft（可视化软件公司）。

英国著名的企业家理查德·布兰森于 2014 年在维珍集团也采用了这一制度。他为此写了一篇文章，内容如下：

> 我第一次了解网飞的事情是通过我的女儿。当时，我的女儿读到《每日电讯报》上的一篇报道，于是便立即通过电子邮件转发给我。她激动地对我说："爸爸，看看这个。"事实上，这个问题我已经思考了很长时间。在我看来，不对员工休假进行追踪考核还真是一件史无前例的事。她接着说："我有一个朋友，他所在的公司实行这样的制度之后，无论是精神状态、创造力，还是生产力都有了新的突破。"这番话确实引起了我的兴趣，于是我想做进一步的了解。
>
> 我们可以看看有多少创新可以用"聪明"和"简单"这一类形容词来进行描述，这确实很有趣。我也很久没有听说过这么简单又这么聪明的举措了。英国和美国的休假制度本来是很苛刻的，我很高兴我们也在英国和美国的母公司实施了这套不是制度的制度。

用户体验研究与设计咨询公司 Webcredible 的首席执行官特伦顿·莫斯（Trenton Moss）也取消了公司的休假跟踪制度，并解释说这样能够吸引更多优秀的应聘者并提高员工满意度。

> 网飞公司的宗旨是：一名优秀员工胜过两名普通员工。我们

的经营也可以循着这样一个思路。当前,市场对优秀的用户体验从业者有很大的需求,所以我们要花大力气挖掘和留住人才,而取消固定休假对我们会有所帮助。我们团队的成员不断被领英所吸引,我们业务中的许多专业人士都是千禧一代,他们步履匆匆,总是心向高处。事实上,要想实行无期限休假并不难,你需要做的仅仅是创建一个相互信任的环境。我们公司就是基于以下三条准则:(1)始终为公司的最大利益行事;(2)绝不做任何妨碍他人实现其目标的事;(3)努力实现自己的目标。只要满足上述几条,员工完全可以按照自己的意愿休假。

猛犸公司也决定试行网飞的无期限休假制度并对其进行评估。在这个过程中,他们看到了一些有趣的现象。该公司的首席执行官内森·克里斯滕森(Nathan Christenson)写道:

> 我们是一家小型企业,非常注重建立有助于传递信任并减少繁文缛节的企业制度。我们同意先试行一年,然后对该制度进行再评估。在这一年中,这样的休假制度成为我们员工最看重的一项福利。快满一年的时候,我们进行了一项调查。调查结果显示,在公司提供的员工福利中,无期限休假排名第三,仅次于健康保险和退休计划,甚至超过了像视力保险、牙科保险,以及专业发展这类员工非常看重的福利。

克里斯滕森的员工尽管非常看重这项福利,但并没有想占多大的便宜。他说："现在公司实行无期限休假制度，但员工的休假时间与前一年还是大致相当（平均 14 天左右，大多数员工休假 12~19 天）。"

网飞公司并没有对员工休假的时间进行追踪记录，所以没有关于员工平均休假时间的数据，但确实也有人想要对此做一番调查。2007 年，圣荷西《水星新闻》（Mercury New）的记者瑞安·布利特施泰因就对这一问题进行了研究。一天早上，他来到办公室，在得到关于我们的最新消息后十分兴奋，认为这条新闻可以登上湾区的头版，题为《网飞公司疯狂的休假制度！》。他问帕蒂："公司的员工会不会跑到国外去待上几个月？你会担心工作因此而无法完成吗？"帕蒂没有直接回答，而是给员工们发了一封电子邮件，告诉他们："有记者到访，你们可以和他随便聊。"于是，这位记者便坐在自助餐厅里，问了网飞员工很多问题。

这天结束时，布利特施泰因非常失落。他对帕蒂说："这里没有故事！所有的人都是在按部就班地工作。你知道你的员工告诉我什么吗？他们告诉我，他们喜欢公司现在的休假制度，但是他们仍然按照以往的方式休假，假期不多也不少。这根本就不算什么新闻！"

给予自由，再落实责任

我曾以为如果我们不追踪记录员工的假期，公司会被搞得天翻地覆。但事实上，公司的秩序并没有发生大的变化，而员工的满意度更高了。一些喜欢特立独行的员工，比如像前面提到的工程师萨拉（连续工作三周，每周工作 80 个小时，然后跑去探访亚马孙森林亚诺玛米部落）就特别支持这一做法。我们的这一举措，使高绩效的员工可以更好地掌控自己的生活，同时又使每个人感到更加自由。由于我们的人才密度很高，我们的员工都非常认真负责；由于我们有坦诚的文化氛围，如果有员工滥用制度或自由，其他员工就会当面阻止，直接告诉他那样做的不良后果。

差不多与此同时，公司里又出现了一些新的迹象。我和帕蒂都注意到，员工们在办公室更具有责任感了。这从一些小事情就可以看出来，比如会有人主动把冰箱里变质的牛奶拿出去扔掉。

给员工更多自由，可以使他们更具归属感和责任感。于是我和帕蒂便提出"自由与责任"的理念。我们之所以这样说，不仅仅是因为我们需要两者兼有，而是员工获得更多自由之后，自然就会产生归属感和责任感。我也逐渐明白了，自由与责任的关系并不是像我先前所想的那样背道而驰，相反，自由是通往责任的一条途径。

意识到这一点，我便考虑是否可以取消其他一些制度。接下来就该是差旅和经费审批了。

▶ 继续尝试取消管控……

3 下
取消差旅和经费审批

1995年，我当时还在经营纯软件公司。一天，销售主管格兰特怒气冲冲地闯进我的办公室。他耳朵涨得通红，一进来就"砰"的一声把门关上了。我们的员工守则里有这样一项规定：员工外出拜访客户时，可以选择租车或是打的，但是两者不能兼有，因违反规定产生的一切费用由员工个人自行承担。"我外出谈一笔业务，从公司到客户办公室要两个小时，我就租了一辆车！打车是要花一大笔钱的！为了给公司省钱，我才租车的，我这么做一点儿错也没有！"格兰特继续说道："晚上和一批客户出席一个晚会，离我住的酒店才 15 分钟的车程，而且在那种场合，每个人都免不了要喝酒，不喝酒是不可能的，所以我就打了辆出租车。但是现在，就因为我租了一辆车，财务部说按公司规定，我那 15 美元的打车费不能报销！"格兰特对这项糟糕的制度特别恼火。"难道你是要让我酒后驾车吗？！"为了能更好地应对可能出现的特殊情况，我和帕蒂花了一个小时的时间研究如何对员工守则进行修改。

几个月后，格兰特辞职了。在离职面谈的时候，他说："当我看到高层是如何消磨时间之后，我就对公司失去了信心。"

我完全认同他的说法。如今在网飞，我不希望公司任何人在这种没有意义的讨论上浪费时间；我更不希望有才华的员工在发挥聪明才智的时候，却被一些愚蠢的规章制度困扰，这无疑会破坏富有奇思妙想和充满创造力的工作氛围。

网飞在创业的早期，跟任何一家初创公司一样，对员工差旅和住宿都没有明文规定。因为我们的公司那时确实很小，每笔重要的开销都引人注目。员工采购办公用品还是有自由度的，但要是有人做得过分了，立马就会有人发现并给予纠正。

到 2004 年，我们公司已经上市两年了。大概从那个时候起，大部分业务开始有了一系列规章制度。我们的首席财务官巴里·麦卡锡还新拟了一份有关差旅及费用审批制度的提案，这份提案几乎囊括了所有的细节，包括哪个级别的管理人员可以搭乘商务舱；在不请示上级或获得首席财务官批准的情况下，每个员工可以自行购置的办公用品开支上限是多少；如果要采购电脑一类的昂贵办公用品，或者外聘顾问推进项目实施，则需要相关领导签字批准。这与大多数大中型公司实行的规章制度并无二致。

我们最近取消了固定休假制度，而且在此之后，我也坚决反对再颁布任何与此相关的条例。事实证明，即使没有一系列的规定，只要有优秀的员工和明确的管理模式，情景设定到位，我们的工作就能很好地开展。巴里也认同这一点，但他提醒我，公司必须要有明晰的情景设定，帮助员工理解怎样花公司的钱才是最明智的。

之后，我在半月湾（Half Moon Bay）主持召开了为期三天的公司高层会议。会议的议题是：取消差旅和费用审批制度后，如何向员工阐明开支的准则。我们对一系列的情况进行了分析，有些情况一目了然，比如，一个员工用联邦快递给家人寄圣诞礼物，那么这笔支出显然不应该由公司承担。但我们很快发现，很多时候的实际情况非常复杂。如果特德出于工作目的参加了一个在好莱坞举办的聚会，他买了一盒巧克力送给聚会的主人，那么，这笔开销该不该由公司买单呢？又比如，莱斯莉每周三都在家办公，公司要不要给她报销打印纸呢？万一她女儿打印学校的读书报告用的也是同样的纸呢？

我们唯一达成的共识就是：员工一旦盗窃公司财物就会被开除。这时候，一位名叫克洛艾的主管插话道："周一的时候我从公司偷了一些东西。那天，我加班到深夜11点，终于把项目做完了。那时候我才突然想到孩子们第二天的早饭还没有着落，超市都打烊了，我买不到食材。实在不得已，我只好从公司的厨房拿了四小盒麦片回家。"好吧，这听起来确实情有可原。但这件小事也说明了为什么规则和政策永远收效甚微。现实生活往往是牵一发而动全身的，任何规定都不可能一劳永逸。

我建议我们应该提倡节约，员工在花钱之前都应该慎重一些，就像花自己的钱买东西的时候，大家往往会货比三家，反复斟酌。于是，我们确定了关于公司开销的第一条准则：

怎么花自己的钱，就怎么花公司的钱

我对这一条准则十分满意。我花自己的钱就很省，花公司的钱也是如此，所以认为其他人也都跟我一样。然而，事实证明并非如此，并不是每个人都那么节俭，每个人花自己钱的方式也大相径庭，于是就产生了许多问题。戴维·韦尔斯就是一个很好的例子。2004年，正当我们针对这一系列问题展开讨论的时候，他进入我们公司并出任财务副总裁；2010—2019年，他担任公司的首席财务官。他说：

> 我是在弗吉尼亚的一个农场里长大的。我的家就在一条1英里（约1.6公里）长的土路边上，那里人烟稀少。我每天带着我的狗在我家周围200英亩（约80公顷）开阔的树林里爬树捉虫。
>
> 我出生的时候可没有含着金汤匙，我也不需要过奢侈的生活。里德说出差时的消费要像花自己的钱那样，那么对我而言，这就等于坐经济舱，住普通的旅馆。我是一名财务人员，这个问题在我面前完全是一道简单的经济题。
>
> 新政策实施一段时间后，我们在墨西哥召开了一次领导层会议。当我登上飞机，走向经济舱的座位时，我看到公司整个内容团队都坐在商务舱里，穿着舒适的航空拖鞋休息。从洛杉矶飞到墨西哥城只要短短几个小时，但商务舱的价格确实很贵。我上前跟他们

打招呼，其中几个人看起来很尴尬。但令他们尴尬的原因并不是他们自身，他们不是因为自己坐着商务舱而觉得尴尬；恰恰相反，他们是在替我尴尬，作为公司的一位重要高管，我竟然只坐经济舱！

我们很快发现，"怎么花自己的钱就怎么花公司的钱"这条规则在实际生活中也不太管用，起到的效果并不能如我们所愿。我们公司有一位名叫拉尔斯的副总裁，年薪高达七位数。他曾开玩笑地说："我就是喜欢奢侈品，虽然每个月挣得也不少，但是到现在我还是一个月光族。"这可不是我们提倡的消费观念。

因此，我们将开支和差旅准则改得更为简洁。如今，完整的差旅和开支政策只有短短六个字：

网飞利益至上

这项规定十分奏效。整个内容团队都乘坐商务舱从洛杉矶飞往墨西哥，就是没有将公司利益置于最高地位。但如果是从洛杉矶飞往纽约，你强制员工都搭乘红眼航班，就会搞得他们疲惫不堪，特别是如果第二天一大早还要演讲就更麻烦。在这种情况下，选择搭乘商务舱就是考虑了公司的利益，这样你就不会有眼袋，也不会在重要的时刻口齿不清。

还有什么能比用你认为合适的方式，花别人的钱去购买对你和你的工作有益的东西更有趣的呢？

试想一下，你前往泰国拜访同事，参加会议，曼谷的气候让你觉得很舒服，按摩也很不错。你还可以趁此机会把上次出差时那个轮子坏了的行李箱换掉——塔米行李箱价格可不便宜！当然，正常情况下，公司是不会为这笔费用买单的。但现在情况不一样了，是出差导致你的行李箱坏掉的，那么公司就有责任给你买一个新的行李箱。

但另一方面，如果你是公司的老板，这六字准则造成的巨大开销可能也是你意想不到的。任由员工用他们想要的方式花公司的钱，并且不需要任何审批程序，公司很可能会因此付出高昂的代价，甚至导致公司破产。当然，一部分员工为人诚实，花钱节俭，但绝大部分人会趁机"谋私利"。

这并不是悲观主义者的主观臆断。据一项研究显示：被调查者一旦确信自己的行为不会为人所知，远超半数的人会利用漏洞，为自己谋取更多利益。

为了调查人们在面对上述情况时会做何反应，来自奥地利林茨大学的研究员杰拉尔德·普鲁克（Gerald Prucker）和来自维也纳经济大学的鲁珀特·索斯格鲁伯（Rupert Sausgruber）专门做了一次实验。他们把报纸放在一个盒子里，旁边标上价格。如果路人想要拿走一份报纸，他们只需要自动将钱放在盒子里即可，整个过程并没有人监督。当然，他们也在盒子上贴着纸条，提醒路人要诚信。最终，有三分之二拿走报纸的人没有付钱。不诚实的人实在太多了。如果你觉得你的员工都像剩下的三分之一那么诚实，那你也未免太天真了。

这一切听起来让人既着急又害怕。但是，网飞员工的真实表现和报纸实验的结果截然不同，既没有你想得那么有趣，也没有那么骇人。那是因为事前有公司的情景设定，事后有财务部门审核报销。员工的经费开销有自由的决策权，但并不意味着他们可以不受监督地肆意乱花钱。

事前情景设定，事后核实报销

网飞的新员工渴望了解他们应该在哪些方面花钱，不应该在哪些方面花钱，因此我们也为他们预设了一些情景，帮助他们更好地做出选择。在戴维·韦尔斯出任首席财务官的这10年里，他都会在新员工入职培训中预设第一轮情景。对此他解释道：

> 在你花一笔钱之前，想象一下，你如何站在我和你的上司面前，解释你选择这次航班、预订这家酒店或者购买这部电话的原因。如果此时，你可以给出完全满足公司利益的解释，那么就别犹豫，直接做就好；但如果支持你做出这项决定的理由不够充分，那么先别花这笔钱，跟你的领导交流一下或者试试更便宜的选择。

这就是我所谓的"事前预设情景"。戴维建议向上司解释一下，这个建议还真不是一种虚构的情景。要是你花钱不够谨慎，那你就不得不向上司做出解释。

网飞并不要求员工对每一笔开支都填写申请，等候上级批复。员工可以直接购买，将收据拍照上传到系统，然后就可以等候报销了。但是，这并不意味着没有人会关注你的支出情况。财务部为了避免不合理消费的情况，为部门审核提供了两套方案，部门管理者可以选择其中一套或者将两者结合起来使用。第一套方案部分体现公司"自由与责任"的理念，另一套则完全贯彻"自由与责任"的公司理念。

如果部门经理选择第一套方案，那就按以下流程运作：每个月月末，财务部会将该部门每位员工当月提交的报销发票汇总后发送给经理，经理对每笔开销进行审核，考量每位员工的具体情况。帕蒂在网飞时，选择的就是这种审核报销流程。她每个月的30日会准时收到来自财务部的邮件，然后对人力资源部每名员工的开支进行仔细核对。她经常会发现员工有过度消费的情况。帕蒂讲述了她的部门员工杰米在2008年的一件事情。

星期五傍晚，我正准备下班回家，遇到几个负责产品的员工来接杰米去迪奥·德卡餐厅共进晚餐，那是一家位于硅谷的米其林星级希腊餐厅。我问："你们是要去喝一杯吗？"杰米回答我说："不，我们要开一场晚餐会。"

第二个月，当我收到部门报销清单时，我发现了杰米提交的一张400美元的迪奥·德卡餐厅收据，这明显不是一笔合理的开销。我问她："杰米，这是你上次和产品部的人外出就餐的单据吗？"的确如此！她解释说，约翰点了一瓶上好的红酒，"约翰和格雷格喜欢喝好酒"。听到这话，我火冒三丈！我冲着她说："就因为那些家伙想喝100美元的红酒，公司就该花钱，让他们喝个够？！"

以下是帕蒂为杰米设定的需要注意的情景：

"你可以把这笔钱用来请一位潜在的客户就餐。如果客户想要一瓶好点儿的红酒，没问题，没什么不可以的，那是你工作的一部分。但现在呢？你和别的同事出去吃吃喝喝却要公司买单！完全是在乱来！你要是想和同事出去放松，你就自己出钱；你要是需要一个地方开会，公司有的是会议室。你这样做根本没考虑公司的利益！你自己好好想想吧！"

通常情况下，经过一两次谈话，员工对报销情景有了明确认识之后，都会明白该如何正确地利用公司的经费，也会自觉地规范自己的行为。当员工们发现领导会对他们的开支进行监督之后，他们不大可能再试探公司的底线。这是一种控制员工乱花钱的方法。不过，网飞更多的管理者倾向于更彻底地贯彻公司"自由与责任"的理念。

对于完全贯彻"自由与责任"理念的管理者而言，采用的则是另外一套审核流程，就是省去逐一审查收据的麻烦，而是将这些收据信息全部提交给内部审计部门，让他们核查是否存在公费滥用的情况。一旦审计部门发现并确认为滥用，那么相关员工可能就没法在公司里干了。

莱斯莉·基尔戈就这一点进行过说明：

我们市场部的员工总是在各地奔波。他们自行选乘航班，自己预订酒店，很多时候我也和他们在一起，希望可以帮他们做出更好的出行选择。如果要坐一晚上飞机，并且第二天一大早还要工作，那么商务舱无疑是最佳选择；如果为了省钱而坐整晚的经济舱，需要早一天到达目的地，这样做也没问题，公司也会报销当天的酒店费用；但是，如果只是短途飞行却搭乘商务舱，这样的行为就没有考虑公司利益了。

我告诉我手下的员工，我从不查看他们的开支报表，但是财务审计部门每年会抽查其中的10%。我相信每个人都会尽可能地精打细算，想着为公司省钱，但如果财务审计部门发现哪名员工存在欺骗行为，那他将立即被开除。这并不是一个威胁，而是一个提醒，因为滥用自由必将自食恶果。同时，你也将成为公司的一个反面典型。

这就是"自由与责任"理念的核心。如果有人滥用你给予他们的自由，就必须受到惩罚，而且必须是严厉的惩罚。这样，其他员工才会引以为戒，否则，自由将毫无意义。

从虚假报销中吸取教训

你给予员工自由，即使你已经设定情景，也阐明了滥用自由的后果，还是会有一小部分人试图蒙混过关。当这种情况发生之后，不要过度质疑规则本身，或者尝试定下更多规则来弥补漏洞，你要做的仅仅是对个例进行处理，从而推动规则更好地实施下去。

网飞当然也有这种不诚实的员工，其中最为人热议的是一名外籍员工。因为工作性质，他常常出差。于是，他就打起了小算盘，在报销申请中偷偷掺杂大量奢侈的个人旅游支出。在他任职的三年里，部门经理并没有核查他的凭据，财务审计也没有抽查到他的报表。直到最后"东窗事发"，他已经为个人牟利逾 100 000 美元。毫无疑问，他最后被开除了。

在大多数情况下，员工与其说是在欺骗公司，不如说是想看看他们能逃脱什么惩罚。公司运营副总裁布伦特·威肯斯每年会飞往全球各地的分公司办公。有一年春天，他的团队中有一名叫米歇尔的女职员因公多次前往拉斯维加斯。布伦特偶尔会查看自己部门员工的报销账单，不过一年也就看那么几次。

> 一天晚上，我睡不着，于是就爬起来查看我收到的邮件。我点开一封题为《部门员工开支一览表》的邮件，草草浏览了一下员工们提交的数据。突然，一笔不太正常的支出引起了我的注意，那是一笔 1 200 美元的开支，米歇尔把这笔在拉斯维加斯永利赌场的消费列在了差旅费用的餐饮类账目中。对于一个为期两天的旅程，在餐饮方面花掉 1 200 美元也未免太多了吧！对此，我感到十分好奇。于是，我便查阅了她过去提交的报销单据，有几笔不太正常的消费引起了我的注意：她曾经去波士顿参加周四的会议，然后和家人在波士顿共度周末，他们周五晚上一笔 180 美元的晚餐费也被纳入了报销之列，那难道不是家庭聚餐消费吗？
>
> 等到办公室只有我们两个人的时候，我向米歇尔问起这件事，希望她可以给我一个合理的解释。但我刚一说出口，她便愣住了，什么解释也说不出来。她没有向我道歉，没有找任何借口，甚至一句话也没有说。于是，我只好让她下周离职走人。当她收拾东西离

开的时候，只是重复说，这是规定的错，这项规定就是一个彻头彻尾的错误。这件事太令我震惊了，直到现在我也不明白，到底是什么导致这么糟糕的结果。米歇尔离开后，找到了不错的工作。我想，或许是她不适合我们这种自由吧。

在接下来的季度业绩回顾领导人会议上，网飞的首席人才官站在台上，向350名与会者详细地讲述了米歇尔的案例，不过隐去了她的姓名和所在部门。首席人才官要求每位参会者在部门内部传达这一案例，让每个人都意识到欺骗公司的严重性。公司将这样的事件公之于众，就是为了让公司的其他成员能从中吸取教训。布伦特对于辞退米歇尔感到十分遗憾，但同时也认为有必要将这一情况告诉其他人。没有透明度，就没有财务报销的自由。

在自由的费用报销制度下，最大的开销恐怕就是出差乘坐商务舱的问题。对于是否要制定一项限制乘坐商务舱的政策，网飞内部也一直争论不休，但是高层仍然更倾向于当前的方案。公司首席财务官戴维·韦尔斯估计，比起一套正式的审批制度，当前制度下差旅费用的支出要高10%左右。但里德表示，相对于随之而来的巨大收益，我们多付的10%不过是笔小钱。

最佳回报：自由、高效与节俭

还记得纯软件公司的销售主管格兰特吗？当他冲到我面前，抱怨打车费无法报销的时候，他显得非常生气，认为

自己受到公司不合理规定的束缚；他想要飞，却被公司的繁文缛节绑住了翅膀。除了向公司的政策低头之外，他别无选择，即使是完全正确的事也不能做。这一切让他产生了无能为力的挫败感。

他在我面前的抱怨让我突然意识到，这并不只是他一个人的想法，而是所有人的心里话。我可以想象这样一幅画面：我的数百名员工都像渴望飞向蓝天的小鸟，但公司却用大捆的胶带缠住他们的翅膀，把他们牢牢地捆住。我并不想用过多的行政干预扼杀员工的创造力，影响他们的工作效率。我们取消报销审批，目的就是为了摆脱束缚，节省经费。

所以，本章传递的最重要的一个信息就是，尽管自由会在一定程度上导致员工的滥用，但代价比员工受到种种束缚要低得多。如果总是要求员工提交各种申请，依靠层层审批来加以控制，不仅会打击员工的积极性，还会失去低规则环境所带来的速度和灵活性。我经常说起一个例子，那是 2004 年的事，最后是我们的一名年轻工程师解决了问题。

4 月 8 日，星期五。早上，合作伙伴关系主管奈杰尔·巴普蒂斯特 8:15 到达了他在硅谷的办公室。那是一个温暖晴朗的日子，奈杰尔吹着口哨，在四楼的开放式厨房里拿起一杯咖啡，慢步回到工作区。这段时间，他和他的团队正在对网飞节目进行测试，以便能够在三星和索尼等官方合作伙伴的电视上实现最佳的播放效果。但是，当奈杰尔走到工作区时，他的口哨声戛然而止，他整个人都愣住了。他所看到的，或者更确切地说，他所没有看到的，使他陷入了恐慌。他记得当时的情景是这样的：

为了让客户能够用超高清的 4K 电视观看《纸牌屋》，网飞投入了大笔资金，但我们面临的问题是，直到目前为止，基本上没有电视支持 4K 超高清分辨率。我们有了先进的超高清画质，却很少有人能够看得到。现在，我们的合作伙伴三星已经在市场上推出了绝无仅有的 4K 电视。这些电视价格非常昂贵，消费者是否愿意花大价钱买这样的电视尚未可知。我当年的远大目标就是同三星加强合作，推动 4K 电视走进千家万户，让人们可以用 4K 电视观看《纸牌屋》。

《华盛顿邮报》技术专栏作家杰弗里·福勒拥有大约 200 万名读者。他同意在三星的新电视上测试《纸牌屋》的播放效果，这对我们来说真是一个千载难逢的机会，因为他的支持对我们 4K 电视的播放计划能起到极大的促进作用。周四，三星的工程师带着 4K 电视来到网飞，与我们的工程师进行了最后的测试，确保福勒先生能得到最佳的观看体验。晚上，电视测试完成后，我们都回家了。

周五一早，当我到达办公室的时候，发现电视竟然不翼而飞了！在与后勤部门核实后，我得知它已经和一堆废弃的旧电视被一块处理掉了。

这是一个非常严重的问题。那台电视还有两个小时就应该搬进福勒先生的客厅。现在打电话让三星公司再送一台新的已经来不及了，我们只能在 10 点钟之前购买一台新电视。于是，我便给市里卖电器的商店挨个打电话。前三家商店很快回复道："很抱歉，先生。我们这里没有你想要的那种电视。"我的心都跳到嗓子眼儿了，我们马上就要错过最后时限了！

这时，我们团队最年轻的工程师尼克冲进了办公室，我几乎都要急哭了。"别担心,奈杰尔!"尼克对我说,"这个问题我已经搞定了。昨晚我回到办公室的时候,发现电视被处理掉了。我给你打了电话,也给你发了信息,你没有回复我。于是,我只好开车前往特雷西的百思买商场买了台一模一样的电视。这样,我们今天就可以顺利进行测试了。虽然花了2 500美元,但是我觉得应该这样做。"

我感到十分震惊。2 500美元!想象一下,一名年轻的工程师得有多大的魄力,才敢在没有审批的情况下花这么大一笔钱,而这仅仅因为他认为这是正确的。我如释重负。如果是在我曾经工作过的微软、惠普或其他公司,受制于繁杂的审批程序,绝对没有哪个人敢这样做。

测评结束后,福勒特别喜欢这个超高清的节目。他在4月16日出版的《华盛顿邮报》的一篇文章中写道:"在超高清分辨率下,即便是淡定的弗朗西斯·安德伍德也会出汗。当我用这款超高清电视收看网飞的《纸牌屋》时,我可以看到剧中饰演副总统的凯文·史派西的上嘴唇出汗了。"

所以,我不会制定规则去妨碍员工及时做出正确的决定。福勒的报道为网飞和三星公司创造的价值比那台电视机高出成百上千倍。尼克对于他自己的行为仅仅说了六个字:"网飞利益至上。"正是公司给予员工的自由,让他在关键时刻做出了有利于公司的决断。当然,自由不是取消报销制度的唯一好处,还有一个好处就是减少流程,提高效率。

随着一个快速灵活的初创企业发展为成熟的企业，公司往往会建立一套完整的体系对员工的支出进行监管。这让管理有了一种控制感，但往往也会拖慢公司业务的进程。产品创新总监詹妮弗·涅瓦讲述了她在惠普工作时的一个故事。

我喜欢惠普的工作，但2005年的那个星期确实让我伤透了心，简直有一种七窍生烟的感觉。

那时，我接手了一个大项目。项目刚开始的时候，我们就认为需要从外面找几位非常专业的顾问来协助我们的工作，他们将和我们一起工作6个月。我了解了8家咨询公司，最后从一家公司物色到了合适的人选。他们提出的报价是6个月20万美元。我迫不及待地想要开始工作，他们也可以立刻投入工作。如果时间拖得太久，他们很有可能会和别的客户签约，而我也将失去这个机会。

我按照公司的流程将支出审批申请输入了系统，然后时刻关注着系统的进展。我发现，在我有权开展工作之前，一共需要获得足足20位领导的签字批准！这其中既有我的上司、我上司的上司、我上司的上司的上司，还有一大串我听都没听说过的名字，甚至包括远在墨西哥瓜达拉哈拉市的采购部门的同事。

我会失去花了这么长时间才找到的顾问吗？我的上司签字了，上司的上司签字了，上司的上司的上司也签字了。然后我开始打电话给采购部，开始是每天打，后来是每小时打，大多数时候都没有人接。最后，我终于打通了电话，接电话的是一位名叫安娜的女士，我使出浑身解数希望可以得到她的帮助。这份申请的批复拖了整整 6 个星期，我给安娜打了很多个电话，甚至当她计划跳槽的时候，她还让我为她在领英上写一封推荐信。

试想一下，如果每个月都有成百上千的人面临同样的问题，这对公司的效率会产生多大的影响。流程为管理带来了控制感，但把整个节奏都拖慢了。而同样的一个问题，詹妮弗后来的经历却给了她一种全新的感受。

2009 年，我加入网飞成为销售经理。三个月后，我策划了一项寄出 300 万份宣传手册的直邮活动，这些手册里有我们最受欢迎的电影剧照，将寄给那些之前很活跃，但最近没有使用我们服务的付费用户。整个活动花了大概 100 万美元。一切准备就绪，我拿着从邮局打印的工作说明书找到领导，心里已经做好了最坏的打算。我问他："史蒂夫，我该走怎样的流程才能拿到这笔近 100 万美元的大额经费呢？""你只需要签个字，然后传真给供应商就可以了。"他告诉我。不瞒你说，听了这话，我差点吓得摔倒在地上。

从奈杰尔和詹妮弗的例子中，我们可以看到，像"公司利益至上"这类简短的报销规则让员工既有了选择自由，也能更加迅速地做出决断。除了自由和效率，取消经费审批还有第三个意想不到的好处，那就是一些员工会因此而更加节俭。在好莱坞的消费者洞察部主管克劳迪奥就是一个很好的例子。

我的工作就是要让顾客感到愉悦。我之前在维亚康姆公司工作，公司有明确的报销制度。对于应在哪类餐馆接待客户，应由谁付钱以及公司报销多少酒费这类问题，公司都有明确的规定。我对这种制度很满意，因为它能让我感受到警戒线的存在，让我有一种安全感。具体的规定是这样的：宴请客户时，公司仅报销餐饮中的第一瓶酒水。因此，我在用餐之前就会对客户说："公司只为这顿晚餐和第一瓶酒买单。除此之外的酒水，我们就各付各的。"知道这一规则后，我们有时也可能擦着上限点一份龙虾和一瓶特别昂贵的葡萄酒。但规则从一开始就是清楚的，我们就会严格遵守。

在网飞工作几周后的一天，我准备陪同我的第一位客户吃晚餐。我问我的老板塔尼娅："公司对陪同客户吃饭有相关的规定吗？"她的回答让我很生气："没有规定。一切都需要靠你的判断。只需要谨记公司利益至上这一点就可以了。"我觉得她是在考验我，想知道我是否具备良好的判断力，这让我感到有些不舒服。

晚餐时，我一心想着向塔尼娅表明我的节俭。我肯定能通过她的测试！于是在点菜的时候，我只点了几道便宜的菜，并决定只点一杯啤酒，这比葡萄酒要便宜得多。用餐快要结束时，我看到客户们准备再喝几轮，于是便找了个借口去结了账，道了句晚安就离开了。我才不会为他们接下来的花销买单呢！

后来，我逐渐发现，塔尼娅从来没打算要测试我，她从不审核我的晚餐收据。可是，如果没有规则的约束，你永远不会知道你的判断何时会受到质疑。一直以来，我都坚持那一晚点菜的标准，认为这种方式最安全。没有龙虾，没有昂贵的葡萄酒。

克劳迪奥不太能适应网飞的开支自由，他更喜欢有人告诉他该怎么做，但他的故事也恰好印证了规则导致的一个悖论：当你制定规则时，总会有人想要"钻空子"，趁机占便宜。如果告诉维亚康姆的员工，两人用餐时，公司只报销一道开胃菜、一道主菜和一瓶红酒，他们可能会点鱼子酱、龙虾和一瓶香槟。这并不违反规则，但价格却非常昂贵。可是如果你告诉员工要以公司的利益为出发点，他们可能就会只点沙拉、鸡胸肉和几杯啤酒。由此看来，公司即使具备完善的制度，也不意味着可以节省开支。

第三个关键点

企业拥有一支高绩效的团队，员工才会认真负责地工作；企业拥有坦诚的文化氛围，员工才会互相监督，共同维护公司利益。在此前提下，企业可以放松对员工的管控，给予他们更多的自由。员工在休假、差旅报销等方面往往受到制度的约束，企业可以从这几个方面着手加以改变。这些举措会清晰地传达公司对员工的信任，同时增强员工的责任意识，让公司的每位员工都能找到归属感。

本章要点

（上）

- 企业取消限期休假之后，员工休假无须事先获得批准，员工本人及上级领导无须记录休假时长。
- 员工自行决定是否休假及休假时长，几个小时、一天、一周或一个月都可以。
- 取消限期休假会造成制度空缺。应为员工提供请假情景以填补制度空缺。但这一切需要基于充分的讨论，以确定员工在何种情景下适合休假。
- 老板的表率作用很关键。取消了限期休假制度，但没有带头休假的领导，整个企业或者部门等于没有假期。

（下）

- 企业取消差旅及报销制度后，应鼓励管理人员就员工如何进行事前支付及事后审核设定相关情景。如果有超支的情况，需要设定更加详细的情景。
- 企业取消费用管控之后，财务部门每年需要对收据进行抽检。
- 如果员工滥用权利，无论其表现多么优秀，都应予以开除并向全体员工进行通报。这一点非常必要，以此告诫其他员工这类行为的严重后果。

- 员工的自由消费可能会增加企业成本。但相较于超支所增加的成本，员工自由所带来的收益会更高。
- 由于员工开支自由，他们在该花钱的时候便能够及时地做出决定，从而有助于业务的开展。
- 由于不存在采购订单及采购流程的管理成本和时间等待，企业能够节约更多的资源。
- 相对于一个靠各种规则构建的体制，员工在自由环境中的花费可能更小。你告诉员工你相信他们，那么员工也会向你表明，他们值得你信任。

迈向自由与责任的企业文化

在取消休假制度后的那年夏天，我准备与帕蒂 11 岁的儿子特里斯坦来一场赛跑。我们沿着圣克鲁斯海岸做热身训练。我一边跑，一边回想起自己 10 年前在纯软件公司的一段经历。

在经营纯软件公司的头几年，我们还是一个小团队，没有规则和政策的束缚。但是到了 1996 年，公司通过并购得到了壮大和发展，员工人数增加到了 7 万人。在招聘的新员工当中，部分人因为不负责任而使公司蒙受了损失。对此，像大多数公司一样，我们制定了多项政策对员工行为进行规范。我们每收购一家公司，帕蒂就会将新公司的员工手册与我们的进行合并修订，然后制定出新的员工手册。

有了这些规则，也就意味着上班变得枯燥。因此，公司里那些具备创新精神且特立独行的员工纷纷选择了离开，进入创业环境更好的公司。留下来的员工，则是因为不愿意进入陌生的工作环境。在他们眼中，遵守制度规范就是行为的最终价值体现。在与特里斯坦的跑步过程中，我意识到，我们已经拿纯软件公司进行了尝试和验证，而验证的结果就是：只有傻子才愿意在那里工作（当然，我说的并不是真正的傻子——你明白我的意思）。

那个夏天，我意识到，如果网飞不采取积极的应对措施，将来可能会走上与纯软件公司一样的道路。随着公司规模的不断扩大，领导无法对每一名员工进行监管。在这种情况下，我们就需要制定更多的政策和控制流程，以应对公司在发展过程中产生的各种复杂问题。取消限期休假及报销审批的尝试经受住考验之后，我就开始考虑是否可以不用有那么多政策和管理制度。那么，我们还有哪些制度是没有必要的呢？我们还可以进一步增加员工的自由度吗？

我们决定，与其制定更多针对员工的规则和流程，不如继续做好另外两件事情：

1. 继续探索提高人才密度的新方法。为吸引和留住优秀人才，我们必须确保薪酬具有足够大的吸引力。

2. 继续探索提高公司坦诚度的新方法。企业要想在管控方面放手，就必须确保在没有监管的情况下，员工能够对信息有充分的了解，从而做出正确的决定。这就要求提高组织的透明度，做到信息公开化。如果我们希望员工能够自己做出明智的决定，就需要他们像高层一样，了解公司的业务状况。

这两点也是我们接下来要探讨的内容。

顺便提一句，特里斯坦跑赢了我。

第二部分

打造自由与责任的企业文化

接下来的这部分，我们将更加深入地探讨如何践行自由与责任的企业文化。第四章的内容主要是关于人才密度方面的，我们将介绍吸引和留住优秀员工的薪酬办法。第五章的主要内容是关于坦诚度方面的，我们将在第二章的基础上，进一步探讨如何实现组织的透明化管理。

▶ 进一步提高人才密度……

4
支付行业最高薪资

2015年一个星期五的下午，在好莱坞一个热闹的区域，原创内容部的经理马特·特内尔翻阅着一沓全新的剧本，激动得心怦怦直跳。经纪人安德鲁·王将这沓剧本交到了马特的手中，然后安静地吃着午餐。从剧本的挑选到试映集的制作，马特的天赋和创造力都是出了名的。他还有一项本事，就是总能寻找到合适的经纪人。安德鲁·王此前还没有把《怪奇物语》的剧本拿给任何人看过，但他们俩交情深厚，所以他把剧本先拿给了马特。

马特赶回办公室，把剧本拿给了布赖恩·赖特（第二章提到的前国际儿童频道副总裁），布赖恩总是能神奇地抓住观众的口味，这在整个电视圈人所共知。"这个剧本很棒！"布赖恩脱口而出，"让我看到了很多可以成为经典的角色。"然而，其他人却不这么认为："剧本中十一二岁的主角对儿童来说太老了，而对于成年人来说又太年轻了，所以大多数人不会感兴趣的。"也有人觉得："这是20世纪80年代的桥段，只有一小部分观众会喜欢。"但布赖恩还是斩钉截铁地说："每个人都会喜欢的，《怪奇物语》能火起来，网飞会成功的。"

2015年春，公司买下了这个剧本。截止日期即将到来，但网飞还没有自己的制片公司。像《纸牌屋》和《女子监狱》这样的热播剧都是由其他公司制作，然后独家授权给网飞的，网飞在当时还没有开始真正的影片制作。不过现在，网飞已经迈入一个新的阶段。"特德已经明确表示，未来的原创剧都由我们自己来制作。"

那时，网飞制作团队的人员很少，规模远远小于一家正规的制片公司。马特有这样一段回忆：

> 《怪奇物语》之所以能够成功，是因为我们团队中的每一位成员都是一个人当几个人用。罗布是超级出色的谈判专家。有影星不想签连续几年的合同，他就有法子去说服她。劳伦斯是搞金融的，他本来只需要把钱管好就可以了，但他不仅包揽了所有的财务工作，还做了很多诸如为作者租借工作场所这一类的事情，工作量完全抵得上一个生产主管。可以说，罗布和劳伦斯两个人差不多干了20个人的活儿。

《怪奇物语》第一季仅仅花了一年多的时间就制作完成了，并于 2016 年 7 月 15 日播出。几个月后，该剧获得了金球奖最佳连续剧提名。

网飞的成功，就是建立在这类不太可能的传奇之上的：团队小，但个人能力强，能办大事。里德把他们叫作"梦之队"。让我们再来看看马特的另一番话：

在大多数组织机构中，都有一些出类拔萃的员工，同时也会有一些泛泛之辈。我们一般需要依赖前者，管理好后者。而在网飞，情况就不一样了。这里是群英汇集之地，所有人的表现都很出色。如果你来参加我们的会议，会感到一颗颗聪慧的大脑碰撞出的火花，足以点亮整个公司。员工之间往往是相互挑战，各持观点且论据充分，简直比斯蒂芬·霍金还要聪明。这也正是我们能够以如此惊人的速度完成这么多工作的原因——我们拥有极高的人才密度。

网飞公司的高人才密度是推动其成功的引擎。自 2001 年大裁员之后，里德对此就有了深刻的体会。这个道理虽然简单，但非常重要。作为管理者，你必须思考如何才能揽到并留住精英人才。

为精英人才提供应得的薪酬

在网飞成立的头几年，我们发展迅速，需要招聘很多软件工程师。我的看法是：高人才密度是成功的引擎，所以我们一直致力于寻找表现最优秀的人才。在硅谷，大多数精英人才都在为谷歌、苹果和脸书工作，并且薪酬很高，我们显然没有足够的财力把他们吸引过来。

但是，作为一名软件工程师，我对这样一个概念还是很熟悉的，那就是在软件行业始于1968年的"精英原则"。提出"精英原则"的那项研究，是在圣莫尼卡的一间地下室里完成的。那天早上6:30，9名实习程序员被带进一间有几十台计算机的房间，每个人都收到了一个用马尼拉纸做的信封，要求他们在接下来的两小时内，竭尽所能完成一系列编码和调试任务。对于这一研究结果的讨论，网上一直没有停止过。

研究者想要在这9名实习程序员当中找出能力高于平均水平两到三倍的人。在这些人中，最差的也是合格的程序员，但最好的比最差的在能力方面要强得多：编程速度快20倍，调试速度快25倍，程序执行速度快10倍。

这一研究结果在软件行业激起不小的波澜。管理人员曾百思不得其解，为什么一些程序员的工资会比表现平平的同事高出很多？现在看来，这样一些优秀程序员确实具备超群的工作能力。如果有一笔固定数额的资金来完成某个项目，我既可以选择10~25名水平一般的工程师，也可以选择一名"精英工程师"，然后付给他比其他人高得多的工资。

后来，我也明白了这一点，一名最好的程序员为你增加的价值何止10倍啊，简直有上百倍！我曾在微软与比尔·盖茨共事，据说他对这个问题有更深刻的理解。他经常引用这样一句名言："一名优秀车工的工资是一名普通车工的好几倍；而一名优秀程序员写出来的代码比一名普通程序员写出来的要贵上一万倍。"在软件行业，这种说法虽有争议，但也算是一条尽人皆知的原则。

于是，我开始考虑：除了软件行业，还有哪些地方可以采用这种模式呢？优秀的软件工程师比普通同行具有更高的价值，这个道理并不仅限于编程行业。优秀的软件工程师极富创造力，能看到其他人看不到的概念模式；他头脑灵活，能随机应变，当某一固定思维遇到瓶颈时，他总有办法摆脱瓶颈，或者尝试从不同角度来看待问题。这正是所有创造性工作所需要的能力。我和帕蒂就想，网飞的哪些部门也可以遵循精英原则呢？对此，我们把工作分成了操作型和创造型两类。

如果你招聘人员从事操作型的工作，比如窗户清洁工、冰激凌制作师或者司机，最优秀的员工可能比普通员工创造的价值高出两倍。比起普通的冰激凌制作师和司机，一个好的冰激凌制作师装蛋筒的数量会多出两三倍，而一个好的司机出事故的概率可能会少一半。但是，他们所能创造的价值都是可以衡量的，也是有限的。对于这样的工作，你只需要拿出平均工资就可以把公司运作得很好。

但是在网飞，像这样的岗位并不多。我们大多数工作都需要依靠员工的创新和创造力。对于创造性的工作，最优秀员工的工作效率可以轻轻松松地高出普通员工10倍以上。一位优秀的宣传策划专家能构想出一套方案，吸引上百万顾客，这是一般的策划人员达不到的。我们再回到《怪奇物语》的案例上，正是由于马特·特内尔与安德鲁·王以及诸多经纪人有着良好的关系，所以他成功的概率比其他创意主管要高出上百倍。当其他制片公司认为十一二岁的主角不会受到欢迎时，布赖恩·赖特用实力证明了《怪奇物语》会是一部成功之作，他的价值比那些对剧本缺乏感知和认识的内容副总裁高出成千上万倍。以上所有的创造性工作都遵循了精英原则。

2003 年，我们要做的事情很多，但资金有限，所以必须认真考虑如何度过这段比较拮据的时期。我们决定，对公司所有操作型的工作，根据明晰的标准，按市场中间价开工资。但是对于创造型的工作，我们会给某一名能力超强的员工开出市场上的最高工资，而不是花同样的钱去雇十几名或更多表现平平的普通员工。这样，我们的员工团队就得到了精简。我们靠的是一个高效率的员工来代替很多普通的员工，同时，我们给他的工资也是相当可观的。

从那时起，网飞招聘员工都采用这样一种方式。事实证明，这种方式非常成功，我们的创新和产出速度突飞猛进。

同时，我还发现，精简员工还有一个附带的优势：要管理好员工是一件费时且费力的事情，管理普通员工更是如此。通过精简团队，每位管理者需要管理的员工就会更少，也能管得更好。如果一个团队全是非常出色的员工，那么管理者就会管得更好，员工也会做得更好，整个团队就会欣欣向荣，并得到飞速发展。

不仅要付工资，还要懂得如何支付

里德的经营策略听起来不错。但是，如果你经营的是一家没有人听说过的初创公司，你可能会担心：就算你为他们准备好了工资，有能力的人是否就愿意来为你工作呢？研究表明，他们是愿意的。人力资源公司 Officeteam 曾在 2018 年对 2 800 名职员做过一项调查，问什么原因会促使他们离职，有 44% 的人表示，如果别的公司开出更高的薪水，他们是愿意跳槽的。这一比例远高于其他的原因（见下图）。

如果你在一家名不见经传的小公司，不妨试试里德的理论，或许你就可以找到你所需要的人。

不过，重要的不仅仅是你给他们多少钱，以什么样的方式支付也同样重要。在绝大多数公司，当高薪白领员工完成一系列既定目标后，就会得到工资和奖金。很大一部分优秀人才的薪酬都是跟绩效挂钩的。

但是真的做起来并没有那么简单。当里德和帕蒂制订纳贤计划时，他们一直在思考，如何将自己的公司跟优秀员工以前的东家区分开来。最后，他们想出了一个办法，这个办法一直沿用至今。

让我们想象一下，你花光所有的积蓄去研制一款超现代的滑板车，它可以让人们从拥堵的道路上空飞驰而过。你找到了一名才华横溢的市场营销人员，并希望通过某种薪酬方法来激励他努力工作，激发他最大的潜能，并且让他未来几年都留在公司为你所用。你有以下两种选择：

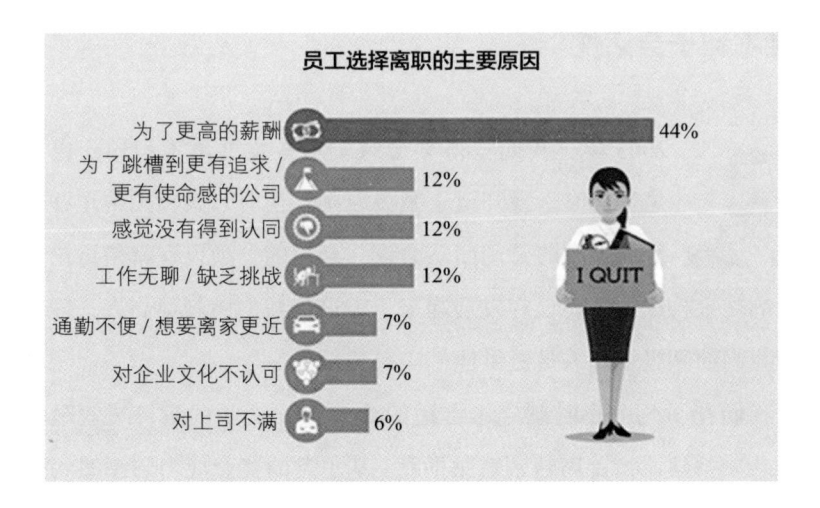

员工选择离职的主要原因

- 为了更高的薪酬　44%
- 为了跳槽到更有追求/更有使命感的公司　12%
- 感觉没有得到认同　12%
- 工作无聊/缺乏挑战　12%
- 通勤不便/想要离家更近　7%
- 对企业文化不认可　7%
- 对上司不满　6%

- 直接付给他 25 万美元的年薪。
- 付给他 20 万年薪，再根据他的工作表现加 25% 的奖金。

你可能会像很多经营者一样选择第二个方案。你会觉得，完全可以用奖金来激发新员工的最大潜力，为什么要把钱都放在固定薪水里面呢？

按绩效支付似乎是很有意义的。在这种工资发放模式下，员工的部分工资能得到保障，而奖金部分（通常是薪资总额的 2%~15%，高级管理人员会高达 60% 甚至 80%）与绩效挂钩。如果你给公司创造了巨大的价值，你就能得到奖金；同样地，如果你没有实现预期目标，你就得不到奖金。还有什么比这更合乎逻辑的呢？几乎整个美国都在采用奖金与绩效挂钩的方式，其他国家的企业大多也是这么操作的。

但是，网飞是一个例外。

奖金不利于灵活性

2003 年，我们觉得奖金对于企业发展是不利的；也几乎是在同时，我知道了精英原则。当时，我和帕蒂正在准备每周一次的管理团队会议。会议的一项议程就是讨论管理团队的奖金构成。公司已经发展起来了，这让我们感到很高兴，同时也想为我们的高级管理人员提供他们应得的待遇。

我们花了几个小时制定了合适的绩效目标，并试图将绩效跟工资挂钩。帕蒂建议，首席营销官莱斯莉·基尔戈的奖金应当与新签约的客户数量联系起来。来网飞之前，莱斯莉曾在博思艾伦咨询公司（Booz Allen）、亚马逊以及宝洁公司工作过。她在所有这些公司的薪酬都是根据预期目标的实现程度来衡量的。因此，她可以说是我们试行这一方案的恰当人选。我们定下了关键绩效指标（KPI），根据指标计算如果莱斯莉能完成预期目标的话，将会得到多少奖金。

在会议上，我祝贺莱斯莉最近为公司签下了数千名新客户。我正准备宣布，如果继续这样保持下去，她将会得到一笔巨额奖金。这时，她打断了我，对我说道："是的，里德，这确实很了不起，我的团队做得非常出色。但我们签约的客户数量不是我们应该估量的，事实上，签约客户数量和奖金并不总是相关。"她继续用数据来跟我解释，虽然上个季度最重要的任务是开发新客户，但目前真正重要的却是客户留存率。听了她的话，我感觉很欣慰。谢天谢地，我还没有把莱斯莉的奖金和错误的指标联系在一起。

在和莱斯莉交流的过程中，我认识到，整个奖金制度的前提，是你可以对未来做出可靠的预测，也可以在某个时间设定一个目标，而这个目标在未来仍将是至关重要的。但是在网飞，我们必须能够迅速调整方向，以应对飞速的变化。我们最不希望的是，我们的员工在12月份才实现自己同年1月份设定的目标，结果仍然获得了奖励。这种做法的风险是，员工会专注于目标本身，而不考虑现阶段怎么做才对公司发展最有利。

我们很多好莱坞的员工都来自华纳媒体和美国全国广播公司（NBC）等制片公司。这类公司大部分高管的薪酬都是根据具体的经济指标来衡量的。如果今年的目标是将营业利润提高5%，那么要想得到奖金（奖金通常是年薪的四分之一），就必须专注于如何提高利润。但如果要考虑未来 5 年的竞争力，是不是需要改变发展方向呢？而改变方向就意味着增加投资，就意味着风险。这样一来，当年的利润率可能就会降低，股票价格也可能随之下跌。又有哪个领导会这样做呢？这就是像华纳媒体和迪士尼这样的公司可能无法随着时代的发展进行大变革的原因，就像网飞以前经常做的那样。

除此之外，我也不能接受这样的想法，即如果你拿出更多金钱摆在优秀员工的面前，他们就会更加卖力地工作。绩效高的人会自觉地追求成功，会竭尽全力做好自己的工作，无论是否有奖金摆在他们面前。我很喜欢前德意志银行首席执行官约翰·克莱恩说的这样一句话："我不知道为什么要跟你签订一份含有奖金的合同。我不会因为有人给我的奖金多就更加努力，也不会因为给我的奖金少就松懈下来。"任何能力与薪水相称的管理者都会这么说。

研究也证明了里德的感觉是对的。依照绩效制定的薪酬对日常工作有一定激励作用，但实际上也影响了创造力的发挥。美国杜克大学的道格·阿里尔教授曾做过一项非常有趣的研究。对于这项研究，他在 2008 年有过这样一段叙述：

> 我们给 87 名参与者布置了一系列的任务，这些任务要求参与者具有专注力、记忆力和创造力。比如要求他们在一个塑料框架内完成金属拼图，以及投掷网球击中目标。我们答应这些参与者，如果表现特别出色的话，会支付给他们奖金。我们告知约三分之一的

参与者，将会给他们小额奖金，另外三分之一给予中等水平的奖金，剩下的三分之一则是表现越好，奖金越高。

我们在印度进行了第一次研究。由于当地的生活成本低，所以我们在不超出预算的前提下，尽可能给参与者发放更多的工资。奖金最低是 50 美分，相当于参与者一天的工资收入；奖金最高是 50 美元，相当于一个人 5 个月的工资。

结果出乎我们的意料：和那些奖金低的人相比，获得中等奖金者的表现并不比他们好，也不比他们差；最有趣的是，奖金最高的那个小组，所有任务完成得比其他两个小组都要差。

我们在麻省理工学院的一项研究也得到了相同的结果。在这项研究中，本科生需要完成一项基于认知技能的任务（加总数字）和另一项仅靠机械技能完成的任务（尽可能快地敲击键盘上的一个键），他们可以有机会获得高额奖金（600 美元）或低额奖金（60 美元）。我们发现，如果任务只依靠机械技能，那么奖金发挥的作用跟我们预想的是一样的：奖金越高，表现越好。但任务一旦需要某项认知技能，结果就跟我们在印度的研究结果是一样的：奖金越高，表现越差。

这确实是一项很有意义的研究。创造性工作要求在一定程度上解放你的大脑。如果你总想着要怎么做才能表现好，才能得到高额的奖金，那么你就缺少开放的认知空间，产生最好的想法和最好创意的可能性也微乎其微。结果，你反倒做得更差。

我在网飞的发现也确实如此。在我们用足够高的工资帮助员工减轻家庭负担之后，他们最具创造力。但是如果他们并不确定自己能否得到额外的报酬，创造力就会下降。由此可见，有利于激发创造力的，是足够高的工资，而非绩效奖金。

当我们决定开出丰厚的工资就不再支付额外奖金之后，一个大大的惊喜是我们吸引了更多的优秀人才。很多人认为，如果你不提供奖金，就会失去竞争优势。但我们发现结果恰恰相反：由于我们把奖金也纳入了工资，所以我们赢得了吸引最优秀人才的竞争优势。

想象一下，你正在找工作，并且收到了两份工作邀请。一家公司可以给你20万美元加15%的奖金，而另一家公司可以直接给你23万美元的工资。那么你会选择哪一家呢？当然，你会选择手中的鸟，而不是灌木丛中的鸟：23万美元。因为你将获得的报酬是明确的，是毫无悬念的。

不实行绩效奖金，提供更高的基本工资，留住工作积极性高的员工，这些做法都可以增加人才密度。但增加人才密度最有效的办法，是一开始就支付给员工高薪，并且随着时间的推移不断上涨，以此保证他们始终获得市场上最高的工资。

开出比其他公司更高的工资

就在我们决定无论花多少钱都要聘用和留住最优秀的员工之后不久，工程部一名主管哈恩找到我，说他发现了一名十分优秀的候选人，很适合我们公司现在的一个空缺岗位。这名候选人名叫德温，他拥有一项相当难得的技能，这对公司来说可能是一笔巨大财富。但他期望的薪水是团队里其他程序员的两倍，甚至比哈恩还要高。"我知道他对网飞会有很大的作用，但是我们给他那么高的工资合适吗？"哈恩问道。

我问了哈恩以下三个问题：

1. 现在苹果公司有哪个程序员能胜任德温刚刚离职的岗位？没有。
2. 你现在的团队中三名员工合在一起能做出和德温一样的贡献吗？不能。
3. 假如把你手下的几名程序员换成德温，对公司的发展是不是更有好处呢？是的。

于是，我建议哈恩把德温招进来，以后我们可以少聘用一些普通程序员，用省下来的钱付给德温较高的薪水。这就是提高人才密度至关重要的一点。哈恩对此还有另外一点考虑："德温所拥有的技能目前确实炙手可热。如果我们破例把他招进来，那我要考虑的就不仅仅是他对薪酬是否满意，还得确保他在短期内不会被其他公司挖走。"

我们决定先调查一下市场，看看我们的竞争者愿意给德温这样的人才开多高的工资，而我们付给他的薪水将略高于其他所有竞争对手。

后来，德温的团队经过努力，为今天的网飞平台打下了坚实的基础。我希望我们的每一名员工都能像德温一样具有影响力，所以，我们决定采用同样的方法来确定今后所有新员工的工资。

支付行业最高薪资

在大多数公司,谈工资就像买一辆二手车。你想得到这份工作,但是你不知道公司愿意支付的最高工资是多少。于是,你就会猜测自己应该开口要多少,多少又是自己可以接受的。而公司正是利用你的这种无知,尽可能地以最低的工资聘用你。对公司来说,这是得到一名"物超所值"的员工的好办法。但最终的结果是,如果几个月之后,另一家公司给这名员工开出了更高的工资,那他自然会另谋高就。

循着这一逻辑,杰克·查普曼(Jack Chapman)在《谈工资:如何在一分钟内赚 1 000 美元》一书中,针对如何与新雇主达成协议提出了如下建议:

招聘经理:我们缩减了预算,现在可以给你 9.5 万美元的年薪。要是你能加入,我们会很高兴,希望你也能满意!

你:(保持沉默。脑子里哼着小曲,数了数地毯上的斑点,用舌头顶一顶牙箍。)

招聘经理:(开始有点紧张了)不过,如果可能的话,我们也可以把工资加到 11 万美元,这对我们来说确实是一个很大的让步了,希望你能接受。

你:(继续保持沉默,脑子里继续哼小曲。)

从另一个方面来说,网飞是愿意花钱来吸引和留住人才的,因此他们与员工的谈话主要是想弄清楚两点：（1）估计自己未来的员工在其他公司能挣多少钱；（2）网飞支付的薪水会略高于其他公司。

我们以迈克·黑斯廷斯的经历为例。如果你进入网飞的官网，可能会好奇为什么官网会推荐你看《玉子》（Okja）这部电影。那是因为网飞官网上的每一个节目和电影都通过一系列标签标明其类别。《玉子》所属的类别包括：对抗体制、大脑、视觉冲击，以及怪异。如果你观看了其他有关大脑和对抗体制的电影，那平台就会将《玉子》也推荐给你。迈克的加盟实现了平台的这样一个功能。

在加入网飞团队以前，迈克一直都在密歇根的安娜堡为 Allmovie.com 工作。他很想来硅谷，"但是加州的生活开销太大了，我不知道该开口要多少工资"。于是，他阅读了一些工资洽谈方面的书，还咨询了几个朋友。所有人都建议他不要透露任何确切的信息。"你可能会低估自己的价值，而网飞会利用这一点。"他的一个朋友说。通过对不同区域工资水平的对比，迈克决定，如果公司非要让自己说出一个数字的话，他会开出比目前工资高一倍的价格。"这看起来似乎不少了。"

他提前演练了一下如何礼貌地避开所有跟工资相关的问题。"但是在面试的时候，我还是一不小心透露了我现在的工资和希望得到的薪水。在回密歇根的路上，我一直在埋怨自己为什么那么愚蠢。"网飞的招聘负责人打来电话的时候，迈克正躺在安娜堡的床上，盯着他最爱的希区柯克的海报发呆。"他们答应将我的工资涨一倍，并且愿意在这个基础上再提高 30%。我一定要抓住这个机会，因为我未来的老板明确说了，'我们为你的工作和能力开出的是市场上最高的价格'。"

始终保持市场最高工资

起初，新员工会因为拿着市场最高工资而动力满满。但不久之后，随着他自身能力的提高，竞争者会开出更高的工资诱使他跳槽。如果他的实力跟高薪匹配，那么他的市场价值就会继续上升，跳槽的概率就会越来越大。因此，自相矛盾的是，每一家公司在薪资方面的做法就像是在鼓励员工跳槽，从而降低了公司的人才密度。公关总监若昂讲述了他在前雇主那里遇到的类似问题。

在来网飞之前，我在美国一家广告公司驻圣保罗分公司工作。我很喜欢那份工作，那是我大学毕业后的第一份工作，我投入了十二分的专注。有时候为了节省通勤时间，我就睡在办公室打印间的地板上。我非常幸运地在一年内签下了四个大客户。我给公司带来的业务量远超那些在公司多年的老员工。能够在自己喜欢的公司大展拳脚，让我感到十分兴奋。我知道那些资格老的同事拿着不菲的工资，甚至是我的两三倍。我相信在年度薪资审查时，我的工资也一定会猛增，应该接近与我的贡献相当的水平。

年末的时候，我第一次接受了业绩审查，获得的几乎全是正面的反馈（98/100），而公司也大张旗鼓地宣扬了一番，说这是自成立以来盈利最高的一年。我并不奢望工资能涨两倍，但是我的老板承诺说，他不会亏待我的。我心里悄悄琢磨着应该会涨 10%~15%。

开加薪大会的那一天，我非常兴奋，一路上都跟着收音机唱歌。然而，你可以想象到，当老板说只给我涨 5% 的工资时，我有多么失望。说实话，我当时都快哭了。最糟糕的是，我的老板宣布这个消息时还向我表示热烈的"祝贺"。他还说，这是他本年度给出的最高工资涨幅。我在脑子里暗自大喊："你以为我傻啊！"

从那以后，我跟老板的关系一落千丈。我一直在试图说服他，让他给我更大幅度地加薪。我的老板却一副可怜兮兮的样子，带着哭腔说他不想失去我，可以给我把工资涨幅从5%提高到7%。此外，他还说我的预期是"不合理的""天真的"，没有哪家公司会把年薪涨那么高。从那时起，我就开始另找工作了。

若昂对公司的价值是不言而喻的，他的老板也用一笔可观的工资激发了他的工作动力。仅仅在一年内，若昂就不断取得新的成就，使自己对于老板的价值无限增加，同时也吸引了竞争对手的目光。那么，为什么他的老板只给他涨那么少的工资呢？这显然跟他的市场价值相去甚远啊！

这个问题的答案就是，工资审查的时候，大多数公司是用"加薪池"和"工资等级"来决定工资的涨幅，而非员工的市场价值。让我们假设这样一个情景：圣诞老人有8个小精灵，每个小精灵目前的工资是5万美元。而每年的12月26日，圣诞老人都要给他们涨工资。为此，圣诞老人和圣诞夫人留出了一大笔钱，我们就按总工资的3%计算吧。（按美国公司的标准，工资涨幅一般是2%~5%）。那么，40万美元的3%就是1.2万美元。

现在必须要制订出这笔钱的分配方案。糖梅仙子玛丽是所有小精灵中表现最好的，所以他们决定给她涨6%的工资，剩下的9 000美元分给其他小精灵。但是糖梅仙子坚持说，如果不给她涨15%她就会辞职；

如果按15%给她涨工资,加薪池里要分给其他7个小精灵的工资就缩减到了4 500美元,而他们人人都肩负着养家糊口的重担。这时候,圣诞老人就必须牺牲其他小精灵的利益来支付糖梅仙子应有的市场价值,这就跟若昂的经历如出一辙。假如你的老板有3%的加薪预算,那么他能给你5%就已经非常慷慨了,如果说给你7%,那就意味着要委屈团队里的其他成员了。所以,若昂能在公开市场上得到高于5%的工资涨幅吗?那是天方夜谭!

工资级别也会出现同样的问题。假如在圣诞老人的工厂里,一个小精灵的工资是5万~6万美元。糖梅仙子刚入职时的工资是5万美元,头三年她的工资涨了5%~6%,达到5.3万美元,随后是5.6万美元,再是5.88万美元。但是,到了第四年,虽说这时候的糖梅仙子更有经验,也比之前表现得更好了,但她只能涨2%的工资。因为她的工资级别已经达到了最高级。是时候找下家了,糖梅仙子。

研究证实了若昂和糖梅仙子所猜想的结果。如果你跳槽到别的公司而不是继续留在原公司,你就会挣得更多。在2018年,美国公司的员工平均每年的工资涨幅为3%左右(表现最好的可以涨5%)。如果一个员工放弃原来的工作,跳槽到一家新的公司,那么他工资的平均涨幅将达到10%~20%。一直待在同一家公司,是没什么"钱途"的。

但若昂在网飞的经历是这样的:

> 网飞给我开的工资差不多是我以前的三倍,于是我去了好莱坞。在那里工作的九个月期间,我一直都没想过调整工资的事。我每周都会和老板马蒂亚斯围着网飞好莱坞大厦所在的大街区散步聊

天。街区一家饭店的墙上，画着一个长着两只蓝眼睛和一个红舌头的大饺子。有一次走到那里，马蒂亚斯说，他将给我涨23%的工资，从而使我的工资继续保持市场最高。我惊呆了，以至不得不在大饺子旁坐下来缓一缓。

于是，我再接再厉，又取得了很多成果，并且觉得自己的工资也确实不低了。一年后，又到了年薪审查的时候，我暗自揣测着自己是不是又会涨一大笔钱呢？马蒂亚斯又一次让我震惊了。他这次说的是："你的表现依旧很出色，我们的团队里有你这样的人才，我十分欣慰。但是由于你的工作在市场上的价值变化不大，所以今年我不打算给你涨工资了。"这似乎对我是公平的。马蒂亚斯说如果我不相信的话，可以跟他一起去看看数据，那些数据可以说明我当前的市场价值。

我依然会想起我的第一任老板曾告诉我的话——我太天真了。直到了解了企业的运作方式之后，我才明白他说的话是正确的。在理解商业流程这个问题上，我确实太天真了。但是从另一个方面来看，那么多的企业选择了这样一个加薪流程，最终却导致自己所有的优秀人才都走掉了，那么这种做法又明智在哪里呢？

若昂说的不无道理。既然如此，那为什么还有这么多公司要继续遵循这一做法呢？里德的理解是，如果存在长期雇佣关系，而且员工的市场价值不太可能在几个月内飙升，那么加薪池和工资级别对大多数公司的员工都是有效的。但是如果考虑到员工频繁地换工作，而经济情况又在不断地变化，这一做法显然就不再适用了。

但是，像网飞这种给员工开市场上最高工资的模式确实很少见，也很难理解。

市场在不断地变化，那么管理人员又如何及时获知每一名员工当前的市场最高价呢？你每年必须花上几十个小时，给那些不怎么认识的人打一些不怎么让人愉快的电话，弄清楚这些人以及他们员工的工资是多少。网飞的法律总监拉塞尔认为，这是一件非常费力不讨好的事情。

2017年，我们团队最有价值的员工是一位名叫拉妮的律师。拉妮十几岁时从印度搬到了加州。她的母亲是斯坦福大学的数学教授，父亲是印度著名的烹饪师。作为一名律师，拉妮可以说是结合了数学家和厨师的优点。她能够以一种我从未见过的方式操控精确而复杂的思想，各种知识和策略也运用得非常娴熟。这让她成为一名出类拔萃的律师。

我非常慷慨地以我所估计的市场最高价聘用了拉妮，她在我们这里工作的第一年就挣到一大笔钱。然而，到了给她涨工资的时候，我却被难住了。与团队里的其他律师不同，拉妮的工作很特殊，因此很难找到她这个职位的相关市场数据。那一年，根据清晰的市场变化，其他员工的工资涨幅都很大，有的甚至涨了25%。

我花了几十个小时的时间，试图为拉妮找到可供参考的数据。经过大量研究，我打电话联系了14家不同的公司，但没有人愿意跟我们分享工资数据。于是，我又给猎头公司打电话。最后，我在招聘人员那里得到了三个数据。这几个数据参差不齐，但是最大的数据只比拉妮目前的工资高5%。所以，5%的工资涨幅就已经是拉妮的市场最高价了，于是我就按这个标准给她涨了工资。

结果，我的天！那真是糟糕的一天！当我告诉拉妮她的工资涨幅情况时，她沮丧得牙关紧咬，不肯直视我的眼睛。我向她解释为什么是这样一个涨幅，她却扭头看向窗外。那种感觉就好像已经在为下一家公司做打算了。我的话说完之后，她一言不发地坐了很长一段时间，用微微颤抖的嗓音说了一句："我很失望。"我告诉她，如果觉得这个工资涨幅没有反映出她应有的市场价值，她可以用数据来说服我。但她没有那样做。

接下来的一个审查周期，我请了人力资源部门来帮忙。他们挖掘到的数据比我前一年自己收集的多了近30%。这一次，拉妮也十分上心，自己打电话联系相关人员进行工资比对。她报给我四个人的名字，这四个人在其他公司做着和她同样的工作。她把这些人的工资数据跟人力资源部门拿给我的数据进行了对比。事实证明，由于我先前所掌握的数据并没有很好地反映实际情况，导致我去年给她的工资确实低于市场价格。

为自己或为自己的员工比对工资，不仅费时费力，还需要经常利用你的人脉和社会资源打电话给不同的人，问他们一个很尴尬的问题："你工资多少啊？"

这还不是唯一的问题。还有一个问题就是这将产生一笔惊人的开销。马蒂亚斯主动给若昂涨了23%的工资，这是若昂没有要求过，甚至不曾想过的。拉塞尔也在两年内给拉妮涨了30%的工资。那么，有多少家公司会这样给员工涨工资呢？如果都是这样的话，那公司员工最终的工资岂不是比天还高，或者说每年的工资涨幅都有可能让你破产？

这两个问题肯定都是存在的。但总的来说，投资是有回报的。

从长远来看，在高绩效的环境里，支付市场最高工资其实最能节约成本。为了能够年复一年地吸引和留住市场上最优秀的人才，开出的工资最好比市场最高工资略微高一点。在员工开口要求涨工资之前，在员工开始找其他工作之前，主动把工资涨上去。损失了人才再重新招聘，对公司将是更大的损失。所以，还不如一开始就把员工的工资开高一点。

一些员工会发现自己的工资在短时间内大幅增长。的确，因为他的技能水平提升了，或者说他所在的领域缺乏相关人才，他的市场价值也因此提高了，那么我们就需要把他的工资也涨上去。还有一些员工尽管工作做得也很出色，但工资可能会年复一年没有明显变化。

如果赶上市场价格下调，我们应该尽可能地不要去调低工资（如果有人调换了岗位，有可能会存在这种情况），调低工资肯定会降低人才密度。如果因为某些原因无法支付全部工资，那就需要通过裁员来增加人才密度，从而降低成本，而不是削减任何员工的工资。

要找到市场最高价确实比较费时，但如果最优秀的员工因为另一家公司更高的薪水而跳槽，那我们就不得不另找新人，然后再费时费力把他培训成同样优秀的员工。这样一来，我们花费的时间可能更多。拉塞尔要做的尽管有些困难，但他还是有必要借助人力资源部门的力量，去了解其他公司愿意付给拉妮多少工资。同时，拉妮也应该分担相应的责任，因为没有人比你（第一位）和你的老板（第二位）更清楚你自己的市场价值。

但是，确实有一个人在任何时候都比你自己和老板更清楚你的市场价值。这个人值得我们去和他好好谈一谈。

向猎头了解自己的市场价值

让我们再回过头来说一说糖梅仙子玛丽。还有谁比圣诞夫人、圣诞老人，以及糖梅仙子本人更清楚自己的价值呢？那就是精灵工厂的招聘人员。从招聘人员这个角色来看，他开出的薪水也就是当时的市场价值。如果你真的想知道自己的价值，就去找招聘人员谈一谈吧。

经常有招聘人员给网飞的员工（一般都是特别优秀的员工）打电话，想要说服我们的员工去面试其他工作。可以肯定，这些招聘的公司确实有钱，而且愿意支付高额薪水。那么，如果你的员工接到这样的电话，你希望他们怎么做呢？他们是不是一边在电话里低声交谈，一边拿着电话走进洗手间，打开水龙头？如果没有明确的规定，那他们很可能就是这样的，网飞也是如此。直到 2003 年，网飞的员工们才开始公开讨论人才市场的最高价格。

那之后不久，首席产品官尼尔·亨特来跟我和帕蒂报告说，他们有一名非常有价值的工程师名叫乔治，谷歌决定高薪把他挖过去。听罢，我们都觉得没有必要用更高的工资将他继续留在网飞。在我们看来，他背着我们去参加其他公司的面试，是对我们的不忠。那天下午在回圣克鲁斯的路上，帕蒂怒气冲冲地说："没有哪一个员工是不可替代的！"其实，我和帕蒂那一整晚都在思考：要是乔治真的离开了，我们会有多大的损失。

第二天早晨，帕蒂跳上我的车对我说："里德，我昨晚脑子短路了，我们是多么愚蠢啊！乔治还真是不可替代的。"她说得对。世界上具备同样算法编程知识的只有四个人，其中有三个人在网飞。如果我们放走了乔治，其他公司可能就会尝试挖走剩下的两个。我们召集公司的高层，包括尼尔、特德·萨兰多斯和莱斯莉·基尔戈，一起讨论该如何处理乔治的问题，以及如何对待那些一直盯着我们公司人才的招聘单位。

特德根据自己在前一家公司工作的经验，提出了颇具参考价值的观点。以下是他的叙述：

我在凤凰城的时候，做过休斯敦一家家庭录像公司的经销商。公司让我去丹佛销售中心做分公司经理，这在当时对我来说是很大的提升，于是我接受了这个安排。他们也给我涨了不少工资，并且同意我在出售凤凰城的房屋期间，为我支付在丹佛6个月的房租。

然而，我在丹佛待了6个月后，仍然没把房子卖出去，生活变得拮据起来。我和妻子开始在丹佛自己租公寓住，其间依然还要给凤凰城那栋大房子付费。就在这时，派拉蒙电影公司的一个招聘人员给我打来了电话。我接了他的电话，因为房子的事情实在让我有些不堪重负了。他们给了我一份工作，可以让我赚一大笔钱，而且可以回凤凰城工作。虽然当前的工作让我很愉快，但是这个新的机会却可以解决我所有的问题。

我找到老板，告诉他我要离开公司。他说："你的房子卖不出去，为什么不告诉我呢？我们十分器重你。只要你留下来，我们可以更改之前的协议啊！"于是，他给了我远超过派拉蒙电影公司的工资，并且买下了我在凤凰城的房子。我自己回想了一下："在过去的6年里，我从没有接听过任何招聘人员的电话。直到现在才发现，其实我的市场价值是在不断上升的。这么些年，我得到的工资都低于自身价值。这是因为我一直觉得，如果公开质疑自己收入是否与价值相符，那就是对公司的不忠。

我对老板真的很生气。我想问："如果你知道我的价值，那为什么没给我与之相匹配的工资呢？"后来，我慢慢地意识到：他为什么要这样做呢？了解自身的价值，然后主动去争取应得的报酬，这是我自己的责任啊！

特德讲完这个故事后说道："乔治去参加我们竞争对手的面试，以此来获知自身价值，这种做法也是无可厚非的。这样的话，我们才不至于继续傻乎乎地付给他低于市场最高价的工资，因为我们知道了他当前的市场价值。除此之外，如果尼尔的团队还有其他人可以胜任谷歌同样的工作，我们也应该把他们的工资涨到和乔治一样的水平。这就是他们当前的市场价值。"

这时，莱斯莉告诉我们，她已经照特德的建议去做了。

每当我招到新的员工，我都会让他们去读《如何将收入从10

万升至百万》（*Rites of Passage at $100,000 to $1 Million+*）。这本书是20世经八九十年代招聘高管的必备手册，它可以告诉你如何获知你的市场价值，以及如何通过与招聘人员的交谈获得相关数据。

我跟所有的员工说："了解了你的市场价值，理解了这本书之后，你再去见那些招聘人员。我给了员工一份专门在相关领域从事招聘工作的人员名单；我希望我所有的员工都能够主动地选择自己的去留，而不希望他们是因为别无选择才勉强留在网飞。在网飞，如果你工作足够优秀，那么其他的选择都不会对你构成影响。如果你觉得自己还有选择，那你可以做出更好的决定。在网飞工作应该是一种选择，而不是一种桎梏。

特德和莱斯莉说服了我。他们的建议跟我们正在实施的做法是完全一致的。我们不仅要给乔治涨工资，还要让尼尔来确定他的团队还有哪些人可能会被谷歌挖走，我们也要给他们涨工资。这就是我们所说的支付个人市场最高工资。然后，我告诉所有的员工，他们完全可以接听那些招聘人员的电话，接完之后再来告诉我，他们从中获取了哪些信息。帕蒂建立了一个数据库，所有人都可以往里面输入自己通过电话和面试获取的数据。

从那以后，我告诉所有经理，不应该等到员工拿着竞争对手的报价来找他们的时候，再被动地给他们涨工资。如果员工的价值在上涨，而我们又不想失去这样一名员工，那么就应该把他的工资涨上去。

在世界上几乎所有的公司，员工去参加其他公司的面试都会让现任老板感到生气、失望，甚至会疏远员工。员工对老板来说越有价值，老板就会越生气，其原因显而易见。一名优秀的新员工哪怕仅仅是决定去其他公司面试，老板都会有投资受损的风险；如果他参加了面试，发现新工作比自己当前的工作好，那么老板就会失去这名员工，至少是失去他工作的热情。这就是为什么大多数公司的老板会让他们的员工产生这样一种感觉：跟其他公司的招聘人员交谈就像是做了叛徒似的。

但网飞并不这么认为。内容副总裁拉里·坦茨还清楚地记得他是如何领悟到这一点的。那是2017年，网飞刚刚闯过1亿会员的大关。拉里正在好莱坞圣殿礼堂准备庆典，届时将有亚当·桑德勒的表演。这时，电话突然响了起来。他紧张兮兮地抓过外套朝门口走去。"是脸书公司的招聘人员打来的电话，让我去参加面试。当时，我觉得跟他说话都有一种负罪感，于是低声告诉招聘人员我不感兴趣。"

四周后，拉里的上司特德·萨兰多斯在跟员工分享当月最新市场信息时说："市场对人才的需求在持续升温，你们将会不断接到招聘人员的电话。这些电话可能来自亚马逊、苹果和脸书。如果你们不确定自己目前拿到的是不是市场最高工资，你们可以接听这些电话，弄清楚自己在那些公司可以拿到多少钱。如果你们发现同样的工作，它们给的工资比我们高，那么请告诉我们。"拉里听罢十分吃惊："网飞大概是唯一一家公开鼓励员工去跟竞争对手交谈，甚至去面试的公司。"

几周后，在去里约的途中，拉里又接到了脸书公司打来的电话。拉里说："我们当时正在巴西著名歌手阿妮塔的客厅跟她会面，一起讨论她即将在网飞上映的纪录片《阿妮塔》(Vai Anitta)。在巴西两亿民众的眼中,阿妮塔简直就是麦当娜和碧昂丝的完美结合,所以手机响的时候,我并没有去接。"后来,拉里又收到脸书公司的短信,他便把电话打了回去。"他们让我过去,但没有告诉会给我多少薪水。我说我现在并没有找工作,但我还是会过去跟他们谈一谈。"

拉里把这件事告诉了他的上司特德。"这种情况实在不多见。大多数公司都会认为,去参加竞争对手的面试就是对自己的公司不忠诚。"拉里也确实通过了脸书公司的面试,而且工资比网飞要高。而特德也兑现了承诺,把拉里的工资涨到了当前市场的最高价。

现在,拉里也鼓励自己的员工去接招聘人员的电话。"但我不会等他们来找我提加薪的事。如果我发现员工在别处能挣到更多的钱,我会立马给他们涨工资。"为了留住最优秀的员工,最好在他们得到其他工作机会之前,主动把工资涨上去。

当然,拉里自己也是这一方案的受益者,他得到了更高的工资,而特德也留住了他这样一个人才。但是,特德的这种做法听起来未免风险太大。有多少人接到招聘人员的电话之后,就会喜欢上新的工作,最终离开自己的团队呢?对于这个问题,特德是这样解释的:

如果市场对人才的需求持续升温,招聘人员就会不断给优秀人才打电话,我们的员工自然会对新工作产生好奇。这时候,我说什么都没有用,一些员工还是会去跟他们交谈,然后去参加面试。要是我不明确允许他们这么做的话,他们就会背地里偷偷摸摸地去参加面试,然后跳槽,那我连挽留他们的机会都没有。就在我公开发布这项规定的一个月前，我们损失了一位非常优秀的高管，她的才华是无可取代的。她来找我的时候，已经接受了其他公司的工作，所以事情已经没有挽回的余地了。她告诉我，她喜欢网飞的工作，但是其他公司给她的工资要比网飞高40%。听罢，我的心都沉了。要是我早知道她的市场价值已经有了变化，那我一定会对她的工资进行相应的调整！这就是我允许员工尽可能多地去跟其他公司交流的原因，但前提是他们得光明正大地去做，并且回来后将获取的信息告诉我。

现在，新员工问特德的问题也是："特德，你确定要让我接那个电话吗？这不是对公司不忠吗？"特德的回答跟当初尼尔对待乔治是一样的："偷偷摸摸地不告诉我你在跟谁通话，这才是不忠；而光明正大地去参加面试，然后把获取到的工资数据带回网飞，这对大家都有好处。"

网飞的规则就是，当招聘人员打电话给你的时候，你在说"不用了，谢谢"之前，先问一句："多少钱？"

第四个关键点

为了提高员工队伍的人才密度，在所有创造型的部门，我们宁愿聘用一名优秀的员工，也不要聘用 10 名或者更多普通的员工。优秀人才的市场价格无论有多高，都要以市场最高价聘用他们。为防止竞争对手给他们开出更高的工资，每年至少给他们调一次工资。如果你当前的预算没法给这些优秀员工开出市场最高价，那就算解雇一些没那么优秀的员工，也一定要把他们的工资提上去。这样，公司的人才密度才会更高。

> **本章要点**
>
> · 如果要打造一支有创造力且人才密度高的团队，目前大多数公司的薪资方式都不够理想。
>
> · 把你的员工分为创造型和操作型两类。给创造型的员工市场最高的工资，这就意味着招到一个能力超群的人，而不是 10 个或更多水平一般的人。要努力打造一支完全由高水平人才组成的团队，这对于一些关键技术和重大问题的解决尤为重要。
>
> · 不要搞绩效奖金，也不要股权激励，要把这些全部包含在工资里面。
>
> · 引导员工发展自己的人际网络，及时了解自己以及所在团队不断变化的市场价值。这可能意味着他们会接听招聘人员的电话，甚至去参加其他公司的面试。然后，要及时对他们的薪资进行相应的调整。

迈向自由与责任的企业文化

人才密度的不断增加，为提高员工决策的自由度做好了准备。不过，你得首先把坦诚放在第一位。

在大多数公司里面，大部分员工即使很有才华，在决策上的自由度也相当小，因为公司最高层所掌握的一些信息对他们而言都是秘密。

  如果你的公司全都是责任心很强的员工，他们自励、自觉且自律，那么公司的很多信息都可以和他们分享。而在大多数公司里，这些信息可能都是不公开的。

  这就是第五章将要探讨的问题。

▶ 进一步提高坦诚度……

5

开卷管理

1989年，我29岁，结束了和平队的任务。那时我还没有创办纯软件公司，而是在一家名叫"连贯思维"（Coherent Thought）的初创企业做软件工程师，发展也很艰难。一个星期五的上午，我走到我的小隔间，透过办公桌前面会议室的玻璃墙，可以看到公司几名高管都站在窗边，而办公室的门是紧闭着的。他们站在那里一动不动的样子让我很是吃惊。我不由得想起，在最近一次旅行途中，我曾亲眼看到一只即将被大白鹭吞食的壁虎，它因恐惧而一动不动地趴着，一条腿还悬在半空中——这就是几位高管现在的样子，他们的嘴唇疯狂地动着，而身体却纹丝不动。他们为什么不坐下来说呢？这个场景让我觉得很不舒服，并且开始担忧起来。

第二天早晨，我上班很早，而高管们又聚到了会议室。他们这次是坐在椅子上的，但是每次有人开门出来喝咖啡，我似乎都可以听到夺门而出的焦虑。是公司有麻烦了吗？他们到底在谈些什么呢？

直到今天，我依然不知道他们那时到底在谈论什么。如果有人告诉我的话，我可能会吓坏的。然而，回过头来想一想，尽管我工作兢兢业业，并且为公司的发展做出了很多贡献，但那些管理者还是不信任我，压根儿就不告诉我发生了什么事，这让我很不满。他们有一些大秘密，一些对所有员工都讳莫如深的大秘密。

当然，谁都有秘密。我们大多数人生来就相信，保守秘密就是保护我们的安全。当我年轻的时候，我本能地会对所有带有风险和令人尴尬的信息守口如瓶。1979 年，19 岁的我就读于缅因州的鲍登学院，那是一所小而舒适的本科院校。十分幸运的是，我大一时认识了来自加州的舍友保罗。年初的一天，我们在寝室叠衣服时，他漫不经心地提到自己还是个处男。他说得很随意，就像分享一件最普通的事情或者喝杯咖啡那么简单。他不知道的是，其实我也是一个处男，但如果有人知道了我的这个秘密，我就会觉得羞愧难当。

所以，当他告诉我的时候，我并没有把我的秘密也告诉他。即使面对他真诚的目光，我依然觉得尴尬，感到难以启齿。后来我才明白，正是我的沉默，让保罗很难在短时间内信任我。如果你感觉别人对你隐瞒了什么秘密，你怎么可能去相信他呢？而保罗则可以毫无保留地讲出自己的情感、内心的恐惧，以及犯过的错误，这种坦诚很容易就打动了我，我觉得自己从未如此快速地相信过一个人。与保罗的这份友谊促成了我人生中很大的一个转变。从中我也看到敞开心扉，说话坦诚，可以为我们带来很多好处。

当然，我并不是说，跟你的同事谈论自己的性经历是一种明智且恰当的行为。毕竟，保罗不是我的工作伙伴。但是与大学宿舍相比，在工作场合保守秘密更普遍，也更具有危害性。

哥伦比亚商学院管理学教授迈克尔·斯莱皮恩（Michael Slepian）的一项研究表明，一般人都有 13 个左右的秘密，其中至少有 5 个从未跟别人分享过。我感觉，作为一名职场经理，身上的秘密远不止这个数目。

根据斯莱皮恩的研究，如果你是一个普通人，在你所有的秘密当中，可能会破坏信任关系的占 47%；涉及谎言或财务的占 60% 以上；而涉及盗窃、某种隐秘关系或是工作中的不愉快的约占 33%。如果你的橱柜里有太多的秘密，这些秘密会让你付出巨大的心理代价，其中就包括压力、焦虑、抑郁、孤独和缺乏自尊心。秘密也占据了我们大脑中的很多空间。一项研究显示，人们思考自己秘密所花的时间是主动隐瞒秘密所花时间的两倍。

相反，当你分享一个秘密时，接收者会感受到信心和忠诚。如果我告诉你我犯过的一些大错，或者与你分享了一些信息，这样做对我可能是有风险的，但这时你也会想："好吧，要是他连这样的信息都告诉我了，他对我是不会藏着什么秘密的。"这样，你对我的信任就会猛增。由此可见，要迅速建立信任，最好的办法莫过于直接说出一个潜在的秘密。

此处，我们暂时使用"潜在秘密"这样一个表达。秘密这个词的诡异之处就在于，一旦你把它告诉了某一个人，它就不再是秘密了。

隐秘信息

此处的隐秘信息（Stuff of Secrets，SOS）不是网飞特定的术语，而是指一旦这些信息泄露出去，将会带来危险，所以你通常会保持沉默。分享这样的信息可能会导致消极的判断，给焦躁不安的人带来危机感，引起慌乱，或者破坏关系。否则，我们就不会想着要把它深埋在心底。

在工作中可能会有这样一些隐秘信息：

1. 你在考虑机构重组，这意味着可能有员工会因此失业。
2. 你裁掉了一名员工，但得找理由解释为什么会裁掉他。
3. 你有"商业秘籍"，不想透露给你的竞争对手。
4. 你犯了错误，这个错误可能会损害你的名誉，甚至会毁掉你的整个职业生涯。
5. 两名领导人起了冲突，要是他们下面的团队知道了，可能会引起轩然大波。
6. 员工如果跟朋友分享了自己公司的某些财务数据，可能会有牢狱之灾。

一个组织机构中到处都是隐秘信息。每一天，管理人员都会纠结于这样一些问题：我应该把实情告诉员工吗？要是这样做的话会带来什么风险呢？但是，保持沉默同样也会带来风险。里德多年前对连贯思维公司的担忧，以及公司生产力的下降就证明了这一点。

几乎所有管理人员都喜欢透明的想法。但是，如果你确实想营造一个透明的工作环境，你可以先看看公司现在的工作环境，说不定正处于一种密不透风的状态。我曾拜访了硅谷另一家公司的首席执行官。此人经常谈论组织透明度的重要性，也有报道说他正在采取大胆的措施来推进工作场所的公开化。

到了这家公司以后，我乘坐电梯去了公司总部所在的顶层。接待人员带我走过一条安静的长廊，首席执行官的办公室就在拐角处。办公室的门是敞开着的（这正是他所谓的"不关门政策"），但坐在门外的一个秘书看起来更像是一个保镖，保证不会有人溜进去；到了晚上，办公室还是要锁上的。对此，我相信这名首席执行官肯定有他的理由。但这间办公室给人的感觉更像是在宣示："我们里面有秘密！"

这就是我没有自己专属办公室的原因，我甚至连一个带抽屉的小隔间都没有。要进行讨论，我可能会临时去找一间会议室；不过对于大多数会议，我的助手知道为我安排其他人的办公室。我要想见谁，总是尽量去他所在的工作场所，而不是让他来找我。我比较喜欢步行会议，步行途中也经常偶遇其他正在开会的员工。

不仅仅是办公室，任何上锁的地方都会让人觉得里面藏着什么东西，这就意味着我们彼此不信任。我们以前去新加坡分公司的时候，看到公司给每位员工提供了一个储物柜，每天晚上离开时，员工们可以把自己的东西锁在里面，但我还是坚持让他们不要上锁。

当然，这也是一些很细微的东西。关键在于负责人要尽可能多地跟每一名员工分享信息，保证信息的透明度。不论大事小事、好事坏事，如果你的第一反应是把信息公之于众，那其他人也会这样做。在网飞，我们称之为"阳光行动"，对此我们付出了很多努力。

当我第一次因为这本书采访里德的时候，我以为我们谈话的地方会是一间带门的会议室，或者某个安静的角落。毕竟，如果要回答敏感的问题，这样的地方更方便一些。但出乎意料的是，里德把我们见面的地方安排在了一个露天阳台上，任何人都可以听到谈话的内容。他生动地讲述了自己早年挨家挨户推销吸尘器的工作，也讲到在中学第一次参与打架的事情；他还说起与前女友搭便车穿越非洲时，发生了一起严重的交通事故；他甚至还讲到婚姻早期的危机。谈话间，不时有人从我们的桌子前经过，但他并没有因此而放低声音。

几个月后，我把本书第一章的初稿发给了里德，等待他的反馈。第二周，当我在阿姆斯特丹分公司采访一位经理时，他提到了我发给里德的初稿。那一刻，我的脸上满是疑惑。他解释说："里德把你的那一章发给了所有人。""所有网飞的员工吗？"我问道。"呃，也不是，只有700名经理级别的员工。他告诉我们你们俩在做什么。"

采访一结束，我就抓起手机，把想要跟里德说的内容在脑子里过了一遍："你是怎么想的啊？你怎么能把我还没完成的内容给几百人看啊！我都还没有定稿呢。"但是，当我按下他的号码时，我已经想象到了他的回复："你不想让我把你未完成的章节发出去？为什么呢？"想到这，我意识到我的回答对他来说几乎毫无说服力。

把握分享信息的时间

信息透明听起来很不错。你也从没有听见领导说要提倡组织保密，但信息透明肯定存在风险。里德本能地将我未完成的章节发给了700个人，那他是否想过这样一个问题：这700名经理中可能会有几十个人来找我抱怨，说我写的内容不准确。虽然我担心的情况并没有发生，但也不是没有可能。

保守秘密的理由有很多。但在通常情况下，什么时候该透明，什么时候该保密，这一问题却没有明确的界限。为了弄清里德是如何做出判断的，我给他做了一个测试。在此也同各位读者分享一下。

我给出了四种可能需要保密的场景，让里德来选择答案，并给出理由，同时谈谈网飞在现实中所遇到的类似的困境。你也可以来做一做这个测试。在阅读里德的回答之前，问一下自己会怎么选，以及这样选择的原因是什么，然后看看自己是否同意他的观点。

测试场景一：信息泄露是违法的

- 你是一家拥有100名员工的初创公司的创始人。你一直十分提倡组织要有透明度，还教会员工如何看财务报表，并向他们公开了公司所有的财务和战略信息。但下周你的公司就要上市了，之后事情会有所不同。公司上市以后，如果你在华尔街公布公司季度数据之前先告诉了员工,那么只要有一个员工告诉了他的一个朋友,你公司的股票就有可能崩盘,而这个泄露信息的人也会因内幕交易而锒铛入狱。这种情况下,你会怎么做呢?

A. 继续跟员工分享季度数据,只是把时间放在华尔街公布数据之后。

B. 在所有人都不知道这些信息之前,仍然跟你所有的员工分享这些数据,但是会跟他们强调,如果谁泄露信息就得进监狱。

- 里德的答案:拿走雨伞。

针对场景一,我选择答案 B:在将季度财务数据公之于众之前,仍然先跟员工分享;同时要提醒他们,信息一旦泄露,后患无穷。

我第一次了解开卷管理是 1998 年。那时,网飞刚成立一年,我在阿斯彭研究所(Aspen Institute)参加了一次管理提升课。一起听课的还有来自许多公司的高管,我们一起讨论了几本很有争议的读物,其中一本是关于一个名叫杰克·斯塔克(Jack Stack)的经理的案例研究。

杰克是密苏里州斯普林菲尔德的一名经理,他曾使国际收割机公司(International Harvester)旗下的一家制造厂重获生机。在这家工厂濒临倒闭的时候,杰克筹集资金将它买了下来,并筹划了杠杆收购。随后,为了激发员工的动力,他给自己定下了两个目标:

1. 营造财务透明的文化氛围,使业务流程的方方面面都让员工看得到。

2. 投入大量的时间和精力，教会每一名员工如何详细了解每周的经营状况和财务报告。

杰克告诉他的员工，从优秀的工程师到车间最底层的工人，都要去阅读公司的财务报告。他手把手地教那些中学都没念过的低学历员工阅读财务报表，而这是很多公司里受过高等教育的副总裁都缺乏的能力。然后，他会把公司每周的运营和财务数据通报给每一名员工。通过这些数据，员工们可以看到公司是如何不断进步的，他们自己的工作是如何发挥成效的。这一举措，超乎想象地点燃了员工的热情，激发了他们的责任感和主人翁意识。随后，他们创下了惊人业绩，那是该公司过去40多年都不曾有过的。

我们在阿斯彭讨论这件事的时候，有一家公司的领导对杰克的举措持否定意见："我认为我的工作就是为我的员工撑起一把伞，保护他们不要因为那些跟自己本职工作无关的杂事而分心。我雇他们来，就是让他们来做自己擅长并且喜欢做的事。我不想让他们浪费时间去了解一些自己并不在意的商业细节；再说，那也不是他们的强项。"

我并不赞同他的看法。我说："杰克通过引导员工了解其工作背后的东西，成功地激发了他们的主人翁意识。我不想让我的员工觉得自己是在为网飞工作，而是让他们感觉自己是网飞的一分子。"从那时起，我就认定，如果你在网飞工作，没有人会为你在头顶撑一把伞。你要做好淋雨的准备。

回到公司后，我们开始在每周五举行全体会议。开会时，帕蒂·麦科德都会像街头公告员一样站到椅子上招呼员工。随后，我们会把大家带到停车场——那里是公司唯一可以容纳全体员工的地方。我会把复印好的财务报表发给大家，然后我们一起浏览每周指标的变化。比如：我们发了几批货，平均收益是多少；我们怎样做才能满足顾客的需求，让我们的电影成为他们的第一或第二选择。我们还会创建一份战略文档，里面写满了我们不想让竞争对手知道的信息，并将它张贴在咖啡机旁的公告牌上。

我们把这些信息公之于众，就是为了建立员工的信任感和主人翁意识，希望收到跟杰克·斯塔克同样的效果。事实证明，我们的努力确实起作用了，我收起了那把伞，却没有听到一声抱怨。从那以后，所有的财务结果，即便是网飞的竞争对手们觊觎的信息，我们也对所有员工公开。最值得注意的，是挂在公司内网主页上一份4页的"战略投资"文件。

我的目标就是让员工感到自己是公司的主人，从而增强他们的责任感。不仅如此，向员工公开信息还有另外一个好处：它使我们的员工变得更加聪明了。你把那些通常只有高管才知道的信息直接分享给底层员工，他们就可以自己做判断，完成更多的工作。由于不需要浪费时间去寻求信息和获得批准，他们的工作效率会更高。没有上级的指示，他们自己就可以做出更好的决策。

大多数企业可能都没有意识到这一点，高层管理者由于隐藏财务和战略信息，因而限制了员工的才华与能力的发挥。尽管几乎所有公司都在谈放权，但在绝大多数组织机构中，真正意义上的放权就是一个白日梦。因为他们并没有给员工充分的信息，所以员工也无法对任何事务进行独立的掌控。对此，杰克·斯塔克是这样解释的：

在商业领域存在一个严重的问题，那就是员工对企业运作的流程一窍不通。这无异于一大群人去看棒球赛，却没有人告诉他们比赛规则是什么。棒球赛就好比企业运作。人们试图从一垒偷跑到二垒，却不知道该如何去适应大局。

如果经理不知道公司在过去几周或者几个月里签下了多少客户，进行过哪些战略性的讨论，那么他又怎么知道自己该雇多少人呢？于是，他就必须得去问他的上司；如果他的上司也不清楚公司发展的具体细节，不能做出一个好的决策，那他的上司又不得不再去找上司的上司。所以，越多的员工了解公司的战略、财务状况以及公司每天的运营情况，就越能够自行做出正确的决策，也不必牵扯那么多的层级关系。

当然，杰克·斯塔克并不是唯一一位把所有财务数据都跟员工分享的公司领导人。但很多公司往往是开始做得很好，而一旦上市之后，高层管理者就会说："现在我们上市了，要更加谨慎地保护公司的信息。我们必须避开风险，确保公司的机密不会被泄露。"

这又把我带回了场景一的测试中。我针对场景一的建议是：不要仅仅因为公司上市就打开保护伞。2002年，网飞首次公开募股后，我曾陷入与艾琳的测试场景一样的两难境地。那是一个周五，我顺路接了帕蒂去上班。在路上她哭诉道："几乎每家上市公司的季度财务数据在华尔街发布之前，都只有一小部分内部高层看过。如果信息泄露，泄密的人可是要进监狱的。那么我们应该怎么做呢？"但我还是坚持我的观点："你想想看，如果我们现在不对员工公开财务数据了，这意味着什么？这意味着他们在自己的公司被当成了外人！我们不能随着公司越做越大，就变得越来越不透明。相反，我们应该更加大胆，跟员工分享比以前更多的东西。"

我们也许是唯一一家在季度结束的几周前，就在公司内部通报财务状况的上市公司。我们会在季度业务回顾大会上跟大约700名经理通报这些数据，并且鼓励他们将这些信息告诉自己的团队。金融界认为我们的行为是不计后果的，但到目前为止，我们的这些金融信息从未泄露过。我想，就算有一天信息泄露了，我们也不会有过度的反应。我们只会心平气和地处理这一个案，然后继续保持信息的透明度。

对于我们的员工来说，透明度代表我们相信员工能够认真负责地对待工作。我们对他们的信任又会增强他们的归属感、使命感和责任感。

几乎每天都会有新员工对我说，他对网飞管理的透明程度表示惊叹，这让我非常高兴。例如，我们的投资者关系与公司发展副总裁斯潘塞·王曾在华尔街担任过分析师。他给我们讲述了自己上任第一周的故事。

毋庸置疑，网飞是一家靠订阅量发展的公司。要知道我们的总收入，你可以用平均订阅价格（公开信息）乘以我们的订阅量。而订阅量在我们每季度公布之前是绝对保密的。任何投资者提前拿到这一数据，都有可能利用它去进行非法交易，从中牟取一笔不小的利益。如果网飞内部有人泄露数据，那此人就有可能惹上牢狱之灾。

那是3月份一个星期一的上午8点，我那时刚到网飞不久，还有一些激动和不安，就是那种刚到一个新地方的感觉。我端起一杯咖啡，在桌子前平复了一下心情，随后打开了我的电脑。在我的邮箱里，我发现一封标题为《2015年3月19日每日会员更新》的信息。这封邮件用图表和数据详细地呈现出公司在不同国家新增的订阅量。

我心跳开始加速。这么敏感的数据怎么能当作普通邮件查看呢？我把电脑紧贴在胸前，挪到了背对着墙的地方。我心想，这样就没有人会从我身后看到电脑里的数据了。

过了一会儿，我们的首席财务官，也是我的上级在我的桌子前停了下来。我给他看了这封邮件，问他道："这些数据相当有价值，一旦泄露的话该有多危险啊。有多少人会收到这封邮件呢？"我以为他会说："你知，我知，里德知，除此之外，没有第四个人知道。"但是他的回答却让我几近疯狂，他说："每一位员工都可以接收到。只要是公司里对此感兴趣的员工，都可以读到这些信息。"

当然，和网飞所有的文化理念一样，透明原则也难免会出现问题。2014年3月，一名内容收购总监下载了一系列的机密数据，跳槽后把数据带给了我们的竞争对手。这造成了非常棘手的局面，还引发了一系列官司，浪费了我们很多时间。但是，尽管会有个别员工辜负你的信任，但处理完这一个案之后，请继续对其他员工保持透明。不要因为一个人的失职而迁怒于大多数的人。

测试场景二：组织结构调整

- 你和你的老板在总部讨论一个机构调整的方案，而这个方案一旦实施，就会导致你团队里的几名项目经理失业。当前，你们还只是在讨论阶段，也就是实施

的可能性为 50%。那么，你会选择现在就告诉你的项目经理呢，还是等到事情定下来之后再告诉他们？

A. 顺其自然吧。现在还不需要引起太大压力。再说，如果你今天告诉了你的项目经理，他有可能就会开始寻找新的工作，而你则会面临失去优秀员工的风险。

B. 折中方案。你担心有一天，你的员工会在毫无准备的情况下突然被解雇，但你又不想无缘无故让他们虚惊一场。于是，你暗示他们说，公司可能会做一些调整，但不明确告诉他们具体的调整内容。如果你听到另外哪家公司在招聘项目经理，你就装作不经意地将招聘公告放在他们的桌子上。这样，在事情还没有发展到不可挽回的地步之前，他们可以考虑做出其他的选择。

C. 告诉他们实情。你让他们坐下来，给他们解释，告诉他们现在所从事的工作，有一半的可能性会在 6 个月内被裁掉。你强调自己非常欣赏和感激他们的敬业精神，并且希望他们能留下来，但是又不想向他们隐瞒实情。所以，他们掌握这些情况之后，需要考虑好自己的去留问题。

- 里德的答案：苹果车摇一摇也无妨。

对于场景二，我选择答案 C：告诉他们实情。

没有人想听到自己有可能会失业的消息。出现这样的变动总是会让人感到不安，甚至有些痛苦，即便是从一个部门换到另一个部门，或者从一个办公室换到另一个办公室，也会有这样的感觉。所以，如果你在事情还没确定下来之前就告诉员工，势必会引起他们的焦虑，分散他们的注意力，导致他们工作效率降低，甚至还有可能刺激他们去另谋出路。既然事情还没有确定下来，你为什么要把好好的一车苹果摇得七零八落呢？

但是，如果你想建立一种透明的企业文化，却又不把这种可能的变动告诉员工，那么员工就会觉得你是一个不值得信赖的伪君子。你表面上大肆宣扬信息透明，在背后却对他们的工作嘀嘀咕咕。所以，我的建议是尽可能地去实现信息的透明化。大步向前，苹果车摇一摇没关系，一些苹果可能会撞伤，还有一些可能会被摇出箱子，但都没有关系。一旦事情平息，员工们会更加信任你。

当然，落到具体的员工身上，情况还是有一定的区别。在网飞，每个员工对一些敏感问题的态度也是不一样的。有时候，员工们喜欢我们和他们分享信息；而有的时候，他们觉得有些信息我们领导层知道就行了。我们请网飞的员工自愿参与了情景二的测试，下面是其中的两个答案。

第一个答案来自数字产品副总裁罗布·卡鲁索，他跟我的答案不谋而合。他之所以也选这个答案，很大程度上与他的亲身经历有关，他就曾体会过不分享这类信息所带来的后果。

来网飞之前，我曾在有线电视网（HBO）担任数字产品部的副总裁。在那里，无论你怎么努力，都会感觉这里有5扇以上的门是永远对你紧闭的。所有战略信息只有在必要的时候才会被拿出来讨论。在绝大多数情况下，公司顶层会认为你没有必要知道这些信息。对于公司的这种做法，我也觉得无可厚非；相反，我觉得这是标准的企业管理途径。

12月的一天，项目的最后期限快要到了，我早早地来到公司，发现办公室里死气沉沉的。我记得那天天气不大好，街道上有很多淤泥，因此我没有穿平常那种较为正式的鞋子，而是穿了一双旧的运动鞋。当我走进办公室的时候，发现桌子上有一张留言条，让我到部门总裁那里去一趟。我开始紧张起来，因为此前也没有通知说要开会，我还想是不是自己不应该穿着那样一双旧运动鞋。

当我走进总裁办公室的时候，总裁正和另一个人坐在一起，那个人看起来十分友好。总裁向我介绍说，这个人将是我的新上司。听他这么一说，我心里感到一种恐惧。10分钟之后，我发现并没有什么坏消息，没有人被解雇，新上司也很不错。公司传递出的信息是这样的：我们会在你们部门加大力度，所以特意为你们聘请了新的上司，相信他能够激发你们更大的动力。

但是，当我离开办公室的时候，并没有因为有了新上司而高兴；相反，心里却涌出一股不被信任的酸楚。他们此前讨论这件事我一直都不知道。有多少人知道这次招聘工作却没有告诉我呢？这只是高层众多秘密中的一个，却让我感觉自己像是公司里的一个陌生人。

当我离开有线电视网加入网飞之后，发现随处都可以接触到秘密，这让我十分震惊。我永远也不会忘记第一次参加季度经营业绩会的情景。那时，我刚来公司一周左右。我一个人走进了会场，所有的人几乎都不认识，心想可能是和以前差不多的促销展示。会场上有400名经理级别的人员。在里德简短的问候后，他们关掉讲台上的灯，打开了一页用黑色印刷体写成的幻灯片：

如果你本人或朋友拿这些信息去做交易，你将会锒铛入狱。这是公司机密，切勿对外公开！

财务副总裁马克·尤列奇科咧嘴笑着跳上讲台，向我们汇报了季度财务状况和股价走势，以及他个人预计的这些数据将对股价产生的影响。过去几十年，我曾在多家公司工作过，但从未见过哪家公司有这样的做法。在其他公司，这类信息只有少数管理层才知道，其他人是绝不可能知道的。

接下来的一天，他详细讲述了公司目前在战略上所面临的困境，包括公司机构调整，以及里德和他的高级团队正着手应对的其他问题。他把这些事情通通告诉了我们。不仅如此，我们还分组对这些问题进行了讨论。我禁不住感叹："噢，天哪，这也太开放了吧！"

网飞是真正地把员工当成可以独立处理复杂信息的成年人来看待，我很欣赏这一点。这种做法会给员工带来一种巨大的认同感与责任感。因此，对于场景二的测试，我选择答案 c。直接把实情告诉员工，他们可能会感到惊慌，但至少可以让他们知道，你对他们是真诚的。这样做具有非常重要的意义。

罗布的想法跟我完全一致。听到他的想法时，我很自豪地笑了。第二个答案来自原创内容部的项目经理伊莎贝拉，她的回答有趣得多，因为她证明了把决定提早公开通常是困难的，这个问题没有完美答案。她是这么说的：

我曾经遇到过跟场景二几乎一模一样的情况。通过那件事情，我明白了尽管透明度听起来非常不错，但是有些事情还是不要知道的好。

情况是这样的：为了减少我每天通勤的时间，我和先生一直想在洛杉矶网飞公司附近找一套房子，就这样一找就是14个月。在看了差不多100套房子以后，我终于找到了理想的房子——就是那种中间架空的结构。在这种房子里，你在楼下的厨房也可以跟楼上卧室的人讲话，因为中间没有隔断。这样，我就可以一边擦桌子，一边给躺在床上的女儿唱歌。

我很喜欢现在的工作，觉得自己也做得得心应手。我的任务是处理切尔西·汉德勒的脱口秀。我们的节目通常是一个季度发布一次，但切尔西的脱口秀一周会发布三次。节目录制完成后，我们一共只有24个小时的时间将节目翻译成多种语言，然后发布到官网上。这些后期的工作都由我来完成。一天，我的上司亚伦给我们开了一个会，主要讲了公司今后的发展。

我们坐在"走出非洲"会议室，这个房间到处都是黄色——黄色的墙、黄色的围毯和地毯，还有黄色的椅子。亚伦拉过一把椅子坐到我面前对我说："事情还没有完全确定下来。但是有一半的可能，我们会撤销你现在这个项目管理岗位。我们正在讨论机构重组，所以到时你可能就没有工作了。不过，在接下来的半年到一年的时间里，一切都很难说。"听罢，我突然有一种天旋地转的感觉，黄色的地毯似乎变成了黄色的天花板，我已经无法把目光重新聚焦到他的脸上。

从那以后，我一下子有了危机感。我们只好把眼看到手的房子让给了其他买家。我怎么能冒着丢工作的风险继续买房子呢？我越想越气愤。为什么亚伦要用一些完全不确定的事情来给我造成压力呢？我晚上一般会陪两个儿子一起看电视。但现在，当网飞的标识突然出现在电视屏幕上时，我已经没有了以往的自豪感，取而代之的是无尽的焦虑和怨恨。但是最后，我并没有丢掉这份工作，只是换了一个岗位。想想真是愚蠢至极，为了这个不确定的信息，我放弃我的房子，而且那几个月做任何事情都倍感压力。

这就是我选择 A 的原因。你为什么要无缘无故地破坏员工的正常生活？

伊莎贝拉的观点也有道理。知道自己可能失业的确会造成压力，而最终却发现自己所有的辗转反侧、彻夜难眠都是多余的，这种心情可想而知。尽管她选择了 A，但我还是认为，她的故事仍然从另一个角度印证了 C 答案的正确性。

我们可以设想一下：假如亚伦决定直到事情确定后再告诉伊莎贝拉，那么伊莎贝拉就很有可能已经把房子买了。等她搬完家，高高兴兴去上班的时候，却突然听到亚伦对她说："我很抱歉！我们取消了你的岗位，你现在失业了。"这时候，她才知道自己一直都是那个被讨论去留的对象，而领导们的讨论却关乎她个人的生活规划。如果是那样的话，她可能就真的要抓狂了。

在网飞，你的住房状况以及你各方面的生活都跟工作无关。公司是把你当成一个正常的成年人看待，同时把所有的信息都跟你分享，以便你能做出明智的决定。

总之,透明是我们的准则,但任何事情都不是绝对的。我确实有一份只对我的 6 名直接下属开放的文档。在这份文档里,我们可以发表任何东西,包括对"爱尔兰共和军问题"的担忧,这对公司其他成员是不开放的。但这样的情况很少。一般来说,每当我们举棋不定的时候,我都会尽早公开整个实施流程,以此获得员工的认同感。这也让员工明白,尽管情况总在不断地变化,但他们至少可以随时获知事情的动向。

测试场景三:解雇后的沟通问题

- 你决定要裁掉营销团队里一个名叫库尔特的高级职员。他工作勤奋,为人善良,工作效率也很高,但有时他却口无遮拦,满嘴跑火车。无论对同事还是对外面的人,他的这个毛病都会给公司带来不必要的麻烦,这个问题可不小。

当你通知他要解雇他时,他感到万分伤心。他告诉你他对公司、同事和部门有多么不舍。为显得不那么尴尬,他让你告诉所有人他是自己主动辞职的。那么,在这种情况下,你要怎么跟你的员工说明这件事情呢?

A. 实事求是地说出真相。你给库尔特所有的同事发一封邮件,告诉他们虽然库尔特工作勤奋,为人善良,工作效率也很高,但在某些时候,他却口无遮拦,满嘴跑火车,无论对同事还是对外面的人,他的这个毛病都会给公司带来不必要的麻烦。所以,你决定解雇他。

B. 说出部分真相。你把库尔特离职的消息告知大家，但也只是点到为止，不会深入披露细节。他确实离开了，那么离开的原因是什么呢？放这名员工一马，让他走得体面一点。

C. 对外宣称他是自己决定辞职的，因为他希望有更多的时间陪伴他的家人。库尔特一直兢兢业业地为你工作，你既然已经解雇了他，就没有必要再让他难堪了。

- 里德的答案：公司不要粉饰和掩盖真相。

我对场景三的答案是 A：实事求是地说出真相。

对信息进行改编和操控，从而使整个公司、你自己以及其他一些员工看起来比实际情况更好，这种行为在商业界十分普遍。很多管理者自己这么做了都没有意识到。我们在分享信息的时候，往往过分强调正面影响，尽力弱化负面影响，想方设法地引导他人的看法。

你可以体会一下下面两个例子：

- "卡萝尔在拉蒙的部门担任重要的职务。她工作了一段时间之后，开始寻找新的机会，以便能够在其他领域更好地施展自己的管理才能。"

  真相："拉蒙不想让卡萝尔继续留在他的团队了。会有人来把她挖走吗？这样我们就不用解雇她了。"

- "为了增加整个公司的协同性，道格拉斯将转变身份，协助凯瑟琳开展工作。他们领导的天才团队也将携手合作，共同推动公司销量上涨。"

真相:"道格拉斯被降职到凯瑟琳手下工作,他之前的所有直接下属都并入了凯瑟琳领导的部门。"

粉饰和掩盖真相是很多领导常用的办法。殊不知,这种做法会一点点消磨掉员工对自己的信任。所以,我必须明确告诉你:不要这样做。你的员工不是傻子,当你试图愚弄他们的时候,他们是看得见的,这只会让自己看起来像一个自欺欺人的骗子。实话实说,不必把糟糕的情况说得似乎还不错。你是否告诉了他们真相,他们终究会知道的。

我也知道,要真正做到这一点是有难度的。任何想要信息透明化的领导都会认识到:将信息公之于众肯定会跟个人隐私存在冲突。毋庸置疑,二者同等重要。但问题是,当公司有人离职的时候,每个人都很想知道原因,就算你极力掩饰,终有一天也会真相大白。相反,如果你坦诚地把原因告诉大家,那么流言就会戛然而止,员工对你的信任也会只增不减。

我们还有一个反面例子。几年前,我们裁掉了一名在沟通中缺乏透明度的主管,名叫杰克。当时,我们正在考虑给他升职,他手下几名员工跑来告诉我们说,杰克喜欢耍点权术和手腕,对员工的反馈也不够重视。员工们有好几次真诚地去找他反馈问题,结果要么被他搪塞过去,要么直接被硬生生地顶回来,让人很不舒服。甚至当他的上司和人力资源负责人试图跟他交流的时候,他都想方设法地把话题扯远,这让曾经跟他亲密合作的同事都不再信任他。

裁掉杰克的时候,他的上司也纠结过。在这种情况下,他究竟应该群发一封邮件,向大家说明裁掉杰克的原因呢,还是让杰克不声不响地离开，或者解释说我们双方都觉得应该做出一些改变？

但是，保持透明度是唯一符合我们原则的答案，所以他的上司给杰克曾经的同事们发送了这样一封邮件（有删减）：

> 亲爱的员工：
>
> 怀着复杂的心情，我已经决定要解雇杰克。
>
> 杰克本是公司有资格晋升高级行政职位的候选人。但是，在对他的晋升进行尽职调查时，我得到了更多的信息，发现他作为一名领导者，并没有表现出我们所要求和期望的素质。特别是当我们直接向他询问情况的时候，在一些对待员工的重大问题上，杰克对我们不够坦诚，这些问题对公司的业务造成了影响。
>
> 在网飞工作的这些年里，杰克对我们公司起到了非常重要的作用，以至一些人听到这个消息时感到很震惊。他确实功绩卓著，但我相信从员工那里收集到的反馈不会欺骗我，也正是这些反馈让我们做出了这次必要的调整。

当然，直言不讳地披露解雇的原因可能显得过于坦率。在这一问题上，非常重要的一点就是，既要尊重被解雇员工的尊严，也要考虑不同文化的差异。我建议我们的管理者尽可能地做到透明，但同时也要确保自己能对下面这个问题做出肯定的回答："如果把这封邮件拿给被解雇的员工看，我心里会觉得踏实吗？"

在上述案例中，杰克的行为直接与工作有关。但如果涉及员工的一些私人问题，情况可能就会变得更加复杂。对此，我建议采取不同的办法。

网飞曾有一名经理酒精上瘾而无法自拔，对此我们并不知情。2017年秋，他在一次商务旅行的途中因酒瘾发作从车上跌了下来，被立刻送进了康复中心。那么，我们该怎么跟他的员工说呢？他的上司认为，我们应该遵循网飞一贯的原则，把实情告诉每一个人。但人力资源部却坚持认为，他自己有权决定是否把私人问题讲出来。在这种情况下，我跟人力资源部的观点是一致的。当涉及私人问题的时候，个人隐私权高于公司的透明度。在这件事情上，我们不能把一切都搞得过于透明，但也决不能欺骗员工。于是，我们告诉大家，说他由于个人原因请了两周的假。如果他愿意的话，回来后会跟大家分享更多的细节。

总之，我认为如果事情与工作相关，那就应该告知每一个人；而如果只是牵涉员工的私人问题，那么愿不愿意分享就由员工自己决定吧。

测试场景四：当你把事情搞砸了……

- 你是一名拥有 100 名员工的初创公司创始人。公司的事务非常棘手，尽管你付出了百分之百的努力，但是依然犯了一系列严重错误。最值得注意的是，你已经在 5 年内解雇了 5 名销售主管。每次招聘成功的时候，你都觉得自己找到了一个不错的人选。但是，当你们真正一起工作的时候，你就会意识到该员工并不能胜任相关的工作。你意识到，是自己用人失察，才导致了这个问题。那么，你会向你的员工承认这一点吗？

A. 不！你不能让你的团队对你个人的领导能力失去信心。一旦发生这样的事情，一些最优秀的员工甚至会辞职去寻找更好的老板。另一方面，第五个销售经理又被解雇了，这是每个人都看得到的，因此你又必须说点什么。但是，像"招到优秀销售主管有多么困难"这样的话还是少说为妙。你要讲的重点是接下来如何找到更好的人选。

B. 会的。你想鼓励员工去冒险，并且让他们在冒险过程中，切身体会犯错误是在所难免的。此外，当你把自己的错误告诉大家的时候，员工会更加信任你。所以，下次开会的时候，如实告诉你的团队，你连续 5 次在雇用和管理销售主管这件事上出现失误，你自己也感到很尴尬。

- 里德的答案：成功了小声说，犯错了大声说。

我对场景四的答案是 B：是的，承认自己搞砸了。

在我职业生涯的早期，也就是纯软件公司成立之初，我常常因为缺乏安全感而不敢公开说出自己的错误。我也从中吸取了深刻的教训。那时，我在施展领导能力方面犯了很多的错误，自己也感到压力很大。除了管理上的综合能力欠缺以外，我确实在 5 年内招聘又解雇了 5 名销售主管。裁掉前两名销售主管时，我认为是他们个人的问题，但到第四、第五名的时候，显然就是我的问题了。

我一直把公司利益放在我个人利益的前面，也意识到个人能力的欠缺将对公司产生不利的影响。于是，我去了董事会，像忏悔般详细地交代了自己的失职并且递交了辞呈。

但是，董事会没有批准我的辞呈。因为从财务状况来看，公司还是非常不错的。与此同时，他们也认为我在人事管理方面确实存在问题，但他们明确地告诉我，如果他们再招一位新的首席执行官，也可能会犯同样的错误。那次会议上有两件事情让我颇有感触：一件就是正如我想象的那样，我讲出了事实，承认了自己的错误，感到如释重负；另一件更有意思——因为我向董事会坦陈了自己的失职，把自己的软肋暴露在他们面前，他们似乎对我的领导能力更有信心了。

在接下来的全体员工大会上，我把在董事会陈述的一切又陈述了一遍。我详细地列举了自己的错误，并且为自己造成的问题深表遗憾。这一次，不单单是我一吐为快，建立起了员工对我的信任，连员工们也开始讲他们曾犯过的、以前都避而不谈的种种错误。这不仅让员工们心里得到宽慰，增进了彼此间的关系，也让我获取了更多的信息，从而能更好地管理公司业务。

2007年，也就是差不多10年之后，我加入了微软的董事会。那时在微软担任首席执行官的是史蒂夫·鲍尔默（Steve Ballmer）。他身材魁梧，大大咧咧，待人友善。他对自己的错误总是不加掩饰就说出来。比如他会说："大家都看看吧，看我又把事情给搞砸了。"这让我不由得跟他亲近起来。多么真诚、体贴的一个人啊！而且我也意识到：如果一个人公开承认自己的错误，人们会觉得他更加值得信任，这是人的本性。

从那以后，每当觉得自己犯了错误，我都毫无保留地说出来。我很快就发现，领导把自己的错误公之于众，一个最大的好处就是可以鼓励员工把犯错当作一件很正常的事情，继而鼓励他们在不确定一件事情是否能够成功之前，敢于去冒险尝试。这样，整个公司的创新能力就能得到大大的提升。由此我们得出一个结论：自我揭露建立信任，主动求助促进学习，敢于认错赢得谅解，而公开你的失败则可以鼓励更多员工大胆地放手一搏。

这就是在场景四的测试中，我毫不犹豫地选择B的原因。谦逊是一位领导、一个模范人物的重要品质。当你取得成功的时候，要轻描淡写地带过，或者让别人来说。当你犯了错误的时候，一定要清楚而响亮地说出来。这样，其他人就可以从你的错误中学习，从你的错误中获益。换言之，就是——成功了小声说，犯错了大声说。

里德经常公开谈论他在担任纯软件公司首席执行官时犯过的错误，听起来像是一场巨大的灾难。事实上，纯软件公司在 1995 年通过摩根士丹利上市之前，公司已经连续四年收入翻番，并且在两年后以 7.5 亿美元的价格售出。这笔钱的一部分归到了里德的名下，成为后来创建网飞的启动资金。

研究也证明了里德的观点，领导公开承认自己的错误确实会带来积极的影响。布勒内·布朗（Brené Brown）有一本书名为《大胆：变得脆弱的勇气如何改变我们的生活、爱情、做父母和领导方式》。在定性研究的基础上，作者解释道："我们喜欢在别人身上看到赤裸裸的真相，却害怕将自己的一切暴露在别人面前。脆弱是你眼中的勇气，却是我自身的软肋。"

德国曼海姆大学的安娜·布鲁克和她的团队想再次证实布朗的研究。他们请受试者想象自己处于各种心理脆弱的情景之中，比如，在大吵一架后，第一个道歉，并承认给工作团队带来严重后果。结果发现，当人们想象自己处于这些情景之中时，他们普遍认为，把自己的弱点暴露在别人面前会让自己看起来"软弱"和"无能"。但是，当他们想象其他人处于同样的情景中时，他们更倾向于把弱点看作"可以接受的"和"自然的"。由此，布鲁克得出结论：坦诚地对待错误，对人际关系、健康状况和工作表现都是有利而无害的。

同样也有研究表明：如果一个人原本就被认为效率低、能力差，要是他再去强调自己的错误，只会加深大家对他的这一印象。1966年，心理学家埃利奥特·阿伦森曾做过这样一个实验，他让学生听一个测试团队的候选人参加面试时的录音，其中有两名候选人答对了大多数问题，表现得非常聪明，而另外两名却只答对了30%的问题。随后，有一组学生听到了"哐当"一声，紧接着听见其中一名聪明的候选人惊呼道："噢，天哪，我把咖啡全洒在我的西装上面了。"而另一组学生也听到了同样的响声，然后一名普通的候选人也说自己洒了咖啡。听罢，学生们说，在那名聪明的候选人遇到难堪之后，他们似乎更喜欢他了。但对于普通的候选人却恰恰相反，那些学生说，在看到他陷入窘境之后，就更不喜欢他了。

这种倾向被称为"出丑效应"，指一个人犯了错误之后的吸引力是增加还是减少，取决于他总体表现出来的能力。纽约莱曼学院的莉莎·罗什（Lisa Rosh）教授有一项研究表明：如果一名女士在介绍自己的时候，没有提及自己的资质和教育背景，而是一开始就说昨晚为照顾自己生病的孩子彻夜未眠，那么她需要花费几个月的时间来重建自己的可信度。相反，同样一名女士，一开始就以诺贝尔奖获得者的身份亮相，再说自己整夜照顾孩子之类的话，就可以让人觉得她是一个温暖且容易亲近的人。

如果把这些数据跟里德的建议结合起来，就不难得出以下结论：一名领导有卓越的才能，又深受团队的爱戴，那么当他把自己的错误拿出来"见阳光"时，就更容易建立起信任并起到激励的作用，他的公司也会因此受益。而对于一名刚刚崭露头角或者没有取得信任的领导人来说，这项建议可能并不适用。在大声说出自己的错误之前，你得先让员工相信你的工作能力。

第五个关键点

如果你拥有了最优秀的员工，并且营造了坦诚反馈的文化氛围，那么，公开企业的秘密会增强员工的主人翁意识和责任感。你要相信自己的员工能够正确把握并处理重要信息，而你的员工也会向你表明：他们是值得信任的。

本章要点

- 要建立透明的企业文化，就要考虑一下你平时传递给员工怎样的信号。不要大门紧锁的办公室，不要充当警卫的助理，其实所有的地方都不用上锁。

- 对员工开诚布公。教会他们怎么去阅读财务报表。跟公司里的每个人分享敏感的财务和战略信息。

- 如果公司有重组或裁员之类的打算，在事情确定下来之前，提前跟员工说明情况。这可能会引起一些焦虑和不安，但是你建立起来的信任比负面影响更重要。

- 当公司透明度与员工的个人隐私相冲突时，请遵循以下原则：如果是工作中出现的状况，那么请果断选择透明，坦诚地告知所发生的事情；如果与员工私人生活相关，那么请告诉你的员工，以你的立场不便透露，如果他们关心的话，可以直接去问当事人。

- 只要你的能力已被大家认可，你就可以公开地告诉大家你所犯过的错误，并且鼓励各部门的负责人也这么做。这可以在整个机构内增加信任度，传达良好的意愿，同时激发员工的创新能力。

迈向自由与责任的企业文化

现在，你已经拥有了较高的人才密度、坦诚度和透明度，而且你已经尝试了一些提高公司自由度的举措（比如取消假期限制、取消差旅和报销制度等）。接下来，你可能会考虑将自由度提升到一个更高的水平。我们下一章的主题是"无须决策审批"。如果本章的问题你还没有解决好，那么下一章的措施是无法实施的。假如你已经完成了上述基本工作，那么接下来的内容对提高整个机构的创新能力、提高工作效率和员工满意度，将起到极大的推动作用。

▶ 取消更多的管控……

6

无须决策审批

2004年，我们的业务仍限于DVD邮寄租赁，特德·萨兰多斯负责购置DVD光碟。对于一部新上映的影片，他要决定具体购买多少，是60张还是600张？这些买来的DVD光碟随后都会寄给我们的客户。

那时，市场上新出了几部外星人题材的电影，特德觉得这几部电影肯定会火。有一天，他和我一边喝着咖啡，一边处理手头的订货单。他问我："你认为我们应该订多少呢？"

我回答道："我觉得客户不会喜欢这类电影，少订一些比较好。"然而，这几部电影却异常火爆。不到一个月，我们便出现了缺货的情况。我冲着特德大叫："你怎么不多订一些呢？"

他反驳道："不是你让我少订一点儿的吗？"

从那时起，我开始意识到这种决策金字塔可能造成的弊端。我作为公司老板，肯定会有自己的观点，也很乐意和大家分享。但对于日常事务的决策，比方说买多少张光碟，我并不是最佳人选。我告诉他："特德，你的工作不是要让我高兴，也不能因为我赞成，就做出这样的决策。你的决策应当有利于公司的发展，不能因为我的错误决定而让公司的业务受到影响！"

在大多数公司，老板都会对员工的决策进行审批。然而，这种审批方式会限制员工的创新，并阻碍公司的发展。在网飞，我们鼓励员工不要一味认同上司的决策。我们不希望员工因为上司的否定而放弃任何一个好主意。这就是我们一直强调的：

<blockquote>
工作的目的不在于取悦老板，

而在于对公司有利。
</blockquote>

有很多企业的首席执行官和高管就是因为专注细节，才成就了优质的产品或服务。乔布斯的成功要归功于他所推崇的微观管理，这种管理模式造就了品质卓越的苹果手机。那些大的广电公司及影视制片厂的负责人往往也会参与创意项目的决策。一些高管还管得非常细，甚至自称"纳米级经理"。

当然，对于大多数企业，无论是否实行了微观管理，员工都倾向于做出最容易获得上司青睐的决策。对此最合理的解释是：上司地位高，所以知道得多。如果你不想丢掉工作，也不想因违背上级命令而遭到指责，那你就乖乖地听话吧。

但是，这类自上而下的决策模式并不值得我们学习，因为我们相信：公司的员工有了自主决策权，效率才会更高，才会更具创新性。我们一直在努力培养员工独立的决策能力，公司高层也很少参与具体事务的决定，我们对此感到骄傲。

不久前，脸书公司的谢丽尔·桑德伯格抽了一天时间来了解我的工作状况。她随我参加了当天所有的会议和一对一的会面。我有时也会到硅谷其他公司去看看，通过走访增进彼此的了解，大家也可以从中取长补短。事后，我和谢丽尔进行了总结。她告诉我："我和你待了一天，却没见你做任何决定，这很有意思！"

我听了她的话感到很高兴，因为这正是我们一直在追求的。这种分散决策的模式已经成为我们企业文化的基础。也正是因为有了这样一种模式，我们才有如此迅速且极具创新性的发展。

刚开始写这本书的时候，我问里德能否抽出一些时间与我共同完成。他回答说："当然可以，只要你需要，多少时间都行。"

我很惊讶。如今的网飞公司发展非常迅速，按理说他的工作应该非常繁忙才对，怎么听起来却并非如此呢？原来，里德推崇分散决策的模式。在这种模式下，不忙的首席执行官才是真正地履行了职责。

实行分散决策模式的前提是高人才密度和高透明度。如果尚未满足这两个条件，实行这样的决策模式恐怕只会适得其反。而一旦满足了条件，你就可以考虑逐步取消管控。你不仅可以取消假期追踪这一类管控制度，还可以取消工作环节中的种种管控，从而大幅提高员工的创新能力。保罗·洛伦佐尼在加入荷兰的网飞公司之前，曾任天空广播公司驻意大利的营销专家。他通过对比新旧不同的两种工作环境，让我们看到这种模式是如何发挥作用的。

天空广播公司是《权力的游戏》（Game of Thrones）唯一的意大利供应商。我在天空广播公司任职的时候，我的上司让我为节目设计一个促销创意，我当时想出了一个很不错的方案。

如果你看过《权力的游戏》，你应该知道那堵保护国家的大冰墙。该剧很多场景都是在那里拍摄的，那里冷得要命，而这恰好给了我广告创作的灵感。

我的想法是这样的：在米兰一个温暖的傍晚，四个朋友在户外饮酒。夕阳西下，他们身着T恤，坐在外面的院子里，品着粉红色的贝利尼鸡尾酒。透过他们身后房屋的窗户，可以看到屋内的电视屏幕。一个朋友看了看手表，想起《权力的游戏》即将开始。他笑了笑说道："我们最好进去。凛冬将至（眨了眨眼）。"另外两个朋友赶紧收起他们的东西，他们也不想错过这部精彩的电视剧。但第四个朋友没有搞明白："你们这是什么意思？外面明明很暖和啊！"他的话引来其他三个人的嘲笑。显然，他没有看过天空电视，也不知道那堵冰墙。他们告诉他："你只有看了才知道！"

每个看了这个广告创意的人都表示很喜欢。但是在天空电视，所有决策都必须由首席执行官批准。而唯一不认可这个创意的，也是首席执行官。他用了大约三分半钟的时间，就把这个广告创意否决了。

为拓展海外市场，网飞将保罗招了过来，让他负责意大利市场的影视推广。他很看好颇具人气的网飞原创剧《毒枭》(*Narcos*)，认为这部电视剧一定能在意大利市场取得成功。这部剧讲述了哥伦比亚毒枭巴勃罗·埃斯科瓦尔的故事。剧中主人公巴勃罗披着一头20世纪80年代流行的卷发，脸上留着浓密的胡须，看上去很英俊。保罗表示："尽管巴勃罗做了很多坏事，但在不经意间，你还是会被他所吸引。只要是喜欢黑手党电影的意大利人，应该都会喜欢这部剧的。无数个日日夜夜，我都在公寓里彻夜不眠，制订宣传方案，想要让所有的意大利人都喜欢上这部电视剧。我完全可以尝试一下，但花费也很高，意大利市场这一块全部的预算都要投进去。"

保罗在网飞的新上司杰瑞特·韦斯特是一位住在新加坡的美国人，是公司的营销副总裁。保罗不知道杰瑞特是否会同意他的想法。他的计划能得到批准吗？

杰瑞特很快就要来阿姆斯特丹了。我已经在这个方案上投入了几周的时间，如果他否定了，那么一切都泡汤了。星期一，星期二，星期三，我日夜不停地写方案，并且不停地修改，就是为了能够打动杰瑞特。星期四中午，我通过电子邮件将最终方案发送给了他。发送前，我对着电脑默默地念叨："老天保佑，一定要让杰瑞特同意。"

会议当天,我感到异常紧张,双手在不停地颤抖,于是不得不把手插在口袋里。但会议的大部分时间里,杰瑞特一直在谈论公司招聘的问题。当时我十分焦灼,对他们讨论的东西完全听不进去。终于,我深吸了一口气,插话道:"不好意思,杰瑞特,我想确保有足够的时间讨论我提交的方案。"

然而,保罗完全没有料到杰瑞特竟然给出了这样的回答:

"方案还有什么需要讨论的吗?你已经决定好了,还有什么需要我帮助的吗?"听了他的话之后,我脑子里像电灯被点亮了似的,一下子明白了过来:在网飞,如果你分享了决策相关的信息,说明你已经做好了准备。员工做决策不需要上级的批复,一切由自己决定。

其实,人们都喜欢那些有充分自由、能够自己做主的工作。自 20 世纪 80 年代以来,越来越多的管理类文献都在探讨"如何将权力下放给员工"。这正是透过保罗的经历所体现出来的理念。员工拥有的项目决策权越大,他们就越有归属感,就越能积极地工作。指导员工一言一行的管理模式早已过时。对于采取这类管理模式的领导者,员工称之为"微观管理者",认为他们"专横""独裁"。

但在大多数企业里,无论给予员工多少自主权,让他们自己设定目标,实现自己的理念,几乎所有员工都还是会认为:老板有责任防止员工做出愚蠢的决策，减少资金和资源的浪费。如果你是企业的老板，里德说的"不要试图取悦老板"这句话，不仅会让你感到奇怪，还会让你感到恐惧。

取消管控，你准备好了吗？

设想这样一个情景：你在一家发展迅速的高科技公司担任经理，待遇、报酬都非常丰厚。你直接管理5名成员，每位成员的经验都很丰富，工作也很努力。一切似乎都非常完美……只是有一点：该公司只聘用顶尖人才，做不出成绩就要被解雇。在这样一家公司，你为了取得成功，不得不承受巨大的压力。

你不是微观管理者，你知道应该对项目进行宏观管控，而不是手把手地教员工做事。事实上，大家都很清楚，你以前都是把权力下放给员工的。

一天早上，团队成员希拉走进你的办公室，呈上她的一个新方案。她认为这个方案可以促进业务量的增长。你之前给她推荐了一个项目，但她现在不想做那个项目。你对希拉的印象很好，但在你看来，她提出的这个方案肯定是行不通的。如果你允许她耗费4个月做一个你认定会失败的项目，你又将如何面对自己的上司呢？

你费尽口舌向她解释为什么自己反对她的方案。但由于你一直都在努力将权力下放给员工，所以你最终还是把决定权交给了希拉。她对你表示感谢，并说她会认真考虑你的建议。一周后，希拉又来找你。她对你说："我知道你不赞同，但我还是要坚持我的想法，因为我认为它能够为公司带来更大的利益。你作为我的上级，如果一定要否决我的想法，请明确地告诉我。"那么，你会怎么做呢？

我们再把这个假设的情景丰富一下：几天后，另一位员工也提出一个想法，并表示打算为此投入一半的工作时间。但在你看来，这也终将会失败。几天后，第三位员工也提出类似的请求。你关心自己的事业，也关心员工的事业，因此，你很想改变他们的主意，告诉他们不应该将时间投入到这些注定会失败的方案中。

我们公司成功的秘诀，就在于员工拥有极大的自主权，能够自行决定决策的实施而无须上司的批准（但需要让上司知晓）。如果希拉向你递交一份提案，但你认为会失败，那么，你就需要提醒自己，希拉为什么要为你工作？你为什么要花市场最高价把她招进来？你可以问一问自己以下4个问题：

- 希拉是否是一名优秀的员工？
- 你是否相信她具有良好的判断力？
- 你是否认为她能给公司带来利益？
- 她是否能胜任你团队的工作？

如果你的回答通通是否定的，那么你应该开除她（下一章，我们会谈到员工表现平平就得拿遣散费走人）；如果你的答案是肯定的，那么请不要干涉，把决定权交给她就好。当老板放弃"决策审批者"这一身份时，公司业务发展会更加迅速，员工创新能力也会增强。还记得保罗吗？他耗费大量的时间，只为获得杰瑞特的批准，以便能够实施自己的新方案。如果杰瑞特否定了他的方案，保罗只有放弃，转而探索其他途径。这样的话，他之前投入的时间就全部浪费了，而且还会埋没一个好的想法，这是更大的损失。

当然，不是员工做出的所有决策都能取得成功。在没有审批的情况下，方案失败的可能性会更大。所以，在你的公司里面，如果你认定希拉的方案行不通，确实很难让她继续实施下去。

对自己认定的想法要敢于下注

几年前，我去日内瓦参会。坐在酒吧里，我无意中听到两位首席执行官在谈论创新面临的挑战。其中一位来自瑞士，他经营着一家体育用品公司。这位首席执行官说："我的一名经理曾建议在我们的商店里建一个溜冰场，以此吸引年轻客户，不然现在年轻人都选择在线购买了。我们公司需要这种新颖的思维方式，但是她提出建议后很快就放弃了，因为我们没有足够大的场地，而且成本极高，还有安全隐患。两分钟后，她便完全否定了这个想法，再也没有向老板提起过。在我们公司，每位员工都极力规避风险！所以，要有创新真的很难。"

另一位执行官来自美国，是一位时装零售商。他听完之后点头说道："我们在办公隔间里贴着标语，上面写着：ّ10分钟用于创新。'我们公司存在的问题是，所有员工都在埋头努力地工作，没有时间去思考做事的新方法。因此，我一直尝试拿出时间给员工，让他们去思考。我们打算每月搞一个ّ创新星期五'。这一天里，所有员工可以什么都不做，只需要想出好主意。我们全天都使用着谷歌，从亚马逊买东西，听着声田（Spotify）音乐，坐着优步车前往在爱彼迎预订的公寓，并整晚观看网飞上的影片。但是我们并不清楚，这些硅谷公司是如何实现创新和快速发展的。"

最后，他总结道："无论他们在网飞喝什么，他们喝的也正是我们需要的。"

我听着暗自觉得好笑。我们在网飞喝什么？诚然，我们的员工非常优秀。但他们刚进公司时，和那位提出建溜冰场的女士一样，极力规避风险。我们没有创新星期五，也没有创新标语，并且，就像那位时装零售商描述的一样，我们的员工也非常忙碌。可不同之处在于，我们的员工有决策自由。如果你的员工足够优秀，你可以把决策权下放给他们，让他们去实施那些他们相信能够带来效益的好点子。这样，创新也会随之产生。当然，对于某些产业而言，必须保证零失误。但网飞的业务并不涉及与安全相关的产业，如医疗、核能等。我们的市场就是需要创新。从长远来看，我们面临的最大危机不是犯错误，而是缺乏创新，缺乏让客户满意的娱乐创意，这将最终导致我们被市场淘汰。

如果你希望团队更富有创新性，那么，你需要教会员工自己寻求途径推动业务发展，而不是一味地讨好老板。同时，你也需要鼓励员工敢于挑战自己的上司，就像希拉一样："我知道你不同意我的想法，但是我会坚持下去，因为我认为这样能为公司带来更大的利益。你作为我的上级，如果一定要否决我的想法，请明确地告诉我。"此外，你还要告诉公司的管理者，即使不认可员工的决定，而且根据你的经验，员工的决定并不可行，也不要盲目地否决。有时，员工失败了，老板很可能想说："我告诉过你这样不行。"（但多半并不会说出来！）但也有的时候，在老板并不看好的情况下，员工最后还是取得了成功。

我们这里有一个很好的例子。卡里·佩雷斯是我们公关部的一名主管，负责提高网飞品牌在拉美地区的知名度。卡里是墨西哥人，现住在好莱坞。以下是他的一段访谈记录。

2014年底，当时的网飞在墨西哥并不知名。于是，我一心想要改变这种现状。尽管当时我们没有墨西哥原创节目，但我还是想让网飞的节目拿到墨西哥本地收视榜的冠军。

我的想法是，选取10部墨西哥大片进行投票评选。这些电影由墨西哥知名导演执导，由墨西哥本国明星主演。我们还将邀请10位墨西哥知名人士，组成明星陪审团，其中包括安娜·德拉·雷古拉（曾出演《毒枭》）和马诺罗·卡罗（明星导演，不久前刚登上《名利场》杂志的封面。封面上的马诺罗身着褶皱燕尾服，躺在两名漂亮的女演员中间）。这样做的目的是借这些名人的影响力，将我们的品牌推广给更多的观众。

明星陪审团将通过社交媒体为其喜爱的电影拉票，鼓励观众在推特、脸书以及领英上投票。票数最高的两部电影将与网飞签署为期一年的国际销售合同。最后，我们将举行一场盛大的宴会，邀请墨西哥所有的名流出席。

但我的上司杰克并不赞同这个计划。在他看来，为什么要将如此多的时间与精力投入跟网飞还沾不上边儿的电影呢？更糟糕的是，我们曾在巴西尝试过类似的方案，与当地举办的电影节合作过，但收效甚微。为此，杰克在各种会议上多次公开表示，只要他还在负责，决不让我们再搞这样的计划。

但我相信这次肯定会取得成功。我已经做好了赌一把的准备，如果失败了，我将负全部责任。我在认真听取杰克的建议之后，决定放弃与当地电影节合作，转而与当地有影响力的人以及供应商合作，避免巴西的惨剧重演。不过一旦知道老板不支持你，你做起来难免会感到有些诚惶诚恐。

现在看来，担心真是多余的。评选前后举办的新闻发布会都来了很多记者。评选开始前的几周，推特已经把这个话题炒得很热，明星评审团也在脸书和推特上推送了大量的相关信息。众多制片人、导演和演员也参与了讨论，这使网飞电影奖成为墨西哥独立电影产业的一个重要平台。

> 安娜·德拉·雷古拉　　@ADELAREGUERA 2015年3月4日
> #Premio Netflix Mexico。快快点击进入 premionetflixmx.com，投票支持墨西哥自己的电影 !!

成千上万的人参与了投票。一夜之间，几乎所有的墨西哥人都认识了网飞。我知道这都得益于颁奖晚会的成功举办。当晚，众多明星到场亮相，其中还包括墨西哥总统的女儿。此外，墨西哥著名女演员凯特·德尔·卡斯蒂洛也受邀出席晚会，乘坐的是我手下的经理租来的私人飞机。

在此后召开的团队会议上，杰克当众承认了他的错误，并表示此次计划实施得非常成功。

为了鼓励员工都能像卡里及其手下的经理那样，积极转变思维，敢于尝试，我们用了"下注"这样一个比方，让他们将自己都视为企业家，懂得没有失败就不会有成功的道理。卡里和保罗的例子反映的都是网飞员工日常工作的状态。我们希望所有的员工对自己认定的想法要敢于下注，要敢于尝试新的东西，就算上司或他人并不赞同，也应当坚持下去。如果下注没有获得回报，就要及时解决问题，并总结经验教训。从事我们这类创造性的产业和服务，迅速从失败中站起来非常重要。

下注前后需要做些什么

数十年来，企业家精神与下赌注始终有着千丝万缕的联系。1962 年，弗雷德里克·史密斯（Frederick Smith）还是耶鲁大学的一名学生。当时他撰写了一篇经济学课程的论文，初步描绘了快递次日送达的想法。按照他的构想，只要你付足够的运费，星期二在密苏里州投递包裹，星期三就能送达加州。据说，任课教授将这篇论文评为 C 级，并告诉他一个想法只有现实可行，才能获得好成绩。如果该教授是史密斯的老板，他一定不会批准员工的创意。

但史密斯确实具有企业家的头脑，当年的那篇论文为他 1971 年创立联邦快递奠定了基础；同时，他也是一名赌徒。在联邦快递成立之初，一家银行拒绝为他提供关键贷款。于是，他带着公司最后的 5 000 美元前往拉斯维加斯，在"二十一点"赌桌上赢得了 27 000 美元，支付了公司 24 000 美元的燃料费用。当然，网飞并不鼓励员工赌博，但我们想把弗雷德里克·史密斯的这种精神灌输给员工。这正如卡里所说的：

> 当我刚进入网飞的时候，杰克告诉我应该想象自己握着一堆筹码，只要我相信某个赌局能赢，就可以下注。为此，我需要努力工作并且认真思考，确保我下的赌注能带来最大的收益。同时，他也教会了我该如何下注。当然，并不是所有的赌注都能带来收益，有的赌局会赢，有的则会输。网飞对员工进行考核，就是要考察员工是否能够合理运用手中的筹码推动企业发展，不会因为某一次的失败而否定员工。杰克明确表示，公司不会因为员工某一次决策的失败而将其开除。相反，如果你不会运用筹码做出重大决策，或者一直发挥不出好的判断和决策能力，那你就可能失去工作。

杰克向卡里解释说："我们不希望上司干预员工的决策。但要做出正确的决定，必须对情况有清楚的认识，掌握多方面的反馈意见，并且知道该如何进行选择。"如果员工利用公司给予的自由，在没有听取他人建议的情况下出现重大的决策失误，那我们会认为是他的判断力有问题。

之后，杰克向卡里介绍了网飞的创新过程。卡里可以遵循这样一个模式，坚定自己下注的信心。这个四步模式非常简单，可供你的员工参考。其中，"不要试图取悦老板"最容易产生效果。

网飞创新过程

如果你有一个令自己心动的主意,你需要:

1. 收集异议或者交流想法。

2. 对重大决策进行彻底检验。

3. 知情指挥要大胆下注。

4. 庆祝成功,正视失败。

创新过程步骤一:积极询问各方意见,广泛寻求支持

推出 Qwikster 业务是网飞成立以来最大的一项决策失误。正是由于此次失误,我们意识到在决策前收集异议非常重要。

2007 年初,我们提供一部影片的费用为 10 美元,DVD 邮寄及流媒体视频费用均包含在内。但我们很清楚,流媒体视频的比重将越来越大,以后看 DVD 光碟的人会越来越少。

我们想把业务重心放到流媒体视频上,于是我萌生了一个想法,试图将这两部分业务分开。为此,我们成立了一个名为 Qwikster 的新公司,专门负责 DVD 市场业务,而网飞公司则主攻流媒体视频。我们推出这一新举措的初衷是让网飞能够专注于未来的发展,摆脱传统 DVD 邮寄业务的局限。但是,由于业务的运营主体不同,我们每笔业务都得收取 8 美元的费用。这对于那些希望同时享受两项业务的顾客来说,费用就增长到了 16 美元。

显然,这一举措引起了客户的强烈不满。在这种新模式下,客户不

仅需要支付更高的费用，还得分别在两个网站上进行订阅。在接下来的几个季度里，我们失去了数百万订阅量，公司股价下跌幅度超过75%。由于我的错误决定，我们之前所做的一切都付诸东流。这是我职业生涯的低谷，我不愿意再次经历这样的失败。我通过YouTube（油管）视频向用户道了歉，但我在视频中看上去十分紧张，《星期六夜现场》还因此把我调侃了一番。

但这种丢脸的事也为我敲响了警钟。事后，公司数十名经理和副总裁站出来表示，他们其实一直都不赞成这个想法。有人说："我知道这将是一场灾难，但我认为里德总是对的，所以我也没有再说什么了。"财务部的一位职员也深有同感："我们认为这一举措很疯狂，因为我们的客户付了10美元，却根本没有用DVD。为什么里德会做出这种让网飞蒙受损失的选择呢？但其他人似乎都没有异议，所以我们也就默认了。"另一位经理表示："我一直不喜欢Qwikster这个名字，但其他人都没意见，所以我也保持了沉默。"最后，一位副总裁对我说："一旦你相信了一件事情，你都会非常执着。我甚至觉得你根本就不会听我的。我本应该阻止你，大声告诉你我认为这个计划会失败，但很遗憾我没有这样做。"

此前的网飞文化一直向人们传达这样一个信息：尽管我们提倡坦诚，但并不希望出现意见分歧。现在看来，我们的文化必须注入新的元素。所以，我们现在说的是，如果你不同意某个想法却又不表达出来，那就是对网飞不忠。因为你保留了自己的意见，就相当于表明你不愿意帮助公司发展。

第六章　无须决策审批　▶▶　171

为什么公司其他人会眼睁睁地看着里德将公司带入险境而闭口不言呢？

一方面，这是人类的天性所致，人类总是渴望与他人保持一致。有一段很有趣的快拍视频。在视频中，三名表演者都背对着门站在电梯里。之后，另一位女士进了电梯。她起初一脸困惑，不明白这三个人为什么要背对着门，这样确实很奇怪。尽管她不理解，但她随后也转过身来。当与他人保持一致时，人们会感觉更加舒适。在很多情况下，循着这样的天性并不是件坏事，但这也可能会导致盲从，即便我们的直觉或经验告诉我们这个想法很疯狂。

另一方面，里德既是公司的创始人，又是公司的首席执行官，这也让事情更加复杂。因为我们根深蒂固的观念就是应当听从领导的指示并向他们学习。马尔科姆·格拉德威尔（Malcolm Gladwell）写过一本名为《异类》（Outliers）的书。书中提到大韩航空的工作人员由于没有告知领航员飞机存在安全问题而导致重大空难。他们之所以没有告知领航员，竟然是出于他们对权威——领航员的尊重。这种倾向是人类普遍存在的。

几个月后，危机终于平息了。在行政人员一周的退修会快要结束的时候，所有人都围坐在房间里，依次总结自己从中学到了什么。人力资源副总裁杰西卡·尼尔（现任公司首席人才官）回忆说：

里德最后一个发言，话还没有出口就已经泣不成声。他表示，把公司带入了困境，自己深感愧疚；同时，他也从中学到很多东西，并感谢我们能够与他一同坚持下来。那一刻十分感人，估计大多数公司的首席执行官都做不到。

在没有获取他人意见和建议的情况下，我无法做出最佳决策。这也是为什么我和网飞其他员工在做出重大决策之前，都会积极寻求不同的意见，我们称之为收集异议。通常，我们都尽量避免制定太多的流程，但收集异议这一基本原则非常重要，所以我们也有相应的体系，以确保在决策前能听到不同的声音。

作为一名网飞员工，如果你想要实施一个方案，可以先创建一个共享的备忘录。在备忘录中，你先阐述自己的方案，然后分享给几十位同事看一看。他们可以在文档的空白处留下意见，这些意见所有人都能看得到。你只需要大致浏览一下，就能看到很多或赞同或否定的观点。你可以读一读下面的备忘录，该备忘录讨论了安卓智能下载的问题。

一个更大胆的想法是将"我的列表"按钮与"智能下载"结合起来。鉴于"我的列表"和"智能下载"在概念上都是保存内容以备日后查看，能否考虑在添加到"我的列表"后就直接触发"智能下载"？

这样的功能应该实现跨设备的应用。例如，你在智能电视上看到喜欢的内容，你可以将它添加到"我的列表"中，然后内容就会下载到手机上，你上班途中就可以观看。

我们将在未来的产品战略会议上提出这些想法。如果你也有自己的想法，请写在下面。

建议：

- 个人视频记录得分高的新内容可以自动下载第一集，我们知道会员会在手机上观看。（埃迪）
- "继续观看"的剧集设为自动下载，而不只是下载节目名称或"观看列表"。（斯蒂芬）
- 自动下载手机预览，方便观看。（斯蒂芬）
- 对自动下载但没有观看的内容创建一个新的分类。也就是说，既有"我的下载"——我手动下载并经检测的内容；也有"推荐下载"——像 PVR&CW（电视台）列出的节目。（卡蒂）
- "长途飞行"一键下载——推荐一些东西给我自己或孩子观看。我能够通过一键下载观看其中一些内容，比如一部人气电影、一些经典影视剧，或者新片的一小部分内容。（帕特）

萨兰
2018 年 4 月 2 日　Resolve

我认为我们不需要让他们主动发送广告邮件。我们只需要简单地介绍一下特性……

显示所有 7 个回复

莎伦·威廉姆森
2018 年 4 月 4 日

啊，好的——那么除了这个，好像没有其他的下载设置？谢谢。

托德·耶琳　Resolve
2018 年 4 月 3 日

或许这份拷贝更令人兴奋，它表明我们正在为会员做改进。

显示所有 3 个回复

扎克·申德尔
2018 年 4 月 5 日

要是每一集……

有时候，提出方案的员工会附上一张电子表格，要求大家对该方案从 –10 到 +10 进行评分，并附上原因。这是一个好办法，我们可以借此搞清楚反对的程度有多高，我们该如何进行辩驳。

在一次大型管理层会议开始之前，我给大家分发了一份表格，其中概述了网飞订阅价格上涨一美元的建议以及新的阶梯计价方案。许多经理对方案进行了评分并发表了意见。以下是表格的部分内容：

人名	评分	意见
亚历克斯	–4	同时做出两项改变不大合适
黛安娜	8	时机很恰当，因为市场上尚未大规模推出这样的方案
贾迈勒	–1	阶梯定价是正确的，但我认为，本年度设定这样一个金额不太合适

电子表格能非常方便地收集支持和反对意见。如果你的团队成员都十分优秀，那这种方式的价值会非常大。当然，这并不是投票或民主选举，你也不用把所有的数字加起来求平均值，但你确实可以从中了解其他人的看法。每次需要做出重要决策之前，我都会用这种电子表格来收集坦诚的反馈意见。

你越积极地收集异议，越倡导公开表达异议，你的公司做出的决策就越好。这一点适用于所有公司，无论是什么行业，有多大的规模。

对于不是特别重要的方案，你无须四处奔波收集异议，但最好让公司其他同事知道你在做什么，掂量一下该方案的可行性。让我们再次回到员工希拉这里。她提出了一个方案，但你并不支持。在你向她解释了之后，可以建议她与公司其他同事和领导也交流一下。这意味着她需要多次召开会议，概述自己的方案并让大家展开讨论。这样，她在正式做出决定之前，就能够对自己的想法进行压力测试并收集到大量的意见和数据点。交流也是收集异议的一种方式，但这种方式重在收集，而非异议本身。

2016年，我有一段交流意见的亲身经历。从那以后，我改变了对某些事情的看法。

在那之前，我一直认为少儿类电视节目和电影不能够为公司带来新客户，甚至无法留住我们已有的客户。谁会为了儿童节目注册网飞呢？我相信成年人选择网飞，是因为喜欢我们的节目；他们的孩子则只能看我们买过来的少儿节目。因此，我们最初制作原创节目时，仅针对成年人这一群体。对于儿童，我们只需要继续与迪士尼和尼克国际儿童频道合作，购买节目版权就可以了。所以在计划初期，我们并没有打算像迪士尼那样投入大量资金。但公司负责少儿节目的团队就不同意了，他们争辩道："孩子是下一代的网飞客户，我们希望他们能像他们的父母那样爱网飞。"所以，他们希望网飞也能制作原创的少儿类节目。

我虽然并不赞同，但无论如何，我还是需要和其他人交流一下。在接下来的季度业务回顾会议上，我们把公司的400名中高层负责人分组，每组六七个人，分别围坐在60张桌子旁。他们都拿到了一张小卡片，上面提出这样一个问题：我们在少儿节目上的投入应该多一些，少一些，还是不投入？

结果，有很多员工都支持加大对少儿类节目的投入。一位导演，同时也是一位母亲走上台来，热情洋溢地说道："来这里工作之前，我专门订阅了网飞，这样我的女儿就可以观看《探险家朵拉》(*Dora the*

Explorer）了。我非常关心孩子们看什么，远胜过关心自己想看的节目。"一位父亲也上台来说道："在来到网飞之前，我只订阅网飞，因为网飞上针对儿童的节目值得我信赖。"他解释道："家里除了我儿子，我和我的妻子都不看电视。网飞提供的节目，没有像有线电视那样的广告，也不会像浏览 YouTube 那样，一不小心就可能跌进深不见底又充满迷幻的兔子洞。要是孩子不喜欢，我们也不会再订阅网飞的节目了。"我们的员工一个接一个地走上讲台，一次次地告诉我，我错了。他们认为少儿类节目对我们的客户群至关重要。

接下来的 6 个月，我们从梦工厂招聘了新的儿童和家庭节目副总裁，着手制作自己的动画节目。两年后，我们的儿童客户数量增长了三倍。2018 年，我们的原创少儿类节目荣获三项艾美奖提名，其中包括《亚莉克莎与凯蒂》（*Alexa and Katie*）、《欢乐再满屋》（*Fuller House*），以及《雷蒙·斯尼奇的不幸历险》（*A Series of Unfortunate Events*）。迄今为止，我们的原创少儿节目已经获得了十几项"日间艾美奖"，其中包括《天才眼镜狗》（*The Mr. Peabody and Sherman Show*）以及《阿卡迪亚故事：巨怪猎人》（*Trollhunters: Tales of Arcadia*）。

如果没有和大家进行交流，我们也不可能取得这么多的成就。

创新过程步骤二：对重大决策进行彻底检验

大多数成功的公司都会进行很多调查论证，从而了解客户是如何进行选择的，以及为什么会做出这样的选择，这些调查结果通常会影响公司今后的战略决策。网飞与这些公司最大的区别在于，即使负责人完全反对，调查论证也会继续进行。其中一个例子就是网飞的下载服务。

2015年，如果你在乘坐飞机的途中想观看喜欢的网飞节目，很遗憾，这无法做到。当时网飞还未提供下载服务，客户无法将喜欢的节目下载到手机或其他设备上。网飞采用的是互联网流媒体。也就是说，在没有网络的情况下，你无法观看网飞的节目，而亚马逊 Prime 则为客户提供了下载服务，YouTube 在某些国家也开放了视频下载功能。因此，是否提供下载服务，便成了网飞一个有争议的话题。

当时的首席产品官尼尔·亨特极力反对为客户提供下载服务。他认为这个项目会耗费大量的时间和精力，并且会影响公司改进流媒体质量（旨在实现较差网络环境下的高效传输）。而且，在不久的将来，互联网发展将更为迅速，普及程度也更高，下载功能的实用程度还会继续下降。英国媒体引用尼尔的话解释说，下载令你的生活更加复杂："你得首先记得下载；下载需要时间；你还得选择合适的存储方式并进行管理。而且，我不确定人们是否真的愿意这样做，是否值得我们把事情搞得那么复杂。"

尼尔并不是唯一反对提供下载服务的人。在员工大会上，里德也常常被问及为什么不为客户提供下载服务。公司2015年有一份文档，以下内容是里德针对文档中一些问题的回答。

员工提问：既然其他公司都为客户提供下载服务，那么你认为如果网飞不提供此项服务，是否会对品牌造成负面影响呢？

里德回答：不会的。我们很快将率先推出航空免费无线流媒体，支持观看所有网飞节目。我们致力于发展流媒体，并且随着网络覆盖范围的扩大（包括飞机等场所），客户对于下载服务的需求也会逐渐降低。那些支持下载的竞争对手可能会在这里面耗上几年。就这一点来看，我们网飞更具品质感。

员工提问：文档中有人提到，不提供下载服务是考虑到内容成本的问题。我们可否提供顶级节目和电影的下载，并且仅为顶级客户开放呢？

里德回答：在我们看来，流媒体在未来将实现全面覆盖，包括在飞机上。对于1%的下载使用率而言，将用户的体验搞得那么复杂就没有必要了。因此，我们不准备走这样的途径。我们认为需要增强实用性，避免复杂性。

尼尔与里德作为公司的高层领导，在公开场合和私底下都反对提供下载服务，所以，在大多数场合，大家也就不再讨论这个问题了。但时任公司产品副总裁的托德·耶林（尼尔的下属）却对此表示怀疑。他与高级用户体验研究员扎克·申德尔打算进行一番调查，以验证尼尔和里德的主张是否正确。扎克对此有这样一段回忆：

我当时确实也想过："既然尼尔和里德都表示反对，那我还有必要再执着于这个问题吗？"照我以前的工作经验，这样做似乎不太好。但是，网飞有很多事迹讲的都是基层员工不顾领导反对，坚持自己的想法，最终取得了惊人的成就。考虑到这一点，我也决定要研究一番。

YouTube 在美国并不提供下载服务，但在印度和东南亚等地区会提供。这一点很值得关注，因为网飞正准备于 2016 年 1 月进行大规模的国际扩张，而这些国家和地区对我们很重要。于是，我们决定先在印度和德国进行调查，了解有多少客户会使用下载功能。在印度，我们走访 YouTube 的用户；在德国，我们询问了 Watchever（德国本土的影视平台）的用户；在美国，我们对亚马逊 Prime 的用户进行了调查（因为亚马逊 Prime 提供下载服务）。

结果显示：美国 15%~20% 的亚马逊 Prime 用户会使用下载服务。尽管比例确实不大，但比里德预计的 1% 还是高出了不少。

而在印度，超过 70% 的 YouTube 用户会使用下载功能。这个数字非常庞大！常见的回答包括："我每天拼车上班，通勤时间有 90 分钟。在海得拉巴，手机流媒体传输速度很慢，所以我会事先把要看的节目下载下来。"还有一种解释，不过在美国倒没有听说过，就是有人说："我办公室的网络速度很快，能够支持流媒体播放，但在家里不行。因此，我会在办公室下载好所有节目，晚上回家观看。"

德国人不存在交通问题，也没有印度人那样的通勤距离，但是互联网也不如美国普及和稳定。一个德国人提到："当我在厨房观看节目时，每隔几分钟就会出现卡顿。由于客厅的网络速度更快，我会在客厅里下载好视频，这样就能边做饭边看节目。"德国的节目下载人数介于美国和印度之间。

扎克将调查结果反馈给他的上司阿德里安·拉努塞，阿德里安又继续反馈给托德·耶林，托德·耶林再向尼尔·亨特报告。最后，里德得知了这个结果。他表示，他和尼尔错了。为了进行国际扩张，网飞应该提供下载功能。

扎克总结道："我很清楚，作为研究员，我在公司没有太大的发言权。但是，我驳倒了领导多次在公开场合阐明的观点，为公司将来的发展增添了动力。这就是网飞。"

现在，网飞已经开始为用户提供下载服务了。

创新过程步骤三：知情指挥要大胆下注

收集异议，交流思想，调查论证——这些步骤听上去很像是为了建立共识，但事实并非如此。共识最终要落实到决策上。在网飞，员工之间可以相互交流，但决策无须取得他人同意。这四个步骤的创新过程离不开个人的决策。

每一项重要决策都会有一位"知情指挥"，该负责人拥有完全的决策自由。在艾琳先前所设想的情景中，希拉是知情指挥，她的项目不需要上司或同事来决定。她需要收集意见然后自行抉择。当然，她也需要对最终的结果负全部责任。

2004 年，首席营销官莱斯莉·基尔戈引入了一套新的做法，强调知情指挥对决策全权负责。在大多数公司里，重要合同均由公司最高管理者签署。但在莱斯莉的鼓励下，她的员工卡米尔作为知情指挥，开始独立签署所有媒体协议。有一天，公司的法律总顾问找到莱斯莉问道："你没有与迪士尼签这份大合同呀！为什么上面签的是卡米尔的名

字呢?"莱斯莉回答道:

> 签署合同的人应当是合同的履行者,而不是职能部门的负责人或副总裁。否则,责任与负责人就分离了。当然,我也会查看这些合同。卡米尔为自己的成就感到自豪,这是她的功劳,不是我的。她为此费心费力,我也想让她继续这样做下去。我不能在合同上签署我的名字,这样是在剥夺她的权力。

莱斯莉是对的,今天的网飞仍然沿袭着她倡导的做法。在网飞,不是什么东西都要拿给老板签字。知情指挥应当承担项目所有的责任,包括独立签署合同文件。

在你读到网飞"自由与责任"的文化时,很容易迷失在自由的美好中而忽略了责任。作为知情指挥,独立签署合同就是承担责任的一种表现。里德并不想给员工造成担心和恐惧,而网飞之所以能够营造出自由与责任的文化氛围,是因为员工在享受自由的同时,也能够感受到身上所肩负的责任,因此会更加努力地工作。

很多人都向我讲述签署合同时承受的压力,奥马尔森·科斯塔便是其中之一,他是网飞驻巴西分公司的第一批员工。那时,他刚到公司不久,担任公司的业务发展主管。

> 收到公司法律部的邮件时,我加入网飞才几周的时间。邮件

是这样写的:"奥马尔森,你有权代表网飞在巴西签订各类合同协议。"

刚看到邮件的时候,我以为他们在邮件中遗漏了什么内容。于是,我立刻回复道:"合同金额在多大的范围内呢?如果超出限定金额,我应该向哪位领导请示呢?"

我得到的回复是:"一切由你决定。"

我感到很疑惑。他们是说我有权签署价值数百万美元的协议吗?他们为什么会给予一名拉美员工如此大的权力呢?更何况这名员工才刚刚入职几周的时间!

我很惊讶,但同时也颇有些诚惶诚恐!他们信任我,所以我必须得有敏锐的判断才行,并且需要对我的决策进行透彻的研究。我将为我的上司,我上司的上司,我上司的上司的上司,为整个网飞做决定,且不需要经过他人的批准。在我心里,责任与担忧交织在一起,这种感觉是从未有过的!同时,这也促使我更加努力地工作,确保我签署的每一份合同都能为公司带来收益。

在网飞员工的心里,时常会涌起一股强烈的责任感。国际原创主管迭戈·阿瓦洛斯 2014 年离开雅虎,进入网飞位于比佛利山的办公室工作。这里的文化给了他一种前所未有的冲击。

我刚进入网飞,我的经理便要我以 300 万美元的价格完成一部电影的收购。在雅虎,哪怕是 5 万美元,也需要得到公司首席财务官或法律总顾问的签字批准。尽管我也算雅虎的一名主管,但无权签署任何协议。

在我完成了所有的谈判之后，我的上司告诉我："你自己把合同签了吧。"我听了很是焦虑。这真是令人难以置信，如果出错了怎么办？如果我因此失业了怎么办？公司信任我，认为我很出色，可我总感觉自己脖子上似乎套着绞索，一不小心就可能把自己勒死。一想到这，我的心都要蹦出来了，于是只好到办公室外面走一走。

后来，法律部门完成合同审阅后，将它交给我签字。当看到我的名字出现在签名栏的时候，我的手心里全是汗水。我掏出钢笔，拿笔的手不停地颤抖着。我竟被赋予了如此重大的责任，真是难以想象。

但与此同时，我又觉得自己得到了解放。我离开雅虎的原因之一，就是感觉什么事都不能自己做主。就算我有了一个想法，准备着手实施，但经过一帮人的批准之后，它已经完全变样了。这样的一个计划即便失败了，我也会想："没关系，还有30个人也赞同这个主意！这不是我的错！"

6个月后，我终于适应了网飞的文化。我认识到：最重要的并不是追求完美，最重要的是决策果断并不断学习。在网飞，我可以对自己的决定负责，我的整个职业生涯都发生了改变。最近，我刚签署了一项价值一亿美元的多层次交易。我现在已经完全适应，再也不会感到恐惧了。

通常，对于有能力的人来说，做知情指挥意味着享有极大的自由。

为了获得这样的自由，很多优秀的人才加入了网飞。有些员工，比如迭戈，刚开始的时候也会觉得自由带给他们的更多是恐惧而不是舒适。如果有这样的想法，他们应该学会调整，否则只有选择离开。

创新过程步骤四：庆祝成功，正视失败

如果希拉的方案成功了，作为她的上司，你应该把高兴表现出来。你可以拍拍她的后背，也可以为她倒一杯香槟，或带领整个团队出去吃一顿。你还可以有很多种庆祝的方式，但你必须做的一件事就是公开表示你很开心，因为在你否定了希拉的方案之后，她还能坚持自己的想法。另外，你还要明确向她承认："你是对的！我错了。"借此告诉其他员工可以反驳上司的意见。

如果希拉的方案失败了，你作为她的上司，给予正确的回应显得更加重要。失败后，每个人都会关注作为上级的你会做出何种反应，可能会对希拉施以惩罚、责骂，甚至羞辱。公元前800年，经商失败的希腊商人会被强迫头顶篮子坐在集市上。在17世纪的法国，破产的企业主会在市镇广场上遭到谴责。如果不想入狱，他们每次出门都得戴一顶绿帽子。

在现代企业里，员工都更为谨慎地对待失败。你作为老板，可能会站在希拉身旁注视着她，微微地叹口气，然后小声地说："好吧，我就知道会出现这样的状况。"你也可能会将手搭在她的肩头，温和地对她说："下次还得听听我的建议。"你可能还会给她梳理一下公司当前有待完成的任务，告诉她将时间浪费在这样的项目上实在可惜。（其实，在希拉眼里，头顶上的篮子或绿帽子已经格外引人注目了。）

无论你采用以上哪一种方式，有一件事是可以肯定的。那就是，你所说的话，团队里每一位成员都会知道。于是，"不要试图取悦老板"也就成了一个笑话。他们会认为，此前倡导的筹码呀，下注呀，全都是假话；他们还会觉得，在老板眼里，员工最重要的还是要避免错误，而不是创新。

为此，我们的建议是，对于决策的失败，负责人可以从以下三个方面给予回应：

- 询问员工从中获得哪些经验教训。
- 不要小题大做。
- 告诉员工要正视失败。

1. 询问员工从中获得哪些经验教训

通常，失败是成功的必经之路。我在每年的产品会议上，都会有一两次要求所有经理填写一份简单的表格，概述一下过去几年内所做的决策。这些决策分为三类：进展顺利的、失败的和结果尚不清楚的。然后，我们分成若干个小组，对每一类决策所涉及的项目展开讨论，并且就学到的东西进行交流。我们想通过这种方式告诉每个人，尽管在决策实施的过程中，有些投资与回报不成正比，但我们还是应该大胆实施设想。通过这样的交流，经理们都认识到：决策不是个人成功或失败的问题，而是一个学习过程；员工通过不断地学习，就能推动业务向前发展。同时，这样的交流还可以帮助新员工，让他们敢于公开承认自己的失败，就像网飞的其他员工一样。

2. 不要小题大做

如果你一直抓着员工的失误不放，这无疑是断送了未来的冒险之路。这样一来，尽管员工知道你倡导分散决策，但不会再按照你所倡导的那样去做。克里斯·杰夫于2010年被聘为产品创新主管。他清楚地记得，曾经因为自己的一次失误，浪费了团队成百上千个小时的辛勤努力和大量资源，但里德并没有因此而小题大做。

2010年，用户可以在电脑上观看电视节目，但由于当时智能电视尚未普及，如果想在电视上观看网飞的节目，需要借助PlayStation或Wii这类游戏设备。

我希望人们把陈旧的Wii设备找出来，将网飞的节目传输至电视上观看。这将是互联网进入客厅的一种全新体验。由于网飞在Wii上的界面太简单，我决定让设计师和工程师将界面改进一下。在我的督促下，团队耗费数千小时，开发了更丰富的用户界面。我相信，这对用户会有很大的吸引力。经过一年多的努力，该项目终于完成了。我们将它命名为"探索者"。

项目完成后，我们面向20万网飞用户进行了测试，但反馈的结果令我们很失望，界面的更新反而减少了使用Wii界面的用户数量！我们开始以为是系统的漏洞，于是我们对系统进行了全方位的检查。完成后，又重新开放测试。结果还是一样，用户倾向于使用最初的版本。

我当时进入网飞工作的时间还不长。在此之前，我的创新曾取得过成功，但现在却遭遇了如此巨大的失败。后来，我们召开了一次主题为"消费者科学"的季度会议。会议上，产品经理们纷纷上台汇报他们的创新项目。哪些产品获得了成功？哪些没有成功？从中学到了什么？我所有的同事和经理，还有我的上司托德·耶林，以及托德的上司尼尔·亨特和里德都出席了本次会议。

我不知道会上将出现什么样的情况。里德会因为我浪费数千小时和数十万美元而责骂我吗？尼尔是不是不敢吱声了？托德会不会后悔雇了我这样一个人？

在网飞，我们始终谈论要正视失败，这意味着我们遭遇了失败，就应该公开地讲出来。我也曾目睹领导们在公开场合提及他们犯下的错误，没有丝毫的遮掩。于是，我决定把自己失败的经历讲出来，不是随便说一说，而是要全面曝光。

我登上讲台。会议室里光线很暗，我放出了第一张幻灯片，上面用红色的大字写道：

探索者：我遭遇的一次重大失败。

在发言中，我对这个项目进行了详细的介绍，并坦言这是我一个人的责任。里德问了我一些问题，然后一起探讨失败的缘由。他随后问我从中明白了什么。我回答说："我们知道了复杂性会降低消费者的使用率。"这也是整个公司从"探索者"项目中获得的教训。

"好吧，这很有意思。我们都要记住这个教训。"里德总结道，

"这个项目就到此为止吧。你们接下来有什么计划吗?"

18个月后,克里斯因业绩突出,被提拔为产品创新副总裁。

要激发员工的创新意识,里德回应的方式确实值得我们借鉴。当员工决策失败时,经理表达关注一定要谨慎,不要加以谴责。出席那次会议的人都记住了两点:第一,如果你决策失败了,里德会问你从中学到了什么;第二,如果你做出某项重要的决策但最后失败了,没人会嘲笑你,你也不会因为这一次的失败而丢掉工作。

3. 告诉员工学会正视失败

但重要的是,你在失败之后,应当公开地把自己的失败讲出来。如果你是老板,应该明确表态,希望员工能在公开场合讲述自己失败的经历。克里斯没有无视失败,没有指责其他员工,也没有推脱责任。他选择了正视失败,展现出了极大的勇气和领导风范。

这样,他不仅帮助了自己,而且帮助了整个网飞。由于你的员工经常听说他人的失败,那么他们自然也有勇气进行尝试(当然也可能失败)。可以说,企业没有这样的氛围,就不可能形成具有创新精神的文化。

在网飞,我们努力让员工正视每一次失败。我们鼓励员工撰写公开的备忘录,让他们坦诚地解释发生了什么,再讲一下自己从中得到了什么教训。这里还有一个例子,也是克里斯写在备忘录中的,不过是几年以后的事了。2016年,克里斯因"纪念品"项目的失败而写了这份备忘录。这份文件在网飞广为流传，教会了员工如何用文字的方式正视自己的失败（收入本书时有删减）。

"纪念品"项目管理团队

大约 18 个月前，我带着一份备忘录参加了产品战略会议。会上我提出了一个想法：在我们的第二屏幕播放体验中加入标题级的元数据，如演员介绍等相关信息。

经过激烈的辩论，我还是决定继续推进这个项目，计划在安卓手机中添加"纪念品"项目的体验程序。这个项目花了一年多的时间。去年 9 月，我们发布了一个版本进行小规模测试。

今年 2 月，我觉得不应该再继续进行下去，于是便终止了这个项目。

值得一提的是，"纪念品"这一项目以及后来的投资都是我一个人决定的。所以，最后的结果和由此产生的费用应该由我负全部责任。投资了一年多，最终决定不搞了，这的确浪费了时间和资源，对我也是一个教训。对此，我有以下几点认识：

- 搞这个项目的机会成本高，导致我们在移动设备上的创新放缓。这是我在领导力和专注力方面的一大失误。
- 对喜欢第二屏幕的群体缺乏认识，高估了这一群体的数量。
- 我应该更深入地考虑最初在战略会议上提出的建议，将 Darwin 作为试验平台。这也提醒我要勇于挑战自己的先入之见。
- 当我在会后决定上马这个项目的时候，我应该带一份备忘录回来，和大家讨论一下冲破阻力搞这个项目有没有意义。这与我们对待产品创新的方式不一致，也不是我们公司做事的方式。
- 项目进行过程中，我就应该意识到它的价值正在下降，在几个月前就应该终止这一项目。9月份的崩溃率就是一个终止项目的明确信号。看起来好像快要成功了，但这是一个错觉。我们经常会有这样的错觉。

如果你能坦然面对失败，所有人都能受益。你之所以会成功，是因为周围的人相信你告诉了他们实情，知道你会对自己的行为负责。团队之所以会成功，是因为每位成员能够从失败中吸取教训。公司之所以成功，是因为每位员工都能清楚地认识到，失败是创新的必经之路。我们不应该惧怕失败，而应该更加坦然地去面对。

在网飞，我们与其将下注失败看作一件隐秘的事情，还不如把它看成是一个错误。当克里斯谈论曾经的失败时，无论是"探索者"还是"纪念品"，他都不会觉得尴尬。这也正是网飞所倡导的大胆思考，敢于决策。在这种情况下，你会觉得让你站在讲台上，或通过文字把自己的失败讲出来也不是什么困难的事。你会大胆地说："看吧，我下了这样一个赌注，可结果并不如意。"

但有些错误确实会令人感到很尴尬，尤其是因为你的判断出现重大失误，或者因为疏忽大意造成的严重错误。

如果出现这种令你感到尴尬的严重失误，你难免会想到逃避责任，这样的想法在网飞也是不可接受的。面对这样的错误，你就必须更加地坦诚。只要不是经常犯同样的错误，你把它说出来，是能够获得谅解的。但是，如果你始终只字不提，然后继续犯同样的错误（你越是否认，就越容易犯同样的错误），那最终将导致更加严重的后果。

亚塞明·多尔曼是土耳其的一位社交媒体专家，现居住在阿姆斯特丹。她在推广网飞热播剧《黑镜》（Black Mirror）第四季的时候曾犯下一个严重的错误。在谈到这个错误时，她表示深有感触。

在《黑镜》这部剧中，有一个名叫沃尔多的角色，这是一只蓝色的卡通熊。该剧的第四季预计在2017年12月29日上线，所以，我们制订了一个假期推广计划。

我们的计划是，通过土耳其国内类似红迪网（Reddit）这样的平台，以"沃尔多"的身份向数百位用户发送神秘的宣传信息："我们知道你在做什么。注意看我们将会做什么。"字里行间透露出神秘，但又十分吸引眼球。我们希望读到这条消息的人能向他们的朋友传递这样一个信息："沃尔多回来了吗？""《黑镜》第四季要上映了吗？"我期待我们这次推广能引起巨大的反响。

然而，我犯了一个严重的错误：没有把这个想法拿出来征询其他同事的意见。当时我正准备休一周的假，我既没有告知在其他国家进行推广的同事，也没有向公司的公关团队征求意见。我把一切安排完毕之后，就立刻同我父亲前往希腊度假去了。

我记得是12月29日，当时我和父亲正在参观雅典博物馆，导游在一旁为我们讲解。突然，我的手机铃声疯狂响了起来。我从电话中得知，世界各地的同事都在抓狂，原因正是在土耳其发出的

"我是沃尔多"的信息,以及由此引发的媒体风暴。有一个同事问道:"这是我们的吗?"我手忙脚乱地在手机上搜索了一番,发现土耳其媒体简直快要疯掉了。

科技博客"瘾科技"(Engadget)讲述了当时发生的情况:

> 这是一种让人不安、扰乱人心的互联网促销活动。网飞通过土耳其当地的"酸词典"网(Eksi Sözlük)向其用户推送信息,为即将上映的《黑镜》第四季做宣传。他们模仿《黑镜》第二季中的"沃尔多的时刻"(The Waldo Moment),以"沃尔多"的身份发出了神秘推广信息。可由于消息出现在深夜,读到这条消息的人都以为收到了恐吓信息:"我们知道你在做什么。注意看我们将会做什么。"

这条消息引发的混乱甚至引起了英国主流媒体的关注。有报道称,《黑镜》第四季毛骨悚然的营销惹众怒。《英国每日快报》也登出头条新闻,称"此计行不通"。亚塞明对当时的痛苦经历有这样一段回忆:

> 我当时心如死灰,感觉胃里翻江倒海般的难受。这个错误是我一手导致的,我独自策划了这个活动,也没有与其他人沟通。我的同事很生气,上司也很困惑。
>
> 当时我还在博物馆里面。由于不停地回复手机消息,导游一直

瞪着我。于是，父亲把我拉到一边。当我向他解释这一切的时候，我都急哭了。他喘着粗气问我："你觉得公司会解雇你吗？"他这么一问又把我逗笑了。我回答说："不会的，爸爸！公司不会因为这种事情解雇我们的。公司解雇的是那些不敢冒险、不敢大胆采取行动的人，还有那些不愿在公开场合谈论失败的员工。"

当然，再有这种媒体推广活动，我再也不敢不事先沟通了。否则，我就真的会被解雇了。

我利用假期剩余的时间，向所有人讲述了我犯的错误，以及我从中吸取的教训。我写了很多备忘录，打了很多电话。我的整个假期都在曝光，但不是在希腊海滩的阳光下。

亚塞明在网飞表现十分出色。在沃尔多事件发生五个月后，她被任命为高级营销经理，需要负责的事情更多，比之前至少多了1.5倍。18个月后，公司又提拔她为营销总监。

更重要的是，不仅是亚塞明，网飞整个营销团队都从中吸取了教训。亚塞明解释说："当招聘新的市场营销人员时，我们会向他们讲述此前发生的案例，让他们知道哪些事情不能做。土耳其的《黑镜》事件就是我们常用的教学案例，每个人都会讲到这一案例。它证明了沟通交流的重要性，以及缺少沟通交流可能造成的后果。这也告诉所有营销人员：网飞的目标是为客户带来欢乐，不能搞带有恐怖气氛的宣传活动，也不能用惊吓的手段吸引客户收看我们的节目；相反，一场好的宣传活动应该让客户感到兴奋，感到快乐，让他们感到很有趣。"

第六个关键点

如果你的团队具有足够高的人才密度和组织透明度,那么决策过程就能够更加迅速,且更具创新性。员工可以充分发挥想象,调查论证,最后实施计划,即使遭到上级的反对也不会影响计划的进行。

本章要点

- 在追求高效和创新的公司里,重大问题的决策权应当分散在各个不同层次,而不是按等级进行分配。
- 要让这种决策模式正常运作,领导应该让员工明白这样一个原则:"工作不是为了取悦你的上司。"
- 新员工加入公司时,告诉他们每个人都有一把下注的筹码。有些下注会成功,有些则会失败。公司看重的是员工下注的总体结果,而不是单独某一次下注。
- 为帮助员工做出正确的决策,应鼓励他们收集异议,交流意见,对重大的决策还要进行充分的调查论证。
- 鼓励员工即使遭遇失败,也要敢于把失败讲出来。

迈向自由与责任的企业文化

现在,你的公司正受益于自由与责任的企业文化。企业发展更加迅速,有越来越多的创新;同时,你的员工也感到更加愉快。但随着机构的不断发展,你也许会发现:要巩固精心打造起来的企业文化成为一道新的难题。

这也正是网飞曾遇到的问题。从2002—2008年,我们在前六章讲述的大多数方面都在网飞扎下了根。但是,当每周都有数十名新员工加入我们的团队时,我们很难转变他们的观念,很难让他们以网飞的工作方式从事新的工作。

为此,我们为公司所有的经理引入了一套新的办法,以确保在不断变化发展的情况下,依然保持很高的人才密度、坦诚度和自由度。这些办法将在本书第三部分进行探讨。

第三部分

巩固自由与责任的
企业文化

第三部分重点介绍团队或组织机构管理的实战技巧，同时也是对前两部分内容的强化和补充。第七章中将介绍员工留任测试，这是网飞用来鼓励管理人员保持高人才密度的主要方法。第八章是对两种反馈模式的探讨，这两种反馈模式鼓励上下级之间和同事之间进行持续、充分的反馈。在第九章中，我们将介绍两种不同的管理模式，以便你能做出适当的调整，让你的员工拥有更大的决策自由。

实现最高人才密度……

7
员工留任测试

在2018年圣诞节迈向新年之际，网飞有许多事情值得庆祝。在过去的6个星期，公司取得了许多前所未有的成就，我感到非常兴奋，特地给特德·萨兰多斯打电话表示祝贺。

11月，特德的团队发行了由阿方索·卡隆自编自导的电影《罗马》。这部影片讲述了一个墨西哥中产家庭里一名住家女佣的故事，被《纽约时报》称为"杰作"，还被誉为网飞有史以来最佳原创作品；同时，该片也斩获奥斯卡最佳导演和最佳外语片两项大奖。

仅仅几周之后，特德团队又发行了惊悚片《蒙上你的眼》(Bird

Box），由桑德拉·布洛克主演。影片讲述女主人公为了生存下去，带着两个孩子渡过危机四伏的河流，蒙着双眼踏上危险旅程的故事。这部影片于12月13日上映，短短7天，浏览量就超过了4 500万，取得了网飞原创电影首映周的最好成绩。

"你们在过去的6个星期干得太棒了！"我对特德说道。他也十分认同："是的，我们都做出了正确的选择！"他料到我肯定会一头雾水，于是他继续解释道："是这样的，你选择了我，我选择了斯科特·斯塔博担任制片人，而他又把杰克和特里尔拉进了他的团队，他们俩选择了《罗马》和《蒙上你的眼》这两部电影。不得不说，我们都做出了最好的选择！"

特德说得很对。我们公司实行分散决策的机制，也就是说，决策者寻找最佳人选，而被选择的人又继续寻找他们认可的最佳人选，依此类推，企业就得以良好地运转。特德将这种模式称作"层级选择"，这就是建立在高人才密度基础之上的生产力。

选择的第一步就是招聘员工。在理想的情况下，一家公司会对一众求职者进行考核，然后择优录取，那些经受住考验的员工便会得到这份工作，然后一步步地向上发展。然而，事实却并没有那么简单。尽管你选人时非常谨慎，但还是不可避免地会出现一些问题。造成这些问题的原因多种多样：有可能是你选错了人，有可能是员工的实力不足，也有可能是公司改革的需要。无论如何，要想达到最高的人才密度，你必须全力以赴应对所有挑战。怎样才能切实提高人才密度呢？你必须养成这样一个习惯——如果有把握招到一名更优秀的员工，那就果断地辞掉当前的员工。当然，要做到这一点很困难，因为在职的员工也很优秀。但是，你必须这样做。

你可能并不赞同这一做法，因为老板总是告诉员工"我们是一家人"，但是高人才密度的工作环境需要的不是一家人。

家庭讲究"团聚"而不是"绩效"

在过去的数百年里，几乎所有公司都是家族企业，所以直到今天，公司的首席执行官也常常把公司比作一个大家庭。家庭代表着归属、舒适和互相扶助的长久承诺，谁不希望自己的员工对公司爱得深沉又高度忠诚呢？

沃尔玛公司鼓励员工将自己视为"沃尔玛大家庭"的一分子。在顾客接待培训中，公司要求员工像招待来家里做客的客人一样欢迎每位顾客。网飞工程部的前副总裁丹尼尔·雅各布森在加盟网飞之前，曾在美国国家公共广播电台（NPR）华盛顿总部工作了10年，对于该公司"家庭文化"的优势，他是这样介绍的：

1999年底，我通过网上招聘进入国家公共广播电台，成了电台的软件工程师。刚上班那段时间，整个人非常激动，感觉公司每个人都怀着对新闻报道的热爱和奉献精神。因为人们都秉持着相同的信念，所以他们不仅把公司当作一个工作场所，还将其视为一个温馨的大家庭。这一点确实很有吸引力，我在公司也结交了不少好朋友。

这里的员工都深受这种家庭文化氛围的感染，许多人还在电台寻觅伴侣组建起真正的家庭。作为电台创始人之一的苏珊·斯坦伯格（Susan Stamberg）甚至为因电台而结缘的员工制作了一份"姻缘录"。国家公共广播电台并不大，但上了这份"姻缘录"的员工还真不少。

丹尼尔还记得他的同事曾经说过："如果你在电台待满三年，你就可以终生留在这里。"在一个家庭中，我们不光有爱和忠诚，还会对其他家庭成员报以宽容。就算有的人有一些怪癖或偏执，我们也能原谅，因为我们有责任相互帮助。如果有人逃避责任，表现很糟，或者他确实能力有限，办不成事，我们也不得不想法加以弥补。我们没的选，因为我们是绑在一条绳上的，这就是家庭。接下来，丹尼尔让我们看到了这种家庭式管理带来的问题。

电台的企业文化确实有很多好处，也带动了公司的发展，但一段时间之后，我开始发现，家庭理念在工作中暴露出很多问题。我的团队中有一名软件工程师名叫帕特里克。尽管他工作的时间已经不短了，但他依然不能胜任他的工作。他总是不能在规定的时间内完成任务，编写的代码总是在关键地方出现漏洞。有时，他的项目还需要其他工程师的参与和帮助，否则就没法顺利完成。

帕特里克的工作态度确实很认真，但这反而让问题变得更加难以解决。他希望能借任务的完成来证明自己的能力，我们也希望他可以做到，所以我们给他安排的都是一些他力所能及的工作。可问题是，他的工作能力和其他同事根本不在同一个水平线上，我每天都会担心他能不能顺利完成工作，而其他同事就让我放心得多。帕特里克是个很好的同事，这没错，但他确实不适合这份工作。

我每天都要在帕特里克身上花很多的心思，团队为了纠正他的错误也浪费了大量的时间，这就成了我们不得不面对的一个问题。团队里优秀的工程师对此很失望，他们找到我，希望我可以插手解决这个问题。其实，我也担心这个问题会让那些工程师太糟心而选择跳槽。

可以想象，要是没有帕特里克，哪怕是他的岗位一直空缺，我们团队的工作效率都会大大提高。

我向上级反映了这个问题，但上级只是鼓励我再想想，看看有没有别的法子来发挥他的长处，掩盖他的不足，压根儿就没有提到要开掉他。因为在领导看来，帕特里克也没有做错什么，我们没理由解雇他。我们的公司是一个大家庭，"帕特里克是我们这个大家庭的一员，我们是一个整体，我们应该一起工作"。

从家庭式工作到高绩效团队

在网飞创业的早期，我们同样鼓励培养家庭式工作环境，但直到2001年裁员之后，公司业绩突飞猛进，我们才意识到，这种"家庭"的观念并不适合高人才密度的工作环境。

我们希望员工在公司里可以相互依赖、相互交流，每个人都能感觉到自己是公司的一分子；但同时，我们又不希望员工认为这份工作一成不变，直到退休都会扎根在一个岗位上。一份好的工作应该是在一段最适合的时期做最适合你的事。一旦你停下学习的脚步，故步自封，你就无异于让位给他人，那么他便会取代你的位置，甚至比你做得更好。

如果网飞不是一个大家庭，那么应该是什么样子呢？一群只为自己着想的人？不，这绝对不是我们想要的。经过讨论之后，帕蒂提议我们应该把网飞想成是一支专业运动队。

一开始我听不大懂，感觉"团队"和"家庭"似乎差不多，成员间都会互相拖累，但渐渐地，我开始理解她想要表达的意思。

> 我刚陪孩子看完电影《百万金臂》(*Bull Durham*)。影片讲述了一支职业垒球队的故事。队员们关系融洽，相处和睦；他们心贴着心，肩并着肩，一起庆祝胜利，也一起挺过失败。他们配合默契，场上无须多余的语言，只需要一个眼神就可以展开战术。但是，他们的关系并不是家人。教练一年到头都在排兵布阵，调整上场队员，就为了保证团队的每个位置上都是最合适的球员。

帕蒂说得很对，我希望网飞的每一名经理都能像职业球队的明星教练那样调兵遣将，在培养责任感、增强凝聚力、铸造队友情这些方面下大力气；同时，一些人员调整的决定无论有多么艰难，都要保证每个岗位都是最好的员工。

把高人才密度的工作环境比作专业运动队，我觉得十分贴切，因为职业运动员都具有以下特质：

- **追求卓越**。负责人保证每个职位在任何时候都是最佳人选。

- **训练就是为了胜利**。教练和队员都必须不断给予和接受坦诚的反馈。
- **明白光有努力是不够的**。记住：如果你付出了一等努力却只收获了二等成绩，你可以赢得我们的尊重与感谢，但也不得不下场休息。

在一个高绩效的团队里，精诚合作与彼此信任缺一不可，所有队员既要个人能力突出，又要灵活配合。一名优秀队员，不能仅仅个人表现卓越，还需要有无私的精神，将团队利益置于个人得失之上。他要把握传球时机，懂得如何帮助队友，明白胜利的唯一途径就是让整个团队取得胜利。这恰恰是网飞想要培养的企业文化。

从这时开始，我们就在公司宣传这样一个口号：

我们是一个团队，不是一个家庭。

如果我们想要成为冠军，我们就得在每个位置都安排最好的队员。人们可能以为，一名队员只有犯了错误或者无法完成任务才可能下场。而事实上，在职业比赛或者奥运会比赛中，队员都明白教练的职责就是不断提升队伍，让队伍越来越好；而队员呢，为了能够继续留在队里，每次比赛都要全力以赴。所以，从客观上来讲，对于那些谋求一份安稳工作的人来说，网飞并不是一个很好的选择；相反，对于想要进入梦之队的人来说，网飞有无限的机会。就像那些在高水平竞赛中取得佳绩的队伍一样，我们也会关心彼此，并建立深厚的情谊。

员工留任测试

当然,网飞的管理者都是善良的人,都希望能对自己做出的决定感到问心无愧。为了让每个岗位上的员工都是明星员工,让公司里的每个人都感到更幸福、更有成就感,他们有时不得不辞退一些人,甚至是他们喜欢或尊重的人。于是,在这种情况下,我们会问管理者:如果你辞退了塞缪尔,聘用了工作效率更高的人,我们的公司是不是会更好?如果答案是肯定的,那么毫无疑问,你确实应该这么做。

我们同样鼓励管理者定期对员工进行考核,保证每个职位都是最合适的人选。为了帮助管理者做出正确的判断,我们借助了"员工留任测试"。

> 如果有人打算明天辞职,你会不会劝他改变主意?
> 还是说你会接受他的辞呈,甚至感觉是松了一口气?

如果是后面一种情况,可以立刻给他发遣散费,然后去寻找一名你想要的精英。

我们认为员工留任测试适用于公司的每个人,也包括我们自己。设想一下,要是别人坐了我的位子,公司是不是会更好?我们这样做的目的是为了让离职的人不会感到羞愧。想想曲棍球这样的奥运会项目,被替换下场的球员都会感到沮丧,但他也会因其曾拥有的高超球技和过人胆识帮助球队排名第一而受到人们的尊敬。网飞的员工离职时,我们也是一样的想法。我们永远都是朋友,离开网飞并不是一件丢人的事情。

帕蒂·麦科德本人就是一个很好的例子。在共事十多年之后，我开始觉得公司如果能注入新鲜血液，也许会发展得更好。于是，我坦率地将这一想法告诉了帕蒂，并且告诉她我为什么会有这样的想法。事实上，她也希望可以减少自己的工作量，所以我们达成了共识。7年过去了，我们还是好朋友，还在为彼此的工作建言献策。

还有一个例子就是莱斯莉·基尔戈。自出任公司首席营销官以来，无论是对我们企业文化的培养，还是在与百视达竞争的过程中，乃至对整个公司的发展，她都起到了不可估量的作用。无论过去还是现在，她都很有商业意识。随着《纸牌屋》的发行，我们发现未来营销的趋势不再是一味地供给，所以我觉得需要一位具有丰富好莱坞从业经验的人士来负责营销，这将大大弥补我对娱乐业认识的不足。因此，我倾向于另聘他人来取代莱斯莉，但莱斯莉表示她愿意加入董事会。于是，她便担任了公司的董事，继续为公司出谋划策。

事实证明，留任测试是行之有效的，公司各级管理者都一直在坚持这项举措。我也向我的上级——董事会提议，我自己也不应该有特权，他们不必等到我犯了错误才找人取代我。只要能提高公司的绩效，他们完全可以聘用一位更有能力的首席执行官。每个季度，我都保持着积极向上的心态，为了保住自己的职位而不断学习，努力工作。

在网飞，或许你一直在兢兢业业地工作，你全身心地投入公司的发展，也确实做出了不错的成绩，然而有一天，当你走进办公室，却突然被告知自己被解雇了……这无异于一个晴天霹雳！被解雇的原因不是来势汹汹的金融危机，也不是大规模

的计划外裁员,而只是你的成绩没能达到领导的期望,因为你只是做到了称职。

在本书引言部分,我们看到了网飞的《自由与责任》中一些颇具争议的内容,而这些内容也正是里德的管理理念之所在,比如"仅仅做到称职也要拿钱走人。"

幻灯片所展示的问题都很尖锐。为了更好地理解里德对于这些问题的思考,我们以问答的形式将内容呈现出来。

里德访谈记录

问题 1

据前首席产品官尼尔·亨特说:"我们是一支队伍,而不是一个家庭。"这个理念从提出开始,在网飞内部就争议不断。尼尔曾有这样一段回忆:

> 早在 2002 年,在半月湾召开的领导人场外会议上,里德就强调过,针对新的裁员政策,他和帕蒂已经通过相关训练,我们其他管理者也必须进行严格的训练。我们必须养成习惯,时刻问一问自己:所有岗位上的员工是否都是最佳人选。如果哪名员工在接受反馈之后仍然无法做到最好,我们必须拿出魄力将他辞退。
>
> 听罢,我感到十分惊讶,于是我跟大家讲了企鹅和大象的区别。面对弱小或者垂死挣扎的同伴,企鹅选择抛弃它们,而大象却

会聚在它们身边悉心照料，直至它们恢复健康。"难道你是想让我们成为企鹅那样的人吗？"我难以置信。

里德，你不担心网飞的员工变得像尼尔所说的企鹅那样冷酷无情吗？丢掉工作可不是一件小事，收入、名声、家庭，还有事业都会受到影响。有些人可能还只是移民身份，要是工作丢了，他们可能会被驱逐出境。你本人身价不菲，少一份薪水可能无关痛痒，但你的员工可并不都像你这样。

对于那些工作特别努力的员工，仅仅因为他们的成绩"合格"，而不是"特别优秀"就辞退他们，这样的做法是不是不够人性化呢？

回答 1

我们按市场最高价给每位员工发薪水，每个人的工资也都是很高的。我们这样做的原因之一就是要确保每个岗位上都是表现最好的员工。员工都知道，公司的变化发展非常迅速，我们也希望创造不凡的业绩。一心想进网飞的人本身就喜欢这种高人才密度的环境。我们的发展战略也是透明的，员工们乐于跟高绩效的同事共事，也能够承担一定的职业风险。当然，那些想要长期稳定工作的人，就不会选择网飞这样的企业。所以，我认为我们的做法还是人性化的，大多数员工对这一做法也持肯定态度。

由于我们的要求确实很高，如果我们辞退员工，我们会给他一笔钱支持他找到新的工作。我们的遣散费非常丰厚，不同级别也有一定差异，一般员工是4个月薪水，副总裁为9个月薪水，这足以支撑他基本的家庭开支，让他能顺利度过过渡期。这也是为什么我们会说：

仅仅做到称职也要拿钱走人。

或许一些人认为，我们的遣散费确实高得有些离谱。如果不是我们努力简化了管理流程，我们确实没法支付这样一笔费用。

在美国的很多公司里面，经理要想开除一名员工，需要提交一份绩效改进计划（PIP）。绩效改进计划要求记录经理同该员工在数月间每周进行交流的情况，以书面形式证明尽管该员工接受了反馈，但仍不能顺利完成项目。事实上，绩效改进计划很少能够切实帮助员工提高工作能力，只不过是将辞退拖延数周罢了。

要求制订绩效改进计划是出于以下两点考虑：

第一，保护员工。避免员工还没有接受任何建设性的意见就被辞退了。但是，由于网飞有坦诚的企业文化，员工每天都能及时得到反馈，所以在遭到辞退之前，员工早就明白应该怎么做才能做得更好。

第二，保护公司免遭诉讼。我们会和员工签订合同，要是他们想得到丰厚的遣散费就不能起诉公司，这一点大部分人还是愿意接受的。一旦被辞退，他们也可以得到一大笔钱，这笔钱足够支撑他们寻求新的工作。

绩效改进计划的背后其实也需要大笔的资金。如果你提交了一份4个月的绩效改进计划，那么，在接下来的4个月里，公司也必须向这名低绩效员工支付薪水；同时，他的直接领导和人力资源部要花费大量时间来执行改进计划，并记录计划的进展情况。与其在这样一项计划里白白浪费大笔资金，不如直接给这名员工一笔丰厚的遣散补贴，遗憾地告知他不适合这份工作，并祝愿他今后能有更好的发展。

问题 2

在电影《饥饿游戏》（The Hunger Games）中有这样一幕：由詹妮弗·劳伦斯饰演的凯特尼斯站在一个小平台上，身着迷彩服，观察着她的竞争对手。24 名 12~18 岁的年轻人正在参加相互残杀的"饿狼游戏"，并通过电视实况转播。只有一名选手可以活下来，其余的都得死。如果你想要活下来，就必须杀掉所有对手。

当我刚到网飞进行采访时，我就在想，会不会在这里感受到《饥饿游戏》般的严酷氛围。职业运动员都知道有人赢就会有人输的道理。所以，你必须为你的位置而战。

我同样了解到，过去微软就贯彻过类似的理念，但如今看来，这种理念更多的是造成了公司内部的恶性竞争。比如，2012 年以前，微软高层要求经理们将他们的员工从高到低排序，并鼓励他们开掉那些处于最低等级的员工。

《名利场》杂志曾刊登过一篇题为《微软迷失的 10 年》的文章，记者库尔特·文兴瓦尔德引用了前微软员工的这样一段话：

如果你加入一个由 10 个人组成的团队，你工作的第一天就会有人告诉你，无论你干得多么好，整个团队只有两个人会得到"优秀",7个人将获得"合格"评价,而剩下的那个人就会获得"不合格"评价。这样,员工的心思都花在内部争斗上,反倒忽略了与其他公司的竞争。

据说,有一名微软的工程师也说过:

人们总是大张旗鼓地阻挠他人进行努力。在微软,我学会表面上彬彬有礼,同时向同事隐瞒必要的信息,以确保他们的排名不会超过我,这是我在微软学到的最有价值的事情。

网飞贯彻了"一支队伍而非一个家庭"的理念,但结果为什么与那些公司截然不同呢?我本以为网飞员工也会互相厮杀,互相在背后"捅刀子",但采访之后才发现这样的情况并不存在。

里德,员工想要在网飞的团队中占据一席之地十分困难,那你是如何解决内部竞争这一问题的呢?

回答2

确实,煽动内部竞争是我们这种致力于提高人才密度的公司格外关注的一个问题。许多公司实施了各种手段和措施,鼓励经理开除表现平平的员工,但一不小心就将公司拉入内部恶性竞争的泥潭,最糟糕的是所谓的"堆栈排序",又称"活力曲线",或者更通俗地说,"末位淘汰制"。

艾琳上文提到的《名利场》中的文章，就概述了这样一种堆栈排序的制度。美国通用电气公司和高盛集团都曾采用过这一制度来提高人才密度。杰克·韦尔奇也许是第一位使用这种方法的首席执行官。为了保持高绩效水平，他鼓励公司的经理们每年对雇员按业绩排序，并开除最后 10% 的员工。

又据《纽约时报》2015 年报道，和 2012 年的微软一样，通用电气宣布放弃这项评估手段。正如我们预想的那样，堆栈排序妨碍了团队协作的顺利开展，破坏了高效团队合作的乐趣。

我们鼓励公司的经理们采用员工留任测试，但我们十分谨慎，并不会采取堆栈排序这样的评估手段。无论是末位淘汰制还是"后百分之几的人必须被开除"，这些都是网飞最为排斥的规定。更为重要的是，那些手段虽然让经理开除了表现平庸的员工，但同时也扼杀了团队。我们要的是高绩效的员工同网飞的竞争者到市场上去拼杀，而不是自相残杀。末位淘汰制提高了人才密度，却阻碍了团队的高效协作。

幸运的是，我们不需要在高人才密度和通力合作之间做出艰难抉择，员工留任测试可以实现两者兼得。其中关键的原因在于，我们并不是一个真正的职业运动队。在网飞的团队中，每个位置并没有固定员工数量，我们不是在严格的规则下开展运动项目，我们也无须限制参与的人数，没有人会因为同事的优秀而失去自己的工作。恰恰相反，我们团队中优秀的人才越多，我们就越能创造非凡的成就；成就越丰，队伍的成长就越快；队伍越大，我们能提供的职位就越多；职位增多，我们就能为高绩效人才开辟出更广阔的施展空间。

问题 3

2018 年 11 月,《周刊报道》(The Week)杂志刊登了一篇题为《网飞的恐惧文化》的文章。文章引用了科技网站 Gizmodo.com 上雷特·琼斯的评论,他对网飞的评价是"极度的坦诚、高密度的精英和持续不断的恐惧"。而就在不到一个月前,《华尔街日报》也刊登了莎莉尼·拉马钱德兰和乔·弗林特撰写的文章。文章基于对网飞员工的采访,提到"在春末召开的网飞公关人员会议上,有人说每天来上班的时候都胆战心惊,生怕会被解雇"。

我在采访过程中也发现,一些员工公开表示他们担心一不小心就会丢掉饭碗,其中就包括在阿姆斯特丹分公司从事招聘的玛尔塔·芒克·德·阿尔巴。她是一名执业心理咨询师,2016 年从西班牙来到荷兰后入职网飞人力资源团队。她曾这样写道:

> 在我入职的第一个月,我害怕极了,担心我的同事会认为我没有资格加入他们的梦之队,担心我会被解雇。我亲眼见识了同事们卓越的工作能力,也扪心自问:"我真的属于这个团队吗?他们什么时候会发现我能力不足,不能跟他们并肩前行?"每天早上,当我 8 点钟进入电梯摁下楼层按钮的时候,感觉就像是在点燃一根导火索。我深吸一口气,屏住呼吸,生怕电梯门一打开,就看到我的领导站在门外,说要辞退我。
>
> 我感觉一旦失去这份工作,就失去了人生中最重要的机会。我拼命地工作,每天加班到深夜,比以往任何时候都要努力,但心里

的担忧却一直笼罩着我。

网飞一位名叫德里克的主管也讲述了他的经历：

我在网飞工作的第一年，每天都在担心什么时候会被解雇。整整9个月，我连有些行李都不敢打开，因为我感觉一打开，就会通知我打包走人。这种情况并不单单发生在我一个人身上，我的同事也会反复用员工留任测试评估自己的价值。当我们乘坐出租车或者共进午餐的时候，讨论最多的话题就是"解雇"——谁最近被解雇了，谁又可能会被解雇，我们自己是不是要被解雇了。在上级提拔我做主管之后，我才觉得此前有些紧张过头了。

毫无疑问，员工留任测试提高了人才密度，但同时也导致了员工的焦虑，不管是"稍有担心"还是"提心吊胆"，有一点是可以肯定的，那就是所有人都害怕被踢出队伍。

里德，针对网飞公司中存在的恐惧心理，你采取了什么措施吗？

回答3

在激流皮划艇中，如果你想要躲避危险的岩洞，教练会教你看着岩洞旁边清澈安全的水面。研究发现，如果你竭力想要避开它而又一直盯着它，你更有可能一头撞上去。同理，在网飞工作时，我们也让所有员工专注于不断学习，搞好团队协作，共同完成任务。如果有人把精力都花在担心被解雇这件事情上面（就像运动员总是担心会受伤一样），他当然无法轻松自信地完成工作，反倒会陷入自己竭力避免的困境中去。

为了将办公室的这种恐惧情绪减少到最低程度，我们有两种方法：

1. 员工留任提示

第一种方法，我们鼓励像玛尔塔和德里克一样具有恐惧心理的员工尽快接受"员工留任提示"，这在很大程度上可以改善员工的焦虑状况。

员工与上司进行一对一谈话的时候，可以问以下问题：

"如果我想要辞职，你会花多大力气劝我改变主意？"

你得到这个问题的答案之后，会对自己有更加清楚的定位。克里斯·凯利是网飞硅谷公司的一位高级工具工程师，他总是定期向上司询问这个问题。

当你就去留问题询问上司的时候，你有可能得到三种答案：第一种，你的上司说他会全力挽留你，那么你所有的担心和恐惧就会一下子烟消云散，这是最好的答案；第二种，你的上司并不直接回答你的问题，他会就你如何提升工作能力进行详细的反馈，这也算是不错的答案，你接下来要做的就是根据建议来提高绩效；第三种，你的上司认为他可能不会尽力挽留你，这就意味着你的绩效水平远没有达到他的心理预期，他对你缺乏信心，这时候，问题就有些严重了。但换个角度想想，这其实还是一件好事，因为你可以借这个机会进行反思，想一想你所掌握的技能是不是真的适合这份工作，能不能保证你不会在某个早晨突然被上司解雇。

从克里斯入职开始，他每年 11 月份都会从上司那里获取留任提示，所以他对自己的情况非常了解。

  我是一名软件程序员，95% 的时间都在和程序打交道，这也是让我感到最快乐的事情。在网飞工作一年后，我愉快地编出了我人生的代码。我问上司："保罗，如果我想要辞职，你会不会尽力挽留我？"他响亮地给了我肯定的答案。我感觉好极了！

  后来，我接手了一个编程项目。网飞的内部员工使用的都是我开发的工具。保罗多次建议我进行焦点小组座谈，和内部使用人员交流一下。但可能是因为我有社交焦虑，所以并没有听从他的建议，而是想凭一己之力改进工具。很快，11 月份又到了，我再次询问保罗去留的问题，但这一次，他给我的答案就没那么坚定了。他对我说："我不知道我还会不会尽全力挽留你。你可以想想你以前工作的样子，那时候你真是棒极了。但现在，你的职责要求你同用户有更多的接触。如果你想保住你的工作，你必须得进行焦点小组座谈，还要做陈述。你不得不离开原来的舒适区，我不知道你能不能做好。"

  我决定接受挑战，而且也很努力。我参加了演讲课程的在线培训，还在我的邻居面前反复练习。第一次做陈述那天，我早上 6 点钟就起床了，骑了 4 个小时的独轮车，然后洗了个澡，便径直走进会议室准备我 11 点钟的演讲。我的目标是控制所有的焦虑，不要给紧张的情绪留时间。在小组座谈上，为了尽可能减少自己的发言时间，我提前准备了视频让大家讨论。

那时候才 5 月份，但我迫不及待地再次接受了员工留任提示，我想知道自己是不是有可能失去这份工作。"这次你会尽力挽留我吗？"我问保罗。

保罗盯着我的眼睛说道："你这次创意十足，心思缜密，而且也花了很多心思。我给你打 90 分；扣掉的 10 分是你还可以跟使用人员进行更多的交流互动。不过你现在的表现已经非常不错了。你要再接再厉，养成和内部使用人员多多接触的习惯。你现在的工作可比以前的层次更高了。如果你想要辞职的话，那我肯定会拼命把你留下来。"

克里斯询问了三次，每次都得到了重要的信息，第一次的答案很不错，但是没有太大价值；第二次让他压力倍增，但上司坦率地告诉他接下来该做什么；第三次的答案证实他的努力是有回报的。

2. 离职后问答

我们的第二种方法是"离职后问答"。

如果谁的名字从公司名单中被划掉了，至于公司是怎样做出的决定，被辞掉的员工事前收到多少警告，其他人一点消息都没有，这恐怕不是一件好事。当员工得知一名同事被解雇时，最想知道的就是他事前有没有收到上级的反馈，还是说解雇的决定说来就来。我们东京分公司的内容专家养日讲了这样一个故事。她的故事特别有说服力，因为日本公司一般都实行终身制。即使到了今天，裁员在日本也是很罕见的，我们很多日本员工在此之前都没有见过同事被解雇的情况。

> 和我关系最好的同事爱佳在一位名叫阳的上司手下工作，但阳的确不是一个好老板，爱佳和团队同事都感到十分痛苦。我希望能改变这个局面，但是当阳真的被解雇的时候，我又感到十分震惊。
>
> 那天早上，我比往常晚到了一点。那是1月份，地上还有积雪。爱佳冲到我的办公桌前，满脸涨得通红。她问我："你听说了吗？"原来，阳的上司吉姆特地从加州飞过来，一大早就约阳见了面。那时候，大家都还没有上班。当爱佳来上班的时候，阳已经被解雇了，东西都已经打包好了，就等着和大家道别。现在，阳已经走了，我们再也见不到他了。那一刻，我突然泪流满面。我和他关系也不好，但我还是忍不住会想："是不是我哪天来上班的时候，也已经有人早早地在办公室等着我，告诉我说我被解雇了。"那时候，我迫切想要知道的就是阳有没有提前得到通知？如果有，他提前知道了什么？他是不是预先就知道这样的结果？

在一些看似令人难以置信的情况发生之后，最好的做法就是把灯打开，照亮一切不为人知的东西，让每个人都明白事情为什么会这样。当你期待的"阳光"照进现实，你清晰的思维和坦诚的态度将扫掉身边所有的不安。让我们回到养日的故事上来吧。

我听说10点钟有一个会议，会上将详细解释阳被解雇的前因后果。阳的团队成员，与他有工作联系或对此有疑问的人都可以参加。最后，大约有20个人参加了这次会议，他的团队成员们都一声不吭。吉姆详细说明了阳的优点和缺点，解释了为什么他认为阳不再是这个位置的最佳人选。我们沉默了好一会儿。吉姆问还有没有什么问题，我举起了手，询问阳此前得到了多少反馈；对于解雇，他是不是感到很震惊。吉姆介绍了几周来他与阳交流的情况。他说，阳感到很不安，尽管已经提前收到了相关的反馈，但他看上去还是有些意外。

提前得到消息可以帮助我平静下来，让我思考该如何管理情绪。我给自己远在加州的老板打了电话。我对她说，一旦有任何想要辞退我的念头，请提前坦率地告诉我。我也向她保证，要是她真的决定辞退我，我不会感到惊讶。

像吉姆组织的这种会议，对那些直接与离职员工共事的人是有所帮助的，这可以消除他们心中的疑虑。

实施结果统计

大多数公司都会为了减少员工流失采取必要手段。招聘、培训新人会花掉很多钱。所以，管理者一般都会尽量保持团队的稳定，而不是招聘新人。但里德最在乎的并不是员工的流动性。他认为，比起招聘新人的开销，确保每个岗位上都是合适的人才是最为重要的。

那么，结合员工留任测试的结果来看，公司每年会解雇多少人呢？

根据美国人力资源管理协会的《人力资本基准报告》，在过去几年里，美国企业的年均自愿离职率（主动离职员工占比）一直在 12% 左右，非自愿离职率（被解雇员工占比）为 6%，合计年均总流动率为 18%。其中，科技公司的年均员工流动率约为 13%，媒体/娱乐业的年均员工流动率是 11%。

相比而言，网飞的年均主动离职率一直稳定在 3%~4%，远低于全国平均水平，说明多数人并不想离职；非自愿离职率为 8%，比全国 6% 的平均水平高出 2%。合计年均总流动率为 11%~12%，处于行业平均水平。这样看来，在网飞公司，经理想要尽力挽留的员工还是很多。

第七个关键点

留任测试提升了网飞的人才密度，这一点在其他公司或机构很少见。如果每位经理都能慎重地对待这项测评，定期思考每个员工是不是对应岗位的最佳人选，是否需要招聘新人代替现有员工，那么，团队的绩效就一定能够达到更高的水平。

本章要点

- 为鼓励经理们重视绩效,要教会他们运用员工留任测试思考这样的问题:"在我的团队中,如果谁告诉我他要跳槽去别的公司从事类似的工作,我是否会尽最大努力挽留他?"
- 避免堆栈排序制度,因为这会导致内部竞争,破坏团队协作。
- 一种高绩效的企业文化,应该把公司看作一支职业运动队,而不是一个家庭。要让经理在团队中培养员工的责任感,让团队富有凝聚力,让员工之间充满浓浓的情谊;同时也要果断地调整人员配置,确保每个位置的员工都是最佳人选。
- 当你意识到不得不开除某个员工的时候,不要再为他制订绩效改进计划,那样只会让当事人感到难堪,同时消耗了企业的人力物力,可以考虑把那笔钱作为遣散费直接发给他。
- 精简机构营造了高绩效的文化,同时可能让员工感到些许恐惧。公司可以鼓励员工进行"员工留任提示",让他直接问上司:"如果我想要辞职,你会在多大程度上挽留我?"

- 当一名员工被解雇之后，坦诚地向其他员工公布解雇的原因，并真诚地解答他们的困惑，这会消除他们心里的恐惧，同时也能增加他们对上司、对公司的信任。

迈向自由与责任的企业文化

恭喜你！你已经完成了员工留任测试，拥有了一支高绩效的员工队伍，这让你的竞争者羡慕不已。公司因为拥有如此高的人才密度而得以飞速发展。随着新人不断地加入团队，你需要帮助他们适应崭新的工作环境。在网飞发展的过程中我们发现，要一直保持高度坦诚并不容易，而坦诚又是我们成功的基石。面对坦诚，就像去看牙医一样，大多数人都是能躲则躲。接下来的一章，我们会探寻几个简单的技巧，以帮助你的公司最大限度地实现坦诚。

▶ 实现最高坦诚度……

8
反馈循环

网飞有这样一条规则:"不在背后议论别人。"我们在别人背后的评头论足越少,导致低效和负面情绪的闲言碎语就越少,我们就越能摆脱"办公室政治"的不愉快。因此,当我去网飞的时候,也准备遵循他们的这一规则。但落实到现实中,我才发现这比想象的要困难得多。

我准备在硅谷办公室对几名员工进行采访。公关经理巴特简单地做了一番介绍,大多数受访者也愿意讲述他们的故事,表达他们的观点,但海蒂似乎有些不一样。我到了办公室,四处张望着,她却好像不大待见我，只顾在办公桌前跟同事聊着什么，这反倒引起了我的注意，所以我很想听听她的看法。一开始她只是比较冷淡，但渐渐地，她甚至流露出了一种莫名的敌意。无论问她什么，她总是用一个词来敷衍我，我只好早早地结束了谈话。

等电梯的时候，我跟巴特聊起刚才遇到的情况。"那样采访没有效果，她明显一点儿准备也没有，压根儿不想跟我说什么。"抱怨说到一半，我突然瞥见了海蒂。她刚好从我们旁边的走廊穿过，离我们不到 5 英尺（约 1.5 米）。不知道她有没有听到我们的谈话。那一瞬间，我脑海中突然想起这句话："不在背后议论别人。"要做到这一点实在太难了，大部分人聊天的时候都会下意识地讨论别人，我也一样。

采访结束的时候，我还是对海蒂说："感谢你花了 8 分钟时间回答我的问题，但是你显然没有准备好，似乎我不应该打扰你。"但我说得很勉强。我问巴特，一名"真正的"网飞员工会有什么样的反应。

巴特看着我就像看着一只混在鸭群里的鹅。"你本来就不在网飞工作，你的采访也只是与海蒂接触了一次，所以你的反馈对她的工作也没什么帮助。如果你在网飞工作，打算跟她再次会面，那么在此之前不要同她说什么。你可以把会面时间约好，专门为她提一些反馈意见。"巴特表现得像是一只货真价实的鸭子，他继续说道："以后，我会多安排她和其他一些作家见面，然后我再给她一些反馈。"

但并不是网飞的每个人在最初面对反馈时都能像巴特一样镇定。

去看看"牙医"

对于坦诚，公司重视只是一个方面。随着公司的不断壮大和新人的不断涌入，人际关系变得越来越复杂，处理起来也更具挑战性。我在跟一名入职近一年的主管面谈的时候，意识到这确实是一个问题。他说："我刚入职的时候，每个人都说我会收到特别多的反馈，但直到现在，我什么反馈都没有收到。"

我每次到牙医那里做例行检查时都会格外焦虑。牙医会用力地戳着我的臼齿对我说："你应该经常来检查，里德，你刷牙的时候总有一些地方是刷不到的。"

面对坦诚就像去看牙医，虽然我们鼓励每天都要刷牙，但总有人不刷；有些人牙齿的某些部位刷着不舒服，那这些地方他们就不会去刷。虽然我们一直主张要坦诚，但我并不确信是否每天都做到了坦诚。所以，我们必须得有一些常态化的机制，以保证最重要的反馈能落实到位。2005 年，我们便致力于寻找这样一条途径，使员工能够获取坦诚的反馈意见，而这些反馈在日常工作中可能是得不到的。

这就不得不提一下年度绩效考核。虽然现在很多企业已经放弃了这样的考核体制，但在 2005 年还是很盛行的。在这种考核体制下，老板会列出员工的优势和不足，根据员工的整体绩效评定等级，然后对员工进行一对一的考核确认。

我们从一开始就反对在公司搞这样的绩效考核。首先是因为这样的反馈是单向的，即上级对下级的评估；其次，这样的评估只能得到直系上级的反馈，这就与"不要试图取悦老板"的理念相冲突。我希望每个人不仅可以听到上级的声音，而且也可以听到其他同事的意见和建议；再者，公司的绩效考核通常是以年度为周期进行的，但网飞的员工和经理都没有设定年度目标或者关键绩效指标。许多公司都是根据绩效考核结果决定员工薪资，而网飞的基本工资取决于市场，而非绩效。

所以，我们寻求的是一种鼓励员工给其他任何同事提供反馈的机制，这体现了我们一直努力倡导的坦诚和透明，同时与我们自由和责任的企业文化也是一致的。经过多次实验，我们如今已经摸索出两套行之有效的方法。

一种崭新的360度书面反馈

在第一次尝试年度360度书面反馈的时候，我们也和其他企业一样。每位员工都选出一大串人名，希望可以得到他们提供的反馈。被点到名字的员工会匿名完成一份报告，根据反馈接收者在工作中的表现打出1~5分的评分并给予评论。我们把评论的内容分为"开始、停止、继续"三类，保证每位员工都可以得到具体可行的建议，而不是泛泛而谈。

我们的管理层也有人认为，采用匿名的方式与我们坦诚的文化相悖，但我觉得匿名很重要。在办公室浓厚的坦诚氛围中，如果有人一年到头都不愿意公开给同事提出反馈，那一定事出有因，也许是担心被人在背后使绊子，而匿名会让这些员工有安全感，让他们可以没有顾虑地提出意见和建议。

第一次进行尝试的时候就出现了一些有趣的事情，这也证明了我们的企业文化在潜移默化中对大家产生了影响。很多人，包括莱斯莉·基尔戈在内，对留下评论却不署名的方式不太适应。"我们一年到头都在讲要直接坦诚地反馈，但这次我们却要把这些评论搞得像是秘密似的，这好像是在走回头路。"莱斯莉说，"不管怎么说，我写的每一条评论都是给他们讲过的，我写下反馈之后还是会签上我的名字。在我看来这是再自然不过的事了。"

其实，我在提交匿名反馈的时候，尽管知道自己什么都可以说，别人也不知道是谁说的，但仍然感到有些不舒服。这种行为确实让我有一种不诚实，或者偷偷摸摸的感觉，这跟我一直推崇的坦诚也是矛盾的。

书面反馈收齐之后，我开始阅读员工留给我的意见。看着看着，发现匿名带来的不适感加剧了。也许是担心自己留下的反馈太特别或者太具体，怕我认出是谁写的，所以他们都尽可能地将内容写得模糊些。有些意见实在太含糊了，让我觉得很难读懂，比如：

"停止：在某些问题上发出含混不清的信息。"

"停止：当拒绝一个未能引起共鸣的想法时，给人冷漠的感觉。"

我不知道他们想要表达些什么，这些反馈毫无用处。这些意见怎么可能对我有帮助呢？因为我不知道是谁提出来的，我也就无法去问清缘由。除此之外，匿名也会导致一些人以粗暴和讽刺的方式发泄情绪，这对任何人都是没有帮助的。一位经理告诉我说她收到这样一条评价："你还不及伊尔有热情。"伊尔是儿童故事《小熊维尼和老灰驴的家》中一头很郁闷的驴子。这样的反馈能有什么用呢？

后来，莱斯莉署名的做法得到了很多人的采纳。在网飞进行第二次 360 度反馈的时候，大部分员工都自愿留下了姓名，这就意味着那小部分匿名的人很容易辨认了。莱斯莉回忆道："如果你要求 7 个人给你反馈，有 5 个人留下了姓名，那剩下的两个人就很好确定了。"

第三次，每位员工都留下了自己的名字。"现在好多了，"莱斯莉说，"每个人都愿意直接把反馈意见交到反馈对象手中，然后进行讨论。这样远比以前那些 360 度书面报告有价值。"

里德、莱斯莉和整个管理层都发现，现在取消了匿名反馈，员工还是和以往一样坦诚。莱斯莉认为，这正是"网飞花大力营造坦诚的文化氛围"的结果。大家都把反馈看成是工作的一部分之后，反馈的质量也就越来越高。

这里有里德从最近一次 360 度反馈中获得的信息，其中一些和 2005 年没什么本质区别，但这一次反馈人提供了具体的事例，也留下了名字，从而让建议变得切实可行。

里德：

在提出某个主张或是不赞同某个观点的时候，你可能过于自信，甚至有些咄咄逼人。我觉得你建议将在韩国工作的新加坡人迁至日本的时候就是这个样子。你提出这个问题，也表示愿意听取大家的意见，这是一件好事。但在整个尽职调查的过程中，你似乎预先就决定了结果，对反驳意见不屑一顾。

奥韦

奥韦所说的事情我印象非常深刻。他的意见也提醒我下次处理此类事情的时候，注意采取让人更容易接受的方式。更重要的是，我知道是谁留下了这条反馈，我可以找到奥韦，跟他了解更多的细节。

现在，我们每年都会进行 360 度书面反馈，让每个人写下他们的评价。我们不再按 1~5 分给员工评定等级，因为这样的流程与升职加薪或者解雇开除并没有任何关联。我们进行反馈的初衷就是为了帮助员工在各自岗位上更好地工作，而不是把他们局限在条条框框里面。另一个较大的改观就是，现在每个人都会尽可能地给不同岗位上的同事提出反馈，而不局限于直接下属、直线经理或者请求给予反馈的同事。网飞大部分员工都会给至少 10 位同事提供反馈，给三四十位同事提供反馈的也不在少数。在我 2018 年的工作报告中，我收到了 71 名员工提出的反馈。

最重要的是，360 度公开反馈引发了一系列有价值的讨论。我与直系下属系统地分享我收到的意见，我的下属又与他们的团队分享他们得到的反馈，层层分享，依此类推。这不仅可以增强公司内部的透明度，也形成了一种"反向负责制"，即员工从中受到鼓励，能够对上级多次出现的问题进行大胆的反馈。

特德希望借下面这个蹦极的故事来说明这种反馈的价值：

时间追溯到 1997 年，那时我还在菲尼克斯公司工作。有一次，我参加公司的团建活动。活动期间有一些会议，还有很多小游戏来增强团队的凝聚力，活跃团队气氛。餐厅的停车场后面有一个蹦极跳台，只需要 15 美元，你就可以在所有人的视线中从起重机高大的吊臂上一跃而下。没有人想去，但我决定挑战一下。挑战结束后，一个家伙跑来对我说："你要不要再玩一次？我可以让你免费再玩一次。"我想不通他为什么这么说，便问他："为什么呢？"他回答说："因为我想让你所有的同事都在餐厅里看你蹦极，如果他们看到并没有那么可怕，那他们也会来尝试。"

这也就解释了为什么你作为领导，应该和整个团队分享360度全方位评估意见，尤其是那些一针见血地指出你不足之处的意见。因为这样可以表明，给予和接收反馈并不需要提心吊胆，每个人都能做到。

现在，这已经成为网飞每一位经理日常的事务。内容副总裁拉里·坦茨（特德让他们接听招聘人员电话之后，他还亲自去脸书公司进行了一次面试）讲述了2014年他入职网飞几周后跟特德的一次谈话，这次谈话让他深受震撼。

在过去5年里，我一直在迪士尼前首席执行官迈克尔·艾斯纳手下工作。这么说吧，我们这些迈克尔手下的员工都不会给他太多直接的负面反馈。老板可能会对员工工作上的问题直言不讳，但逆向的负面反馈却少之又少。

当我第二次参加特德的部门会议时，特德首先让我们12个人写下这几个月以来的意见反馈，他要求我们每个人都必须养成彼此坦诚表达反馈的习惯。"哪怕你们不在一起工作，"特德说，"你们也需要相互了解，不断给对方提出坦诚的批评意见。公司高管在里德的带领下刚刚完成一轮360度反馈,我会和你们分享我刚刚得到的反馈意见。"

听罢我一头雾水。特德这是在做什么?在我的职业生涯里,还从来没有哪个领导会告诉我他的同事和领导是怎样评价他的。我的第一个想法是,他会把别人对他的评价选择性地告诉我们,我们听到的将是一个经过包装的版本。然后他按照职位高低依次念了里德、戴维·威尔斯、尼尔·亨特、乔纳森·弗里德兰和其他高层领导对他的反馈意见。他没有特意挑太多正面的评价,当然,这里面肯定有对他工作的认可,但他着重分享的,却是针对他的批评意见,包括:

- 你不回复我们团队邮件的时候,我们会觉得你有点高高在上的姿态,尽管我知道你并不是有意这么做,也没这么想,但这还是让我们觉得有些沮丧。可能是因为我们之间的信任不够,我希望你可以投入更多的时间跟我们进行更多的交流,这样我的团队才能更好地为你的部门服务。
- 你和辛迪之间长久以来的意见分歧就像"老夫老妻"的关系一样,不是行政管理者交往的好榜样,你们双方都应该有更多的倾听和理解。
- 不要对团队内部的明显冲突视而不见,这并不能解决问题,只会使矛盾在其他方面加剧,并不断恶化。珍妮特对罗伯特的工作早就心生不满,两人不和的种子在一年多以前就种下了。与其让所有人都不舒坦,团队士气日渐低落,倒不如直接找对方面对面地谈一谈,正面解决这个问题。

特德读到这些内容的时候，就像在读超市的购物清单一样。我想："哇，我是不是也可以勇敢地跟我的同事反馈我的意见呢？"

于是，拉里真的这样做了。"从那以后，我也按照特德的方式，积极地在自己的团队里进行反馈。反馈不仅仅限于书面形式，而是任何时候都鼓励大家给我提意见。我还建议我手下的负责人在自己的团队里也这么做。"

虽然360度书面反馈制度保证了定期的坦诚反馈，许多人也会在报告出来以后讨论反馈意见，但这并不能确保所有反馈都能得到公开的交流。如果克丽丝-安给让-保罗写下了360度反馈意见，称他在与客户会面时同他人窃窃私语，影响了他的销售业绩，但让-保罗压根儿就不和克丽丝-安或其他任何人谈这件事，那么克丽丝-安的反馈就变得杳无声息了。为了解决这一问题，里德推出了另一项举措：

360度面对面

到2010年，公司的360度书面反馈流程完全确立，并取得了巨大的成就。结合我们在提高透明度方面采取的种种举措，我觉得我们可以更进一步。因此，我开始进行一些新的尝试，想看看如果进一步提高我们高层管理团队内部的透明度，会不会带动其他团队透明度的提高。我决定先从我和直系下属的一次团建活动入手。

我们开会的地点在一间被称为"摩天炼狱"的房间。这是一间鸟巢状的房间，位于温彻斯特大街 100 号老硅谷网飞大楼。莱斯莉和尼尔结对走到房间的一角，特德和帕蒂则去房间的另一角，以此类推。活动形式类似于限时约会，但内容是限时反馈。每个对子都会在规定时间内根据"开始、停止、继续"三个方面给予对方反馈，时间到了就依次轮转结成新的对子。

然后，我们 8 个人围成一圈，交流心得感受。结对练习进行得很顺利，但小组讨论才是这次活动的重头戏。

所以接下来，我们就直接进行小组讨论。因为没有别的安排，我决定在晚餐时进行第二项实验，这样时间可以宽裕一些。我们约在了一家名叫"羽毛马"的餐厅，餐厅位于古朴的小村落萨拉托加，从公司开车过去很近。我们到的时候，树上已经亮起了彩灯，点点灯光宛如森林里的萤火虫。我们走进这家看起来不大的店面，却发现里面像是一个巨大的洞穴，曲折小道通往幽静的包间。

特德自愿打头阵，我们围成一个圈，每个人按"开始、停止、继续"三个方面给他提出反馈。当时，特德是洛杉矶分公司为数不多的几个员工之一，他每周都要抽一天时间赶到硅谷处理工作。每周三，他都是冲进硅谷的办公室，在 6 个小时内处理掉三天都讨论不完的问题。戴维、帕蒂和莱斯莉都对特德说，他在办公室的这一天，所有人都手忙脚乱的。"当你周三下午离开的时候，感觉就像一艘喷气式游艇驶过，留下了巨大的尾流。"帕蒂解释说，"整个办公室乱糟糟的，每个人都特别紧张。"

我一直想和特德讨论这个问题，但现在不用我开口了。在那次会议之后，他调整了日程安排，留在硅谷的时间更长了，来之前也会通过电话处理一些事务。特德发现自己的行为打乱了别人的工作节奏，而公开讨论这件事则帮助他找到了更好的解决办法。

"360度面对面"特别有用，因为在听取别人的意见之后，每个人对自己、对团队的责任意识都会增强。由于我们的员工有很大的自由度，再加上公司"不要试图取悦老板"的工作氛围，这种责任共担的意识构建起了一张安全网。领导不会命令员工怎么做，但如果员工有不负责任的行为，他很快就能得到团队的反馈。

接下来轮到了帕蒂。尼尔告诉她："我们开会的时候，你讲得太多了，我一句话也插不上。你的激情吞噬了所有的空气。"但是，莱斯莉却提出了不同意见："我对尼尔的说法感到惊讶。我觉得帕蒂是一个很好的聆听者，她总是给大家足够的时间各抒己见。"

快要结束的时候，每个人都简要地概述了各自的收获。帕蒂说："和尼尔这样比较沉默寡言的人谈话，我往往会多说一些来充实内容；但是，和莱斯莉这样健谈的人在一起，我更多时候会选择倾听。在我自己的团队里，有很多性格内向的人，他们在会议上根本不说话。以后召开30分钟的会议，我每次都留10分钟给其他人发言。如果没人说话，我们就静静地坐着。"

我是一个健谈的人，所以我并没有意识到有人会觉得帕蒂讲得太多了，剥夺了别人发言的机会。要不是这次讨论，我也想不到居然有人会给她提这样的意见。因为帕蒂跟我相处的时候，话也没有那么多。这也恰恰证明：员工得到反馈是一件多么重要的事。不仅要有领导的反馈，同事的反馈也很重要。通过这次会议，我和团队的每位成员以全新的方式认识了团队内部的分歧。我发现共进晚餐是一个了解人际动态的有效途径，可以提高集体的工作效率，增进团队协作。

很快，这样的活动在我们公司的很多团队中开展起来，最后成了一项很常见的活动。当然，这项活动不是强制性的，网飞可能也有员工从未参与过这项活动。但是，我们的经理们都深谙这项活动的重大意义，所以大多数团队每年都会组织一次。现在，这一活动的流程已经非常成熟。事实上，想要顺利开展一次这样的活动并不困难，只需要设置一个合适的场景，安排一位有威望的员工主持和协调就可以了。如果你也想尝试"360度面对面"，我可以为你提供一些建议：

活动时长和活动地点："360度面对面"的活动往往需要几个小时的时间，在晚餐时间开展比较适宜（至少包括一顿晚餐）；此外，每次参加活动的人数不宜过多。我们有时会组织10个或者12个人参加，但参加者不超过8个人更有利于活动的开展。如果有8个人参加，活动大概需要3个小时；而12人则需要5个小时。

开展方法：所有的反馈都应被视作一份礼物，而且必须是切实可行的；反馈的提出和接收都应遵照第二章提出的4A反馈准则。领导也需要提前说明这一点，并且在活动中进行监督。

可以提正面的鼓励和支持（即"继续……"类的反馈），但这一类不应该作为重点。肯定的反馈可以占到25%，而改进型的反馈（"开始……"类和"停止……"类反馈）应该占到75%。尽量避免不具操作性的泛泛而谈（比如"我觉得你真的是个很好的同事"或者"很高兴和你一起工作"）。

如何开始：最初的反馈会奠定整晚活动的基调，因此，活动刚开始的时候，尽可能选择一位能以开放包容的态度坦然面对批评的接收者，以及一名言辞犀利的反馈者，两人在 4A 反馈准则之下进行反馈。通常，老板是第一个接收反馈意见的人。

"360 度面对面"能够在我们公司顺利开展，得益于公司的高人才密度以及"拒绝不羁的天才"的政策。如果你的员工不够成熟，态度不端正，或者缺少在众人面前暴露弱点的自信，你最好不要进行此类活动。即使你已经做好了准备，也需要一位权威的主持者和协调者，万一有人说了过分的话，他能够及时地站出来，保障活动继续按 4A 准则正常进行。

设备合作伙伴生态系统副总裁斯科特·米勒跟我们讲述了他们团队在一次"360 度面对面"的活动中发生的"事故"。当时有人超出了底线，而他却没能及时地解决。这种情况并不多见，但一旦出现，组织者必须站出来稳定局面。

> 我组织我们管理团队的 9 名员工进行了一次"360 度面对面"的晚餐活动。我们团队中有一位经理叫伊恩，他为人很友善。他在给女同事萨比娜反馈意见时说："你工作的时候总是让我想到一部电影，叫《崩溃边缘的女人》(Women on the Verge of a Nervous Breakdown)。"说这话的时候他依旧带着微笑，而萨比娜则点着头记笔记。当时，我和其他参加活动的同事并没有觉得有什么不妥。直到一个星期之后，我才得知那次活动之后，萨比娜一直郁郁寡欢。她向一位同事吐露："用性别攻击的方式进行反馈不仅显得自私，而且也没什么帮助。"

在"360度面对面"的过程中,如果有人偏离了 4A 反馈准则,用讥讽、咄咄逼人或无济于事的方式说话,领导必须及时站出来纠正。这一点尤为重要,因为我们必须确保所有参与者都有平等的参与感,而领导的评论往往能够在不经意间消除偏见。斯科特当时确实没有注意到这一点。幸好,公司坦诚的文化氛围在这个时刻挽回了局面。

> 我给萨比娜打了电话,就没能及时纠正伊恩的不当言论向她道歉。萨比娜告诉我她已经没事了,因为她已经同伊恩谈过,伊恩也向她道了歉,他们在一起聊了一个多小时。总的来说,虽然这是活动中的"小事故",但我相信这次小摩擦同样有利于增进他们的感情。从那时起,面对每一条可能越界的反馈,我都会更加谨慎地对待。

当众难堪?群体隔离?你在阅读本章最后几页的时候,你的脑海中可能会冒出这样的一些词语,而有这种感觉的绝非你一个人。

大部分网飞员工第一次参加"360度面对面"的时候,都会感到有些恐惧和忧虑。对此,内容副总裁拉里·坦茨是这样解释的:

> 当着所有人的面揭你的短听起来确实很残酷。我每次去参加"360度面对面"之前都会感到焦虑,但活动真正开始之后,我反倒不紧张了。因为每个人都在看着你,不管提出任何反馈,每个人都带着一颗宽容的心,用带有鼓励的话语表达他们的意见。他们所做的一切都是希望你能成功,而不是为了打击你,或者让

你下不来台。要是有人越线,其他人马上就会站出来为你说话:"嘿,别说那些没用的!"随着活动的进行,每个人都会听到一些不中听的话。轮到你的时候,你要冷静地听取别人的客观评价。要做到这一点确实不容易,但你同样需要谨记,这是帮助你进步的最好礼物。

几乎所有参与这项活动的员工都从中受益匪浅。一些人很享受这样一段经历,感觉自己和同事之间的关系更加密切了;而另一些人则对这项活动又爱又恨,就像里德检查牙齿一样,他们知道这项活动很有意义,但还是没法控制内心的恐惧。在阿姆斯特丹分公司工作的法籍公关经理索菲就属于典型的第二类人。

像大多数法国人一样,我会用学校教授的方式进行辩论。我首先引入一个论点,紧接着根据这个论点展开论述,然后反驳各种质疑我的观点,最后得出结论。引言、论点、驳斥、总结——这是我们法国人在学校多年养成的分析习惯。

美国人讲究"切中要害,坚持要点",这对于法国人来说真的很难理解。"如果你没有进行论述,怎么能得出结论呢?"但是,网飞是一家美国公司,我的老板是美国人,我的团队里大多数的同事也是美国人。所以我一直不知道,他们并不喜欢我的交流方式。

2016年11月,上级组织了一次团队内部的"360度面对面"。我们在阿姆斯特丹华尔道夫酒店的一个包间里共进一顿四道菜的正式晚餐。那是一个"漆黑的夜晚,还伴随着狂风暴雨",我们坐在一个华丽的房间内，房间充满了中世纪的格调，唯一的光亮来自一盏巨大的水晶吊灯，吊灯悬挂在一张长方形大木桌的上方。我很紧张，但一想到我在网飞工作时间虽然不长，但还是有不少成就，于是就平静了下来。我相信自己是一个"表现优秀的同事"。

轮到我接收反馈的时候，我的同事乔勒脱口而出，说我需要提高说话的技巧。她认为我说的话不能引起听众的兴趣，铺垫太多让听众抓不住重点。我当时非常吃惊，心里暗想："这说的是我吗？说我不会讲话？我明明是个交流专家！我最引以为傲的就是我的交流技巧！"我觉得这话一点儿也不靠谱，根本不用放在心上。

接下来，我的美国同事一个接一个地给我提出反馈意见，当然也有正面的夸奖，但也有"你太理论化了""你给的信息有些拖泥带水""你写的东西吸引不了读者"之类的反馈。有5位同事说了类似的话，我心想："好吧，我明白了！没有必要联合起来对付我。"等到第七个人的时候，我开始有些排斥了，我很想说："嘿，你们这群美国人，你们倒是去法国公司工作试试，看看他们会不会喜欢你们的写作风格！"

对索菲来说，那个晚上并不好过，但收到了大家的反馈，那个晚上也算不白过。

对于我的成长而言，两年前的那顿晚餐是我过去10年中最重要的时刻。如今，我已经很好地适应了美国人的表达方式，我也可以在美国和法国的交流模式之间自由切换。要做到这一点可不容易，但是我还是做得很不错，在"360度面对面"活动中得到的赞扬也越来越多。老实说，我讨厌在华尔道夫酒店的那个晚上，但要是没有这样的经历，我可能最终无法通过员工留任测试，我也就不能待在网飞了。

如果你问网飞的员工，在餐桌上当着所有人的面，把"你需要改进的地方"一点一点地指出来是种什么感觉，可能大家都会说，有时候会很尴尬，还经常觉得不舒服，但这种方式确实帮助你提高了业绩。对于索菲而言，这保住了她的饭碗。

第八个关键点

如果你确实很重视坦诚，那么就需要采取一些措施营造坦诚的氛围。只要用好书面反馈和面对面反馈这两个手段，你就可以确保每个人都能定期得到坦诚的发展性反馈。

本章要点

· 做到坦诚就像去看牙医。就算你倡议人人都要每天刷牙，也还是有些人不会这样做；有些人刷牙的时候也会漏掉一些不顺手的地方。每6~12个月进行一次彻底的检查，保证牙齿干净，保证反馈清晰。

- 在一个坦诚的工作环境中，绩效考核并不是最好的机制，因为绩效考核获得的反馈通常都是自上而下的，而且往往都只来自一个人（老板）。
- 360度书面反馈是一个很好的年度反馈机制，但是要避免匿名和量化评分，不要把结果和升职加薪联系起来，并且鼓励员工自愿给出公开的意见和建议。
- "360度面对面"晚餐同样也是行之有效的反馈手段。留出几个小时的时间，组织者给出明确的指示，遵循4A准则，使用"开始、停止、继续"三类意见和建议，给出大约25%的肯定意见和75%的发展性意见——所有建议应该是切实可行的，不要说空话。

迈向自由与责任的企业文化

经过管理者的员工留任测试之后，你将实现办公室的高人才密度。现在，你又采用书面和面对面的360度反馈机制，不仅在办公室里营造了坦诚的氛围，同时也保证了员工之间能开诚布公地交谈。在拥有了高人才密度和坦诚文化之后，你现在需要花时间来指导公司的管理者，让他们放松对员工的掌控。我们在第六章中已经谈到了决策自由，所以从理论上讲，你的员工应该已经做好了准备。但为了营造一个自由与负责任的企业氛围，你需要教经理们如何设置情景，引导员工做出正确的决策，而不是对他们进行控制。这将是下一章讨论的话题。

▶ 取消多数管控……

9

情景管理而非控制管理

网飞原创纪录片节目总监亚当·德尔·迪奥（Adam Del Deo）挂断了电话，他感到有些心神不宁。他倚着墙站在帕克城华盛顿校舍酒店的大厅里，深深地吸了一口气，然后闭上了双眼。等他睁开眼睛的时候，他的同事、资深大律师罗布·吉列尔莫（Rob Guillermo）就站在他身边。罗布问他："嘿，亚当，一切还顺利吗？《伊卡洛斯》（Icarus）竞标有消息了吗？"

这是 2017 年 1 月，亚当和罗布一起参加了圣丹斯电影节。就在这前一天，他们看了一部关于俄罗斯兴奋剂丑闻的纪录片《伊卡洛斯》。

亚当对此评价很高，认为这是他看过的最好的纪录片之一。

纪录片讲述了科罗拉多州记者布赖恩·福格尔一次疯狂的经历。布赖恩·福格尔本身也是一名自行车手，他想要在自己身上做一个实验，就像兰斯·阿姆斯特朗那样使用兴奋剂，然后去参加自行车赛，以此验证兴奋剂对于比赛结果的影响。经过努力，他联系到了俄罗斯反兴奋剂项目负责人罗琴科夫，罗琴科夫答应帮助他，两人还互相加了Skype（社交应用）好友。但在实验过半时，俄罗斯被披露向奥运会运动员提供兴奋剂，而罗琴科夫竟是罪魁祸首（他居然还在搞反兴奋剂的项目！）。事情败露后，罗琴科夫担心自己的人身安全，于是便逃离了俄罗斯并藏匿在福格尔家中。

这样的故事简直太令人难以置信了，靠编是编不出来的，情节也扣人心弦。

亚当迫不及待地想要为网飞拿下这个项目。与此同时，有消息说亚马逊、Hulu视频网和有线电视网也对这个项目摩拳擦掌，跃跃欲试。他那天上午报出了250万美元的竞标价格，这对纪录片来说已经是天文数字了。但他刚刚得到消息，自己的报价还是太低。他是不是应该出350万美元，甚至400万美元呢？以前从来没有报过那么高的价格。在跟罗布讨论的时候，特德·萨兰多斯正好用过早餐来到大厅。他们告诉特德现在的竞标情况，特德询问他们有什么打算。亚当对当时的对话记忆犹新。

"或许我们应该把报价提高到375万美元或者400万美元，但是这样的标价未免太高了，会搅乱整个市场的。"我一边说一边观察特德的反应。

特德直直地盯着我的眼睛，对我说道："嗯，你对这个项目是不是志在必得呢？"他抬起两根手指做了个引号，表示这确实很重要，这使得我更紧张了。这个项目确实是我想要的，但是特德呢，也是他想要的吗？于是我问他："特德，你觉得呢？"

特德开始向门口走去，显然他并不想回答我这个问题。"听着，"他说，"我怎么想不重要，最后要做出竞标决定的人是你而不是我。你决定我们最后出多少钱。但做决定之前不妨问问自己，这到底是不是你不惜一切代价想要得到的？会不会引起轰动？会不会像《超码的我》（*Super Size Me*）和《难以忽视的真相》（*An Inconvenient Truth*）一样获得奥斯卡提名？如果答案都是否定的，那就别出那么高的价。但如果你认为这真是值得孤注一掷的好片，不管450万美元还是500万美元，你都把它拿下来！"

10年前，也就是2007年，莱斯莉·基尔戈曾经创造性地提出过一个理论；现在，这一理论通过特德的行为和他说的那番话得到了很好的诠释，这就是：情景管理而非控制管理。如果在别的公司，一旦涉及大笔经费的支出，公司高层一定会牢牢抓住话语权，反复讨论之后再做定夺，而网飞却并非如此。这就像亚当解释的那样："特德不会替我做决定，但他会设定情景，帮助我考量决策是不是符合公司的战略需要，而他预设的情景正是我决策的参考依据。"

控制型管理还是情景管理？

最广为人知的决策方式就是领导拍板。领导需要审批决策，指导过程，选拔人员。有时，他可能会直接告诉员工该做什么，并且经常进行检查，纠正那些与他的意图不符的做法；有时，他也会试着给员工更多的权力，用流程控制代替直接监督。

在工作中，许多领导都会运用控制流程给予员工一定的自由度，允许他们按自己的方式完成任务。但完成什么任务，什么时候完成，仍是领导说了算。比如，老板要设置一个目标管理流程，他可能会和员工一起制定关键绩效指标，然后定期监控工作进度，最后看员工是否在预算内按时实现了目标，以此作为绩效考核的依据。此外，他还会在产品上市之前进行核查，下订单之前进行审批，以此确保员工的工作质量。这些手段允许老板给予员工一定的自由度，但同时又施以较多的管控。

相比之下，进行情景管理的难度更大，但赋予了员工最大的自由度。你将一切信息透明化，团队成员就可以在不受监管和行为控制的情况下自行决策并完成任务。这样做的好处在于每个人的决策能力都能得到锻炼，将来他们都能够独当一面。

当然，只有在条件成熟的情况下，情景管理才能发挥作用，其中首要的条件就是公司要拥有高人才密度。如果你曾经管理过别人，哪怕管理的是你自己的孩子或者在你家里做事的人，你都会理解这一点。

假设这样一个场景：你有一个16岁的儿子，他喜欢画日本风格的漫画，喜欢解决复杂的数独问题，还会吹萨克斯。最近他也开始在周六晚上和年纪稍长的朋友一起参加聚会。你已经告诉过他不要酒后驾车，也不希望他搭乘饮酒司机的车回家，但是他每次出去聚会你还是会担心。对此，你有两种解决方法：

1. 你告诉你的儿子哪些聚会可以去，哪些聚会不能去，并且监督他在聚会上的一举一动。如果他想要周六晚上参加朋友的聚会，那就先得做这么几件事情：首先，他必须告诉你聚会上都有哪些人，他们会在聚会上干些什么；接着，你要询问组织聚会的孩子家长，聚会将在哪里举办，并确认聚会上是否有成年人陪同，孩子们会不会喝酒；最后，你根据这些信息决定要不要同意你的孩子参加。即使你允许了，你仍然会在你儿子的手机上安装一个追踪器，保证他参加的确实是这个聚会。这就是控制型管理的做法。

2. 你可以设定情景并与孩子达成共识。你可以和孩子聊聊青少年为什么不能喝酒以及酒后驾驶带来的危险；你们可以在厨房里做实验，这样安全得多。你们可以把不同浓度的酒倒进玻璃杯，测一测孩子酒量的大小，看看究竟喝多少会微醺，喝多少会酩酊大醉乃至昏迷，然后一起讨论喝酒对驾驶的影响，对健康的影响。你还可以和他一起在 YouTube 上观看有关酒驾危害的教育片。一旦他切实了解了酒驾的危险性，对这个问题的严重性有了足够的重视，你就不必用任何流程去限制他参加聚会，也不用监督他的行为。这就是情景管理的做法。

你做出的选择很大程度上取决于你的儿子。如果他过去一直都缺乏判断力，以致你不太相信他，那你肯定会是一个控制型家长；但如果你的孩子懂道理又很独立，你可以选择设定情景，并且相信他可以保护好自己。如此一来，你不仅可以帮助他在周六晚上做出正确的决定，还可以让他在未来面对各种诱惑，或受同龄人影响的情况下，做出负责任的决定。

如果你的孩子能够对自己负责，那显然应该选择第二种方法。谁又想要管那么多呢？你又何尝不希望孩子能够对自己的安全负责呢？但大多数情况下，选择还真不是非 A 即 B 这么简单。我们再设想这样一种情景：

你是现代版《唐顿庄园》(*Downton Abbey*) 的女主角（出身贵族，谈吐中带着傲慢，生活奢侈，还很有钱），你已经成年的孩子们要回来休一个月的假，为此你专门雇了厨师来家里做饭。要想做一顿合你家人胃口的饭可不容易，你家里有一位糖尿病患者，一位素食主义者，还有一位坚持要摄入低碳水化合物。你自己知道该怎么给他们做饭，但你雇的厨师并不知道，她可不了解你家人的饮食习惯。那么，你应该怎样去管理呢？你还是有两个选择：

1. 你向她提供一份烹饪时间表和一套食谱，内容详细到每天晚上应该准备什么菜品。你确定每道菜的配料表，并说明一种配料什么时候应该换成另一种配料；你会在上菜前品尝每一道菜，保证用料正确，菜肴美味。厨师要做的就是一切听从你的指令。当然，你也乐意听取她对于菜品的意见，但她在烹饪前必须先征得你的同意。这就是控制型管理的做法。

2. 你和她详细讨论家人的各种饮食要求，包括低碳水化合物饮食的原则以及糖尿病人的饮食禁忌。你给她看一下你过去用过的食谱，这里面既有适合的，也有不适合的；你还可以跟她分享你曾经使用过的一些常见的替代食材。你需要给她说明一下：每顿饭都应该满足大家对蛋白质的需求，也必须要有沙拉和至少一种蔬菜。最后，你们俩在如何做好每顿饭的问题上达成高度一致，你可以让她自己找食谱，自己决定烹饪哪些菜肴。这就是情景管理的做法。

如果你选择1，那么你得清楚晚餐应该吃些什么，而且你很确定你的家人也会喜欢，这最大限度地排除了毁掉一顿晚餐的可能性。所以，如果你雇的厨师是个新手，看起来并不习惯自己做主，也没有兴趣去寻找好的食谱，而你也没有更好的人选，那么你就可以选择1，选2的风险就太大了。

然而，如果你相信你聘请的厨师有正确的判断力，同时也具有高超的厨艺，那么2就是一个更好的选择。一名优秀的厨师，只要让她自由选择食材，尝试各种食谱，她就能够为你带来很多新的菜品；要是真的犯了错，她也会从中吸取教训。等假期结束时，她在这些日子里做出的美味会给你们留下美好的回忆。

因此，要选择控制型管理还是情景管理，你需要回答的第一个问题就是"公司员工属于哪个层次的人才"。如果你的员工工作还很吃力，你就需要加强监督，不断检查他们的工作情况，确保他们做出正确的决定；假如你拥有一支高绩效的工作团队，情景管理就能让团队获得更多的自由，同时迸发出更强的创造力。

但是，到底采用控制型还是情景管理型也不完全是由人才密度决定的，你同样需要考虑行业特点和预期目标。

防范错误还是勇于创新？

让我们一起来看看两家公司的网站介绍。这两家公司近些年都取得了不错的业绩。请试着推测一下哪家公司得益于控制型管理（直接监管，结合/或者采用管控流程），哪家公司得益于情景管理（假设具有高人才密度）。

让我们先看埃克森美孚公司，以下内容摘自该公司官网：

埃克森美孚公司

自2000年以来，我们已经将损失工时事故降低了80%以上。虽然事故率有所下降，但是安全事故依然存在。2017年，有两名合同工人在为埃克森美孚公司工作时，因为意外事故受伤而最终死亡，我们对此深表痛心。这两次事故，一次发生在陆上钻井平台，另一次则发生在一家炼油厂的施工现场。我们彻查了事故发生的原因，并向公众公布了调查结果，以防止事故的再次发生。我们还加入了由石油、天然气以及其他行业代表，包括国家安全委员会下属坎贝尔研究所成员在内的跨行业工作组，希望能更好地了解可能导致严重伤害及死亡的各种因素。我们将继续向埃克森美孚的员工及承包商宣传"安全第一"的理念，坚决杜绝伤亡事故的发生。

第二个例子是美国零售业巨头塔吉特公司。2019年,《快公司》杂志将其评为全球最具创新力公司的第十一名。以下摘自文章的相关内容:

塔吉特公司

这家零售百货公司的发展给众多大型零售商带来极大的启示:随着电子商务的蓬勃发展,一些大型实体店,像杰西潘尼(J. C. Penny)、西尔斯(Sears)以及凯马特(Kmart)都显得步履维艰,客流量大幅下滑。但是,塔吉特公司却灵活地适应了现代消费者的消费偏好。从特大型超市到市中心的小型便利店,它在全美已经拥有了1 800余家店铺,能够满足不同消费者的购物需求。该公司同时也在投资线上业务,打造功能强大的网上交易平台,还开展了当日及次日送达业务,其强大的业务能力足以与亚马逊展开竞争。

在决定控制型管理还是情景管理的时候,你还需要回答第二个关键问题:你的目标是防范错误还是创新。

如果你的重点是防范错误,控制型管理是最好的做法。埃克森美孚公司的安全至关重要,它每一处生产基地都需要上百道安全程序,从而最大限度地保障人身安全。如果你从事危险作业,管控机制是十分必要的,因为完善的机制可以最大限度地避免事故的发生。

同理,如果你负责医院急诊,初级护士在不受监管和指导的情况下自行制订急救方案，可能会导致患者死亡；如果你制造飞机，却没有足够的控制程序保证每个部件组装到位，那么空难发生的概率将大大增加；如果你负责清洗摩天大楼的窗户，你也需要进行定期的安全检查和日常维护。控制型管理是防范错误的有效手段。

但如果跟塔吉特一样，公司的目标重在创新，那错误并不是主要的风险，而最大危机就是员工提不出新的想法，最终导致公司被市场淘汰。尽管随着越来越多的人在网上购物，许多实体零售店纷纷倒闭，但塔吉特敢于创新，富于想象，所以总能牢牢地把顾客留住。

其实，许多公司都可以借鉴塔吉特的发展之道，无论你是发明儿童玩具，销售纸杯蛋糕，设计运动服装，还是经营一家融合菜肴的餐厅，创新都是你需要追求的一个重要目标。对于这样的公司，如果拥有很高的人才密度，情景管理是最好的选择。鼓励原创性思维，不要去教员工该怎样做，否则会把他们束缚在条条框框里面。要为他们设定情景，让他们有梦想，有灵感，能发挥出绝佳的想象力，还要允许他们犯错误。总而言之，你只要设定好情景就够了。

或者就像《小王子》(*The Little Prince*)的作者安托万·德·圣-埃克苏佩里在诗歌里描述的那样：

  如果你想造艘船，
  不要老催人去采木，
  忙着分配工作
  和发号施令。
  而是要激起他们

对浩瀚无垠的

大海的向往。

我非常喜欢这段文字，甚至在我们文化备忘录的结尾还引用过，但同时我也意识到，对于一些读者而言，这可能完全不切实际。于是，这就涉及了实现情景管理的第三个必要条件，除了高人才密度（首要条件）、创新性目标（而非错误防范性目标）之外，你还需要"松散耦合"的体制。

"松散耦合"还是"紧密耦合"？

我是软件工程师出身，软件工程师常用"紧密耦合"和"松散耦合"这两个术语来描述两种截然不同的系统设计。

紧密耦合系统是指系统的各个模块错综复杂地交织在一起。如果想要对系统的某个部分进行更改，你就必须重新构建基础，这不仅会影响需要更改的部分，而且会影响整个系统。

与之相对的是松散耦合系统，系统中各个模块没有那么紧密的联系，可以只更改特定的模块，不必重新构建基础。这就是软件工程师更偏爱松散耦合系统的原因。在松散耦合系统中，对特定模块的修改不会影响系统的其他部分，整个系统非常灵活。

在一个组织机构中，不同团队就像是电脑系统的不同组成模块。在紧密耦合型公司，大老板做出决策并自上而下层层传递，往往导致众多部门相互牵扯。一旦某个部门出现问题，反馈必须逐级上传至大老板。

而在松散耦合型公司，只要确定出现的问题不会波及其他部门，经理甚至员工本人都有权自行做出决定或解决问题。

　　如果老板的指令需要公司自上而下逐级传递，那么这个公司采用的多半是控制型管理模式，相应的就是紧密耦合型体制。在一个紧密耦合型企业中，如果想要尝试对一个部门或一个团队进行情景管理，你会发现这种体制让你寸步难行，因为所有重要的决策都是由最高层做出的。你也许想把决策权下放给你的员工，但你做不到，所有重要的事情不仅要得到你的批准，还要得到你的上司和你上司的上司的批准。

　　如果你所在的正是紧密耦合型公司，你可能需要与公司的高层加强沟通，尽量改变整个机构的行事风格，尝试比较初级的情景管理模式。即使公司已经实现高人才密度，并且将创新作为发展目标，但若是解决不好耦合机制的问题，情景管理可能还是无法实现。

　　当然，网飞就是一家采取"知情指挥"模式的松散耦合型公司。公司的决策制定权高度分散，集中控制的流程、规则或者政策也很少，这就给了员工极大的自由度，提高了部门的灵活性，加快了整个公司的决策速度。

　　如果你正处于创业初期，你的目标是追求创新与灵活，那你不妨尝试一下分散决策的模式，以减少不同部门的相互牵扯，从一开始就打造松散耦合的体制。一旦你的组织陷入紧密耦合的框架之中，想要转变为松散耦合的体制就非常困难了。

　　尽管如此，紧密耦合体制还是具有重要的组织优势。在紧密耦合的体制下，公司进行战略转变时可以保持内部的高度统一。首席执行官如果希望公司所有部门都重视可持续发展和道德采购，那么通过集中决策就很容易实现这样的要求。

另一方面，在松散耦合的情况下，缺乏一致性的风险很高。谁能保证不会有部门为了降低成本而忽视环境保护，无视工人权益，甚至对其他部门造成不良的影响？如果部门负责人为战略发展提出了建设性意见，而团队成员却为自己的小目标各自为政该怎么办？

这就引出了情景管理模式的第四个条件，也是最后一个条件。

团队的认同一致吗？

如果想要公司在松散耦合的体制中高效运转，让员工个人也能做出重大决策，那么老板和员工必须就他们的目标达成一致。只有领导和员工认识清晰，目标一致，松散耦合的体制才能发挥作用。这种一致性能够驱动员工做出决策，以完成整个组织的使命和战略任务。所以，网飞一贯奉行的准则就是：

　　认识一致，松散耦合

为了更好地理解这一点，让我们重新回到《唐顿庄园》的设想中：你的家人正在等待晚餐，如果你已经花了足够多的时间，在哪些类型的食物会让家人开心，谁吃什么以及为什么会吃这种食物，分量做多少，以及应该做三分熟、五分熟或全熟这些问题上与厨师达成了一致，那么高水平的厨师就能在没有监督的情况下挑选和烹饪菜肴。

然而，如果你雇了一位很优秀的厨师，允许她自由烹饪她想做的菜，但你没有告诉她，你的家人不喜欢吃咸，也不吃任何加糖的沙拉酱，你挑剔的家庭成员可能不喜欢为他们在盘子里配好的菜。在这种情况下，错并不在厨师，而在你。你选了对的人，却没有设定充分的情景。你给了厨师自由发挥的权力，但你俩的认识并没有达成一致。

当然，对于一家公司而言，事情就不是厨师为一家人做饭这么简单了。公司里上下级关系要复杂得多，想要达成一致也更加困难。

接下来，我们将探讨要实现组织机构的协调一致，领导该如何在整个机构中有效地设定情景。首席执行官应该确定情景的第一个层次，为一致性奠定基础。因此，我们也从里德的做法谈起。

一致对准北极星

我采用了很多种方法来设定情景，但主要针对的是公司的行政管理人员以及季度业务回顾会议。我们每年都会把公司驻世界各地的领导人（占公司人数10%~15%的高层管理人员）召集起来开几次会。首先，我会与我的6名直接下属，包括特德、格雷格·彼得斯和杰西卡·尼尔等进行一次长时间的会谈或者共进一顿晚餐；第二天，我会跟行政管理人员（包括所有副总裁以及更高级别员工）会面；接下来的两天，我们会在业务回顾会议上进行陈述、分享和辩论，参会人员是公司所有主管及以上级别的员工，约占全体员工总数的10%。

这些会议的首要目标就是确保公司上下所有管理人员在认识上能达成一致，共同向着"北极星"前进。至于如何实现目标，我们不需要所有部门都按相同的方式进行，我们允许不同部门有不同的方法和途径。但是，我们需要确保所有人都在向着同一个方向努力。

在季度业务回顾会议前后，我们会通过谷歌文档给每位员工发送备忘录，就会议中讨论的情景和内容进行说明。这些信息不仅参会者有权知晓，公司所有员工，包括行政助理、市场协调员……凡是你能想到的人，都有权知晓。

在会议间隙，我还会进行一对一的会面，我可以了解当前我们一致的程度究竟有多高，还有哪些方面缺乏情景设置。我每年和公司的每位主管有 30 分钟的会面。也就是说，我每年会和比我低三到五个级别的人进行大约 250 个小时的会谈。此外，每个季度，我也会和每位副总裁（比我低两到三个级别）进行一个小时的会谈，这又是 500 个小时的时间。当网飞规模还没这么大的时候，我和每个人接触的频率更高。但现在，我每年还是有 25% 的时间花在这些会谈上面。

这些一对一的会面帮我更好地了解了员工的工作状况，也提醒我在哪些问题的认知上还存在分歧，以便下一轮季度业务回顾会议时再次提出来加以讨论。

2018 年 3 月，我走访新加坡分公司时就遇到这样一个例子：在和产品开发部的一名主管进行 30 分钟一对一会谈时，他无意间提及团队正在按要求规划未来五年部门的员工人数，这不禁令我感到惊讶。对于其他公司来说，五年规划可能是一个努力的方向，但对于我们这样一个随时都在发展变化的行业，这显得有些荒谬。我们根本无法想象五年后的公司会是怎样的。这种规划只能是一种猜想，而围绕这样的猜想来制订计划，公司的发展必然受到拖累，我们也无法及时进行调整。

于是，我对这个问题进行了深入的调查，发现根源是我们的一名设备管理人员要求各部门提交 2023 年员工预测人数。当我与他交谈时，他解释说，我们在世界各处都在开设分公司，而有些分公司办公场所的增长比实际需求要快，从而导致资金浪费。他告诉我："如果我有一份员工人数的五年规划，我就能以最便宜的价格租到合适的办公场地，就可以避免浪费，这也是我让各个部门提交规划的原因。"

我很想对他说："你这个笨蛋！不要先想着防范错误！灵活性才是最重要的！你那样完全是浪费时间。那样的计划根本不可靠，也没有参考价值。你马上把这个要求取消。"但这是控制型管理者的做法。

于是，我就拿经常对管理层所说的话来提醒自己：

当你的员工做了一些蠢事，不要指责他们。相反，你应该问问自己，你在情景设定上犯了什么错：在阐释战略目标的时候，你有没有讲得足够清晰并且让员工受到鼓舞？你有没有阐明所有的可能性和风险，从而帮助你的团队做出正确的决策？你和员工在观点和目标上有没有达成一致？

针对这名设备管理人员的问题，我当时没有说太多的话，因为在选择办公场地这件事情上，我不是最有发言权的，他才是。

但这次谈话让我意识到，我需要在组织内部设定更好的情景。如果一个人误解了我们的战略意图，就会导致另外 50 个人也产生错误的认识。在即将到来的季度业务回顾会议上，我把这个议题加了进去。我向所有的管理人员阐明了公司为什么需要特别注重灵活性，因为我们不能,也不应该去预测公司未来的发展道路。

当然,具体情况也需要做具体分析。对于每一项业务,我们都要有前瞻性的考虑。在季度业务回顾会议期间,我们就"为了保持灵活性,我们应该看多远"这个议题进行讨论。我给大家准备了一些提前阅读的材料,展示了我们过去在预测方面的失误,以及一些无法预测的机遇。对此,我们进行了热烈的讨论:哪些方面再多投入一些,未来就会多几分选择;或者哪方面投入少了,公司的灵活性就会受到影响。其中的焦点就是:我们到底需要多大的灵活性,以及为此要付出多少代价。

这些讨论并不能马上形成一个明确的结论或规则,但在讨论的过程中,有一点达成了一致,这就是:为了防范错误或者节约经费而追求长期规划并不是我们的首要目标。我们的"北极星"是建立一家适应性强且灵活高效的公司,无论是面对突如其来的发展机遇还是商业条件改变,我们都能快速地适应。

当然,任何公司的首席执行官都只能做第一个层次的情景设置。在网飞,无论是哪个级别的经理,在入职时都必须学会设定情景。特德团队的梅利莎·科布分享过这样一个案例,从中可以看到情景管理是如何影响整个公司运转的。

一致性呈树形,而非金字塔形

原创动画部副总裁梅利莎·科布 2017 年 9 月入职网飞前,曾在福克斯、迪士尼、VH1 电视台和梦工场等多家公司工

作过。在梦工场工作时,她制作了获得奥斯卡提名的《功夫熊猫》(Kung Fu Panda)三部曲。在领导岗位工作24年之后,她运用金字塔形和树形两个形象的比喻,来帮助加入团队的员工理解传统管理和网飞提倡的情景管理之间的区别。她是这样解释的:

> 在来网飞之前,我所任职的每一家公司在决策制定上都是金字塔形的。我以前在电视台一直从事电影和电视节目的制作。在我们这座金字塔的底端有这样一群人——大概有45~50人——我们称之为创意执行。他们每个人都要负责一个或者多个项目。比如,在迪士尼工作的时候,我们制作了由切维·切斯主演的电影《犬父虎子》(Man of The House),负责这部剧的创意执行每天都在片场忙得团团转,负责核对台词、服装和其他所有的细节。每一场演出的细枝末节都是交给金字塔底层的创意执行来处理。

```
        首席
        执行官
       高级副总裁
        副总裁
         主管
        创意执行
```

> 但如果有什么重要的突发情况,比如有人想在节目录制时更换一段台词,那就需要更高级别的工作人员来解决。创意执行会说:"不好意思,我不知道老板的意见,让我给他打个电话吧。"
> 于是,这位创意执行会打电话给他的经理,也就是金字塔高一

级别的 15 位主管之一。"主管，您觉得呢？我们可以更换这段台词吗？"对于大多数问题，主管可以做出决定，明确表示同意或者不同意。

但如果改变的不仅仅是一段台词，而是更重要的内容，比如说想剪掉整个场景，那么主管可能会说："我不确定上级的想法，我得问问他。"然后，他会把这个问题推到更高的层次，也就是 6 名副总裁那里。主管会打电话给副总裁，征询他的意见："老板，您觉得怎么样，我们能把这一幕删掉吗？"然后，副总裁会批准或者否决这个建议。

如果出现更重要的情况，比如有演员退演，或者整个剧本不得不重写，那就需要上报给几位高级副总裁。而对于一些特别重大的事件，比如原定的创作者生病了，需要马上确定新的创作人员，则可能需要一直上报到位于金字塔顶端的首席执行官那里。

无论哪个地区，哪个行业，大多数组织机构实行的都是这种金字塔形的决策模式。这种模式包括两个方面：一方面由老板做出决定，然后自上而下逐级传达，一直落实到金字塔底端；另一方面是低级别员工只能处理细枝末节的小问题，稍大一点的问题则需要层层上报。

但在网飞，如同我们一贯所坚持的那样，知情指挥就是决策的制定者，不是任何事情都由老板决定。老板的工作是设定情景，帮助团队做出最有利于公司的决策。我们发现，这种管理模式不再像一座金字塔，而更像一棵大树。首席执行官就是树的根部，而伸展开去的知情指挥则位于树枝顶端，负责各项具体决策的制定。

梅利莎提供了一个很深刻的案例，说明了情景管理是如何由树根延伸至最高的枝干并发挥作用的。通过下面的树形图示，你可以看到里德、特德·萨兰多斯、梅利莎、多米尼克·巴扎（梅利莎手下的一名主管）分别设定不同层次的情景，而所有这些情景最终影响了知情指挥亚兰·雅库比亚所做的决定。现在，让我们具体看看每个层次的情景设置是如何将公司自上而下联系起来的。

知情指挥亚兰·雅库比亚：赛项目《威武小神童》具体负责

主管多米尼克·巴扎：着眼动画，胸怀高远

副总裁梅利莎·科布：把冰屋和泥棚都带到曼谷

首席内容官特德·萨兰多斯：大冒险，大收获

首席执行官里德：全球化战略

1. 里德是大树的根基——全球化战略

2017年10月，在梅利莎首次参加的季度业务回顾大会上，里德

进行了有关网飞未来全球化发展的主旨演讲。梅利莎在备忘录里这样写道：

> 我在网飞工作不到一个月，10月份的第二个星期就参加了在帕萨迪纳亨廷顿朗豪酒店召开的季度业务回顾会议。我努力地适应着网飞的工作模式。每个人都告诉我，通过这次会议，我能够对网飞有全面的了解。因此，里德讲话时我听得格外认真。
>
> 里德在他15分钟的演讲中说："上个季度，我们80%的增长来自美国以外的海外市场，我们应该对此高度关注。现在，我们有一半以上的客户来自其他国家，而且这个数字还在逐年增长，这也是我们最大的增长点。我们当前的首要任务就是要不断增加国际客户的数量。"

里德详细分析了网飞的工作重心应该放在哪些国家，其中就有印度、巴西、韩国和日本，并解释了其中的原因，这些信息在很大程度上影响了梅利莎对自己部门发展战略的思考。不过，里德不是梅利莎的直接上司，她的顶头上司是特德·萨兰多斯。在会议结束后不久，她与特德进行了一对一的交谈，特德在里德的基础上完成了自己的情景设定。

2. 特德·萨兰多斯是大树干——大冒险，大收获

在一对一面谈之前，特德已经同梅利莎谈过在全球化发展的背景下网飞面临的重大机遇。印度是一个潜力巨大的市场；日本和韩国内容开发的生态系统特别丰富；网飞在巴西分公司的规模很小，但观众却超过

了 1 000 万。2017 年 10 月下旬，两个人又坐下来交谈了一番。特德不仅告诉梅利莎一些尽人皆知的消息，还向她提到种种尚不清楚的情况。

> 梅利莎，你看，网飞现在正面临一个转折点，我们在美国已经拥有 4 400 万会员，但放眼全球，我们仍有巨大的发展机遇，我们还有很多东西需要学习。我们不知道斋月期间看电视的沙特阿拉伯人是多还是少；我们不知道意大利人更喜欢纪录片还是喜剧片；我们也不知道印尼人是更喜欢独自在卧室里看电影，还是喜欢一家人围坐在电视机前看电影。如果我们想要取得成功，我们就必须像机器一样不断地学习国际化的知识。

梅利莎已经习惯了网飞"赌一把"的观念。既然是下赌注，就意味着有时会赢，有时则会输。当然，用赌博来做比喻少了这样一层核心的意思，那就是要从失败中吸取教训。于是，特德又给梅利莎设置了这样的情景：

> 当团队在世界各地采购和制作节目的时候，我们需要花更大的力气去学习。我们应该做好在印度和巴西等潜力国家承担更大风险的准备，以便我们能更好地了解这些市场。在这一过程中，我们肯定会取得一些成绩，但也会遭遇不小的失败。所以，我们要从中吸取教训，以便今后能做得更好。我们应该不断反思："如果我们买下这个节目，却遭遇惨败，那我们能从中学到些什么？"如果有什么重要的东西值得我们学习，我们就买下来，赌一把。

里德和特德都为梅利莎设置了情景。接下来，在她自己"孩子与家庭"内容团队的周例会上，她将运用上司设定的情景来完成自己团队的情景设置。

3. 梅利莎·科布是粗壮的枝干——把冰屋和泥棚都带到曼谷

梅利莎过去就职的公司，像迪士尼和梦工场，都是闻名全球的动画制作公司，它们制作的节目到处都在上映。梅利莎相信网飞能抓住机遇突出重围，不仅打造全球品牌，而且成为真正的全球视频播放平台。

在世界各地，大多数孩子要么看自己国家的节目，要么观看美国的节目。我听了里德在季度业务回顾会议上谈到的国际化发展战略，觉得我们可以做得更好。

我希望在网飞上观看节目的孩子会觉得整个地球就像一座村庄。10岁的库拉普住在曼谷的一幢高层建筑里。她周六早上醒来，打开网飞，看到的不仅仅是来自泰国的节目（那些节目在当地的电视频道上就有），以及来自美国的节目（那些节目在迪士尼有线电视台上都有），还能看到来自世界各地的各种电影和电视节目。她可以看瑞典冰雪覆盖的小屋，也可以看肯尼亚农村的泥棚。这些节目不应该仅仅像迪士尼所做的那样，把世界各地的孩子搬上银幕；这些节目应该是世界各地真正的本土节目，这样你才有真切的感受。

这样的想法能够实现吗？我的团队有过很多争论。孩子们会喜欢那样一些全新的场景和角色吗？我们不知道。这就需要带入特德设定的情景。也正如他所强调的那样，这些都是有待我们去寻求答案的问题，我们要有下注失败的准备，但前提是赌注要押得有价值。我们达成了共识，决定试一下，在尝试的过程中不断学习。

在梅利莎团队的会议中，她与自己的6名直系下属取得了一致。负责学前幼儿内容采购的主管多米尼克·巴扎就是其中之一。

4. 多米尼克·巴扎是中型树枝——着眼动画，胸怀高远

开完会后，多米尼克·巴扎为了实现梅利莎提到的"地球村"梦想进行了很多思考。为了吸引库拉普去看瑞典和肯尼亚制作的电视，网飞需要提供哪些类型的节目呢？多米尼克认为动画应该是最好的选择，接着她又为自己的团队设置了情景：

> 小猪佩奇说西班牙语就像是地地道道的西班牙人，说土耳其语时又俨然是个土耳其人，说日语时也丝毫没有问题。与真人节目相比，动画走向全世界具有无可比拟的优势。而贝拉·拉姆齐主演的《魔法学校》(Worst Witch)在国外上映时，观众必须通过配音或字幕才能观看。孩子们讨厌字幕，说贝拉讲着葡萄牙语或德语看起来很滑稽，声音与图像也不匹配，大大影响观影体验。但小猪佩奇，以及所有的动画人物说的都是观众的语言，韩国的孩子和荷兰的孩子对佩奇的感受是一样的。
>
> 如果网飞的儿童节目要像梅利莎所说的那样，成为多元文化交融的平台，我认为我们需要把眼光放得更高一些。我和团队成员讨

论过，认为无论动画节目出自哪个国家，都必须是高质量的，能够得到世界上最有眼光的观众的认可。也就是说，一部高质量的智利动画片，不仅仅需要得到智利观众的认可，还应该在痴迷动漫的日本也同样大受欢迎。

结合里德、特德、梅利莎以及多米尼克设定的情景，内容收购主管亚兰·雅库比亚最后坐在了孟买市中心的一个小会议室里，掂量着他打算购进的一个节目：《威武小神童》(Mighty Little Bheem)。

5. 亚兰·雅库比亚是小枝丫——小神童，大收获

当亚兰看到可爱的印度原版动画片《威武小神童》的时候，认为它会在印度大获成功。

> 主人公是印度一个小村庄的孩子，他无限的好奇心和非凡的力量驱使他进行了各种各样的冒险活动，就像是一个印度版的大力水手宝宝。这个角色根据印度著名梵语史诗《摩诃婆罗多》(Mahabharata)中的神话人物比姆(Bheem)改编而来。在我看来，印度人会喜欢这个节目的。

但要不要对这个节目下注，亚兰仍然心存疑虑，他首先担心的就是动画片的质量。

> 印度节目的预算往往不高，就动画片的质量而言，在印度上

映是没有问题的。但我想到了多米尼克和我达成的一致意见，希望确保动画片的质量达到最高水准，不仅要风靡原产国，而且要让它在世界各地都受到观众的喜爱。我知道，如果我们真的购买了这个节目，要获得我们想要的质量，投资将是普通印度动画片的两到三倍。

接下来是让亚兰担心的第二点。

投资一档印度节目需要一大笔资金。为了收回投资，我们必须吸引世界各地的儿童都来观看。但在所有电视和流媒体节目中，印度的电视节目很少受到海外市场的关注，这是因为他们的资金投入确实很少，而且国外观众都认为故事中的地域色彩过于浓厚。所以，印度电视剧并不被看好。

亚兰担心的第三点是缺少学前幼儿节目的历史数据，即便是在印度本国也没有。

《威武小神童》是为幼儿制作的动画片。在此之前，印度还没有针对幼儿的流媒体或电视节目。这是因为印度负责影视等级评定的部门不对学龄前儿童的节目进行评级，所以这类节目的商业价值没法估量。那么，针对幼儿群体的节目在印度有没有观众呢？历史无法给出答案。

从表面看，种种因素都表明《威武小神童》是一个糟糕透顶的项目。"无论从历史角度还是商业角度考虑，我都不应该继续这个项目。"亚兰说道。但他脑海中也不断闪现公司领导为他设定的情景。

里德明确指出，扩大国际市场份额才是未来发展的方向。印度是潜力巨大的重要市场，而《威武小神童》就源于印度。

特德公开表示，面对像印度这样市场潜力巨大的国家，只要能学到东西，我们就要敢于冒险。我很清楚自己能从中学到什么东西。特德设定的情景让我有足够的底气说："即使这个项目惨败，我也进行了有意义的尝试，从中我们可以获得很多对网飞有价值的信息。"

梅利莎说得也很清楚，我们希望网飞的儿童节目板块来自世界各地，无论主题内容，还是风格神韵，都要有浓郁的民族和地方色彩。《威武小神童》极具印度特色，内容也能够吸引全世界的儿童。

我和多米尼克都认为，下这种跨国的大赌注，应该首先考虑动画片，而动画片又必须考虑它的质量。对于《威武小神童》这部动画片，只要我们再增加一些投入，就能够实现高品质。

经过充分的考虑之后，亚兰做出了他的决定。他买下了《威武小神童》，并给当地制作公司投资了一笔钱，用于提高动画质量。这部动画片于2019年4月中旬上映，仅仅三周就成为网飞在全世界收视率最高的动画片。如今，这部动画片的观众已经超过了 2 700 万。

在我采访亚兰的时候，他阐述了情景管理中进行分散决策的最大优点。

对于购买印度的哪些儿童节目，我可能是网飞的最佳人选，因为我了解印度的动画市场，了解印度家庭观看电视电影的方式，我对这些确实了如指掌。但是，只有当公司内部信息高度透明，预设情景充分，我在认识上和领导高度一致的情况下，我才能做出最好的决定，让公司和全球的网飞用户受益。

亚兰买下《威武小神童》的案例，充分展现了网飞进行树形情景管理的具体方式。从我这样立足根部的领导到多米尼克这样处于中级枝干的管理者，我们都设定了合理的情景，帮助亚兰做出了最后的决定。但是作为知情指挥，只有亚兰自己才能决定应该购买什么样的节目。

你可能已经注意到了，这样的案例在网飞绝非个例。从本书的开头到现在，我们讲述的很多案例都是低级别员工在没有老板批准的情况下，做出数百万美元的经济决策。一家负有完全财务责任的机构能够做到这一点，外人常常对此感到困惑。其实答案很简单，那就是一致性。

尽管网飞在财务上给了员工很大的自由，但投资也要遵循树形情景管理模式。我和特德就每个季度该投入多少资金购买电影和电视节目达成了一致；特德向下级传递信息，为梅利莎和她的团队在"孩子与家庭"这一块的资金投入设定了情景；在具体类别的资金投入上，梅利莎又与各位主管达成了一致；当亚兰决定买下《威武小神童》并投资提高动画质量时，他同样没有乱花钱，而是严格地遵循梅利莎和多米尼克为他设定的情景。

《伊卡洛斯》——最后一幕

当我们离开亚当·德尔·迪奥的时候，他还站在华盛顿校舍酒店，考虑要不要在这部纪录片上下大赌注。这部纪录片是以希腊神话中的人物伊卡洛斯命名的。他飞得离太阳太近，以致蜡做的翅膀被太阳烤化了。

特德设置了一个清晰的情景：如果《伊卡洛斯》不能引起轰动，亚当就不应该投入这么大一笔资金。他已经出到 250 万美元，而其他的竞标者，无论是亚马逊还是 Hulu 视频网都还在观望打探。如果 250 万美元还不够，而且这也不是他想要孤注一掷的电影，那么就放弃吧。但如果亚当确实看好《伊卡洛斯》，他就该赌一把大的。无论如何，一定要让这部纪录片落入网飞囊中。

亚当相信《伊卡洛斯》一定会引起轰动，所以他赌了一次。网飞以史无前例的 460 万美元买下了这部纪录片。2017 年 8 月，《伊卡洛斯》在网飞正式上映。但是，《伊卡洛斯》的起步很艰难，在最初的几个月里，几乎没有人看这部纪录片。亚当都要崩溃了。

《伊卡洛斯》上映 10 天后，我们召开了一个团队会议，讨论新内容浏览的相关数据。我对如此低的收视率感到震惊。我的同事们都相信我，认为我能够对一部纪录片的收视率、公众反响，以及奥斯卡获奖情况做出正确的预测。我的声誉是建立在这种信任之上的，而现在觉得自己犯了一个巨大的错误，这个错误将毁掉同事们一直以来对我的信任。

直到一桩大事的发生，《伊卡洛斯》的局面才得以改变。2017年12月，国际奥委会发布公告称，俄罗斯已被禁止参加奥运会。在奥委会的报告中提到，《伊卡洛斯》是事件的关键性证据。罗琴科夫接受了《六十分钟》（60 Minutes）节目的采访。他表示，至少有20个国家在以同样的方式使用兴奋剂。随后，兰斯·阿姆斯特朗也站出来公开表示他对《伊卡洛斯》的赞赏和感激。一时间，所有人都开始讨论这部纪录片，观影人数也一下子暴增。2018年3月，《伊卡洛斯》获得奥斯卡最佳纪录片提名。亚当是这样描述获奖场景的：

> 我当时觉得我们是得不到奖的。当女演员劳拉·邓恩准备宣布最佳纪录片得主的时候，我在老板丽莎西村的耳边小声说："这个奖我们得不到了，《脸庞，村庄》（Faces Places）应该能得奖。"就在这时，就像电影里的慢镜头一样，我听见劳拉·邓恩一字一顿地说道："得主是——《伊卡洛斯》。"布赖恩·福格尔激动得一下子冲上了舞台，还有人高兴得在座位上尖叫起来。我内心的感受难以言表，如果不是坐在那儿，我可能真的会摔倒。

在参加颁奖晚宴的路上，亚当遇到了特德，特德向他表示了衷心的祝贺。

我问他:"特德,你还记得我们在圣丹斯的谈话吗?"他咧嘴一笑对我说道:"当然……这确实值得我们孤注一掷。"

第九个关键点

一个在松散耦合的体制下运作的机构,如果具备高人才密度,而且以创新作为首要目标,那么就不建议选择传统的控制型管理模式。与其通过监管流程减少错误,不如设定清晰的情景,统一认识,确定共同的奋斗目标,同时把决策自由交给知情指挥。

本章要点

- 要实施情景管理，你需要拥有高人才密度；你的目标应该是创新而不是防范错误；你需要构建一套松散耦合的体制。

- 一切要素到位之后，不要告诉员工应该做什么，而是应该通过讨论来设置情景，达成一致，最后让他们自己去做出正确的决定。

- 如果你的员工做了一些蠢事，不要指责他们。相反，你应该问问自己，你是否在情景设定上犯了什么错误？在阐释目标和战略意图的时候，你有没有讲得足够清晰并且让大家深受鼓舞？你有没有把所有的假设和风险讲清楚，从而帮助你的团队做出正确的决策？你和员工在观点和目标上有没有达成一致？

- 一个松散耦合体制下的机构应该是树形联系而非金字塔形联系。老板就像是树根，延伸出高管们组成的树干，最后支撑起做出决策的枝丫。

- 如果你的员工能够利用好你和你周围的人传递出来的信息，能够自己做出决定将团队带向预期的方向，那你的情景管理就取得了成功。

这就是自由与责任！

本书开篇提出这样两个问题：（1）当外部环境发生改变时，为什么像百事达、时代华纳、柯达，以及我自己的第一家公司——纯软件都无法迅速做出调整、进行创新呢？（2）怎样做才能更具创造力和灵活性，从而实现企业目标呢？

现在，我们探索了提高人才密度与坦诚度的基本要素，剔除了烦琐的政策和程序，从而为员工提供更多的自由；同时，也创造了一个高效、灵活的工作环境。大多数公司都有以下政策和流程，但网飞没有：

休假制度

决策审批制度

经费审批制度

绩效改进计划

审批流程

加薪池

关键绩效指标

目标管理

差旅制度

委员会决策制定

合同签署相关政策

工资级别

薪资等级

绩效奖金

以上政策对员工是一种管控，而不是一种激励；但没有这样一些管控措施，企业又很容易陷入混乱。因此，你需要切实地提高员工的自律意识和责任意识；帮助他们获得足够的知识以做出明智的决定；建立反馈机制以激发员工的学习主动性。这样，企业将高效运转，给我们带来大大的惊喜。

仅此一点，我们就完全有理由将自由与责任的企业文化发展下去。而事实上，它的好处远不止这一点，至少还包括了以下几个方面：

- 上述的一些政策扼杀员工的创新能力。休假制度、差旅制度、经费审批制度会导致一种高规则的环境，这种环境不仅会阻碍员工创新思维的发挥，也会使最具创新能力的员工望而却步。
- 还有一些政策会拖延业务进度。审批政策、委员会决策制度，以及签署合同的相关政策无异于给员工戴上了镣铐，使他们无法自由而迅速地开展工作。
- 当大环境发生改变时，企业往往受制于上述一系列政策而无法迅速做出调整。绩效奖金、目标管理，以及关键绩效指标会使员工固守在一条预设的路径上，以致很难果断地放弃正在进行的项目而另择他路。绩效改进计划，以及现有的雇佣和解雇程序也很难在业务变化时进行必要的招聘或裁员。

如果你的目标是建立一个更具创造力、更快捷、更灵活的企业，请创造条件，发展自由与责任的企业文化，抛弃上述规则与流程。

2001 年，我们开启了企业文化的探索之路；2015 年末，我们构建起了一套完善的、倡导自由与责任的企业文化。网飞从一家邮寄 DVD 的小企业，成功转型为一家制作了《纸牌屋》和《女子监狱》等热门电视节目的流媒体公司。我们的股票价格从 2010 年的大约 8 美元上涨到 2015 年底的 123 美元。也是在这几年内，我们的用户数量从 2 000 万增长到 7 800 万。

在美国取得卓越的成就之后，我们开启了另一项文化挑战：国际扩张。2011—2015 年，我们开始一个国家接一个国家地进行拓展。2016 年，我们迈出了很大的一步，一天之内就进入了 130 个国家，这一切都应该归功于我们的企业文化。我们想知道：我们的企业文化是否也能走向全世界呢？这将是第十章讨论的问题。

第四部分

走向全球

10
走向全球的网飞文化

1983年，我以和平队志愿者的身份去了斯威士兰，这不是我第一次出国，但学到的东西却是最多的。仅仅几周的时间，我就意识到自己对生活的理解与周围的人存在很大的差异。

在我上数学课的头一个月，我遇到这样一件事：来我们班上课的，都是读中学的数学优等生，年龄在16岁左右。当时，我正在帮助他们备战公开考试。在一次小测验中，我出了这样一道题，在我看来，他们完全能够回答出来：

一个房间的面积为 2 米 × 3 米。用边长为 50 厘米的瓷砖覆盖地面，一共需要多少块瓷砖？

然而，学生中没有一个人能给出准确的答案，他们大多数人都把题目空着。

在第二天的课堂上，我把这个问题写在黑板上，问有没有同学愿意起来回答。学生们一个个坐立不安，还扭头看向窗外。我顿时感到很不自在，脸上也火辣辣的。"没有人吗？没有人能回答出来吗？"我问道，心里觉得简直有些难以置信。于是，我便在讲桌前坐了下来，怀着几分沮丧等待学生的回答。这时，身材高大、学习认真的塔博从教室后排举起了手。"太好了，塔博，请你告诉我们，你是如何解决这个问题的。"我满怀希望地说道。但塔博并没有回答这个问题，而是问我："黑斯廷斯先生，请问瓷砖是什么东西？"

我的学生大多生活在传统的圆形小屋里，他们的地板都是用泥浆或混凝土制成的。他们无法回答我的问题，因为他们不知道瓷砖是什么，所以也不知道该怎么计算。

后来，我还经历过很多这样的事情。我从中也明白了，我自己的生活方式，是无法直接移植到另一种文化中去的。为了达到目的和效果，我必须进行一定的调整，才能获得期望的结果。

所以在 2010 年，当网飞业务开始向国际市场扩张的时候，我便开始思考：我们的企业文化要在全球范围内获得成功，是否也需要进行一些调整和改变。那时，我们的管理体制已经发展成熟，并且收到良好的效果，所以我不太愿意做出重大的调整。但如果进行全球化推广，我也不确定我们的坦诚反馈、低规则的理念，以及"留任测试"是否同样适用于其他国家。

我想到另一家已经走向国际化的公司——谷歌，它的途径和方法非常清晰。像我们一样，谷歌也拥有强大且引以为豪的企业文化，但在全球化过程中，它并没有改变自己的文化，而是重在招募适合谷歌文化的雇员。谷歌的人才战略是全球性的，"谷歌员工"无论来自哪个国家，都必须适应谷歌的企业文化。

我还想到 1988 年的一件事情。当时我在帕洛阿尔托为斯伦贝谢公司（Schlumberger）工作过一年。斯伦贝谢是源于法国的大型跨国公司，其硅谷子公司的文化显然传承自法国。公司所有部门领导都来自法国，如果你想在这里获得成功，就必须学习源自巴黎总部的那一套决策系统和组织架构模式。公司有针对新员工的培训项目，内容包括如何进行有效的辩论，如何采用原则至上的途径分析问题（这是法国文化的典型特征）。

谷歌和斯伦贝谢在塑造全球统一的企业文化方面都取得了成功。那么，我们也应该能够做到。当然，我心里也有一点点的忐忑。像谷歌一样，我们会在不同国家寻求合适的人选。这些来自不同国家的雇员需要接受并适应我们长期培养起来的企业文化。我们也会像斯伦贝谢那样，对不同国家分公司的员工进行培训，使其了解并遵循网飞的工作方式。

同时，在全球推广的过程中，我们也将以虚心和灵活的态度，向我们分支机构所在国学习，不断改进我们的文化。

从 2010 年起，我们开启了国际化的进程。首先在邻国加拿大设立了分公司，一年后拓展到拉丁美洲。2012—2015年，我们又拓展到欧洲和亚太地区。在此期间，我们在东京、新加坡、阿姆斯特丹和圣保罗开设了四家负责区域事务的分支机构。2016年，我们的全球化战略迎来了巨大的飞跃，我们的平台在一天之内新接入了130个国家，取得了巨大成功。在短短三年的时间里，非美国用户数量从4 000万激增至8 800万。

也是在这三年中，网飞员工的人数翻了一番。虽然大多数员工仍然在美国，但他们的背景越来越多元化。我们意识到，未来要想获得成功，既取决于我们的员工对潜在客户的了解，也取决于观众对影视节目中折射出的生活与情感的认同。因此，我们将包容性纳入了我们的文化价值。为了能更好地认识我们日益多元化的员工队伍并向他们学习，我们于2018年任命韦尔娜·迈尔斯为包容性战略的负责人。

随着业务在其他国家的发展，员工多元化的程度也越来越高。我们很快就看到，企业文化的诸多方面在全世界范围内都能很好地运作。令我感到欣慰的是，从目前的情况来看，我们的员工在全球各地都能享有和在美国一样的自由，这是我们团队蓬勃发展的基础。对于有些文化，在缺乏规则手册或未经批准的情况下，要自由地做出决策有一定的困难。不过，一旦他们掌握了其中的门道，就会像加州的美国人一样，喜欢上我们这种自主且不讲太多规则的企业文化。自己的生活和工作由自己做主，喜欢这种价值观的不仅仅是美国人，这在文化上没有什么特别之处。

当然，在我们的文化中，也有一些东西不是那么容易推广，其中一项就员工留任测试。我们遵循的原则是"仅仅做到称职的员工，也要拿钱走人"。尽管我们在每个国家拿出的遣散费都很丰厚，但在某些欧洲国家，这样做即便合法，也会有人觉得我们很吝啬。例如，在荷兰，法律规定的遣散费取决于员工在公司工作的时间。因此，我们必须做出相应的调整。如今在荷兰，如果有员工为我们工作了一段时间，解雇他们的遣散费就相当高。留任测试及相关内容是可以在国际上通行的，但需要做出调整，以适应当地的雇佣惯例和法律法规。

除了这些很快凸显出来的差异之外，考虑到我们在全球范围的迅速发展，考虑到我们的企业文化对于成功的重要意义，我决定花大力气来研究一下我们目标市场所在地的文化，找出这些文化与网飞文化的相似之处，以及我们推广企业文化可能面临的挑战。我相信，只要有这种意识，就可以展开有价值的讨论，并最终提高我们的效率。

进入文化地图

后来，公司人力资源部的一名经理借给我一本艾琳的《文化地图》。该书通过一系列的行为量表，概括出一套对不同文化进行比较的体系。同时，这本书对企业文化中的很多具体问题进行了研究，例如：在不同的国家，员工在多大程度上服从老板的命令；在世界各地，决策都是如何形成的；在不同的文化中如何建立信任；坦诚的人和圆通灵活的人在对待反馈时的表现有何不同，这一点对我们尤为重要。

我研究了书中的行为量表。该量表基于大量细致的研究，既有说服力，又简单可行。于是，我把这本书也介绍给了我们的管理团队。有人建议我们查看一下各分公司所在国的"文化地图"，按照这份文化量表进行相互比较，然后讨论"地图"所揭示的内容（见下图）。

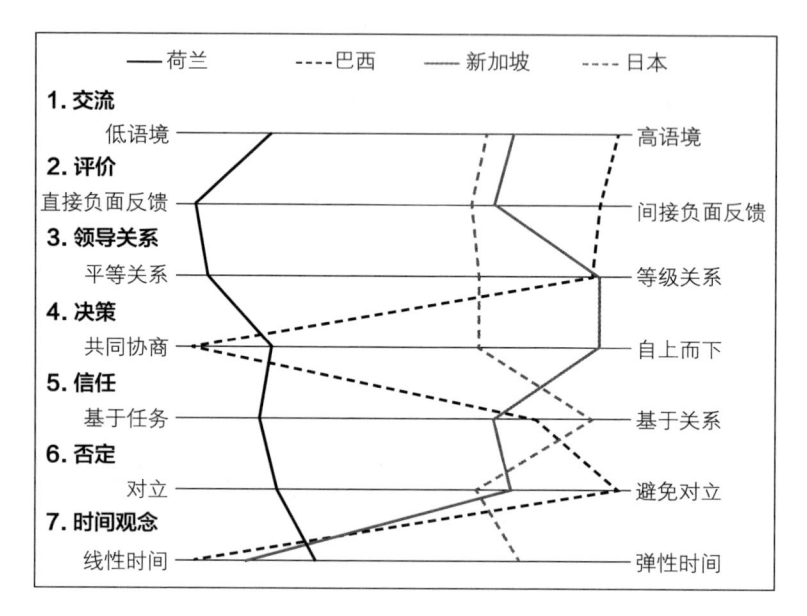

```
                    ——— 荷兰      ---- 巴西     —— 新加坡    ---- 日本
 1. 交流
     低语境 ————————————————————————————— 高语境
 2. 评价
     直接负面反馈 ———————————————————————— 间接负面反馈
 3. 领导关系
     平等关系 ————————————————————————— 等级关系
 4. 决策
     共同协商 ————————————————————————— 自上而下
 5. 信任
     基于任务 ————————————————————————— 基于关系
 6. 否定
     对立 ———————————————————————————— 避免对立
 7. 时间观念
     线性时间 ————————————————————————— 弹性时间
```

通过比较分析，我们对文化的异同有了新的认识。我们发现，这份量表提供了令人信服的解释，让我们看到了为什么我们在荷兰进行反馈的经验与我们在日本的经验几乎完全相反（表中第二个维度）。我们决定将整个管理团队召集起来，按照同样的量表绘制出我们的企业文化。这项工作完成之后，我们就可以拿网飞的企业文化与不同的目标文化进行对比。

前文提到，在季度业务回顾之前，我们都会先给副总裁及以上管理人员开一个人事管理会。在 2015 年 11 月的人事管理会上，我们将 60 名参会者分成了 10 组，每组 6 人。每个小组围着一张桌子，根据《文化地图》中的量表绘制了我们的企业文化。

这次会议开了两个小时，每个小组都绘制出了自己的文化地图。虽然对公司文化的描绘略有不同，但都梳理出了一些比较清晰的模式。以下是其中的几个例子：

第十章　走向全球的网飞文化　　289

第一组：

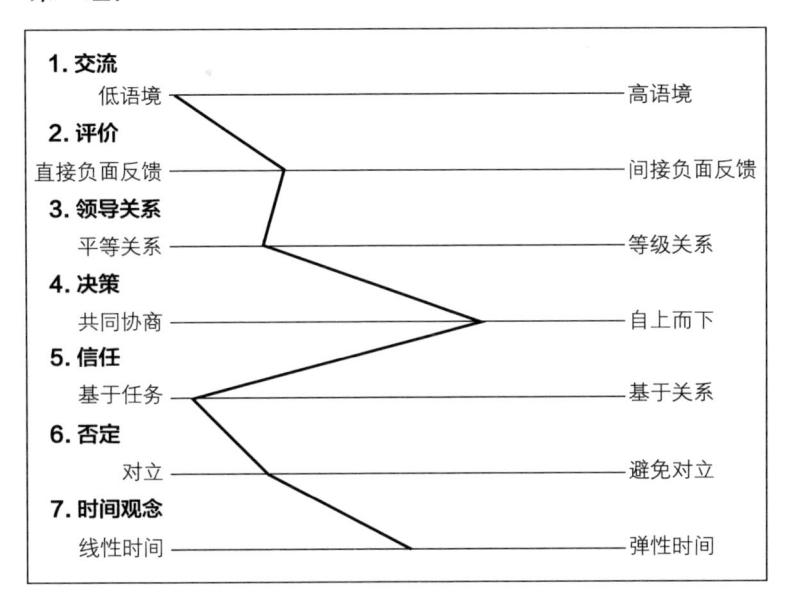

1. 交流	
低语境	高语境
2. 评价	
直接负面反馈	间接负面反馈
3. 领导关系	
平等关系	等级关系
4. 决策	
共同协商	自上而下
5. 信任	
基于任务	基于关系
6. 否定	
对立	避免对立
7. 时间观念	
线性时间	弹性时间

第二组：

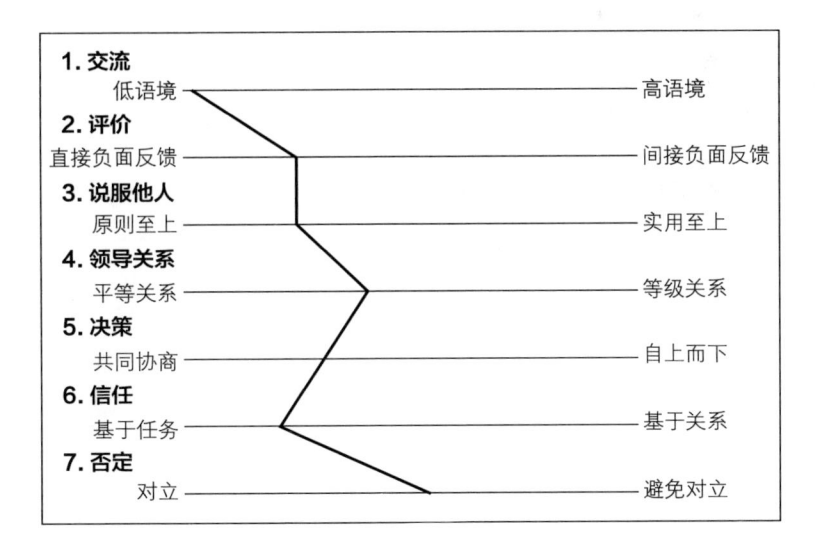

1. 交流	
低语境	高语境
2. 评价	
直接负面反馈	间接负面反馈
3. 说服他人	
原则至上	实用至上
4. 领导关系	
平等关系	等级关系
5. 决策	
共同协商	自上而下
6. 信任	
基于任务	基于关系
7. 否定	
对立	避免对立

第三组：

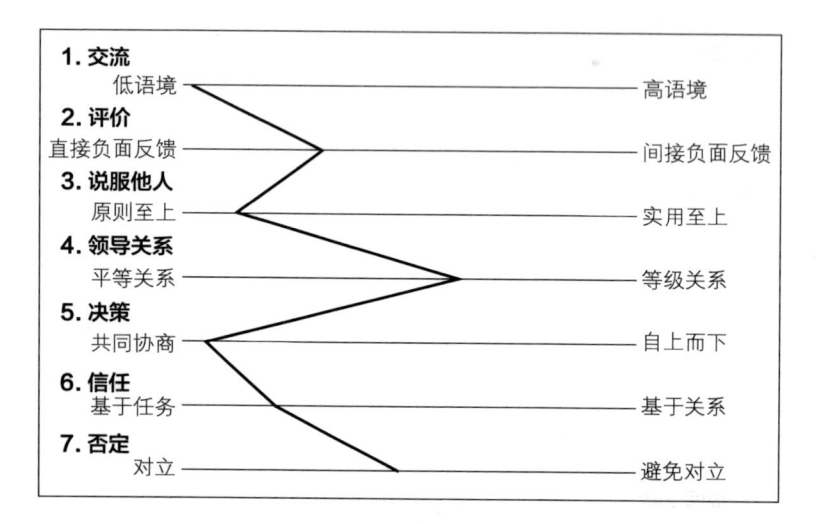

1. 交流
　　低语境 ——————————— 高语境
2. 评价
　　直接负面反馈 ——————— 间接负面反馈
3. 说服他人
　　原则至上 ——————————— 实用至上
4. 领导关系
　　平等关系 ——————————— 等级关系
5. 决策
　　共同协商 ——————————— 自上而下
6. 信任
　　基于任务 ——————————— 基于关系
7. 否定
　　对立 ————————————— 避免对立

然后，我们将10个小组的地图收集起来，经过整理之后汇总成一张网飞公司的文化地图。如下所示：

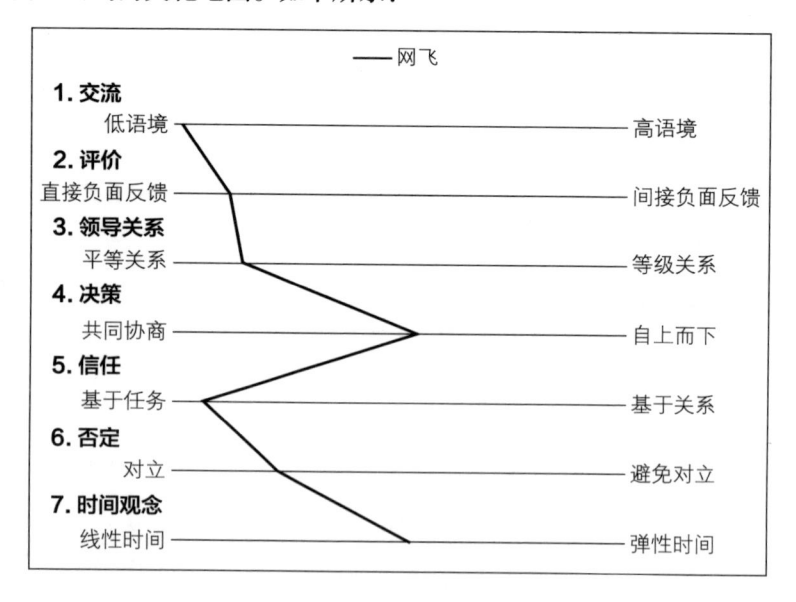

——网飞

1. 交流
　　低语境 ——————————— 高语境
2. 评价
　　直接负面反馈 ——————— 间接负面反馈
3. 领导关系
　　平等关系 ——————————— 等级关系
4. 决策
　　共同协商 ——————————— 自上而下
5. 信任
　　基于任务 ——————————— 基于关系
6. 否定
　　对立 ————————————— 避免对立
7. 时间观念
　　线性时间 ——————————— 弹性时间

第十章 走向全球的网飞文化　▶▶　291

接下来，我们使用艾琳的国家地图工具（www.erinmeyer.com/tools），将网飞的文化地图与我们分公司所在国的文化地图进行了比较。

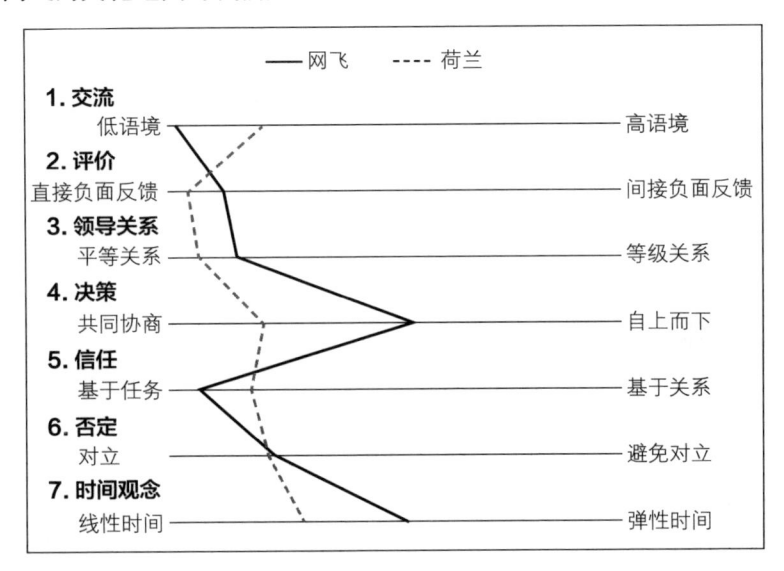

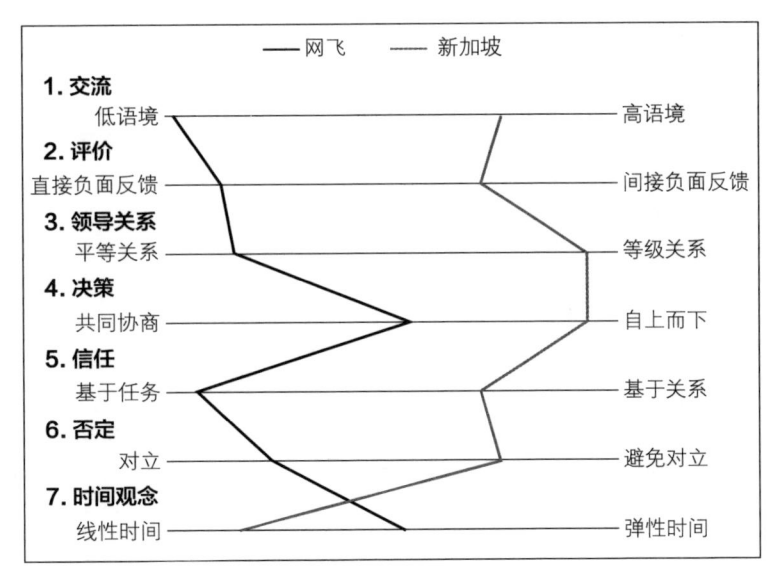

```
                        —— 网飞      ---- 荷兰
1. 交流
   低语境                                           高语境
2. 评价
   直接负面反馈                                     间接负面反馈
3. 领导关系
   平等关系                                         等级关系
4. 决策
   共同协商                                         自上而下
5. 信任
   基于任务                                         基于关系
6. 否定
   对立                                             避免对立
7. 时间观念
   线性时间                                         弹性时间
```

```
                        —— 网飞      ---- 新加坡
1. 交流
   低语境                                           高语境
2. 评价
   直接负面反馈                                     间接负面反馈
3. 领导关系
   平等关系                                         等级关系
4. 决策
   共同协商                                         自上而下
5. 信任
   基于任务                                         基于关系
6. 否定
   对立                                             避免对立
7. 时间观念
   线性时间                                         弹性时间
```

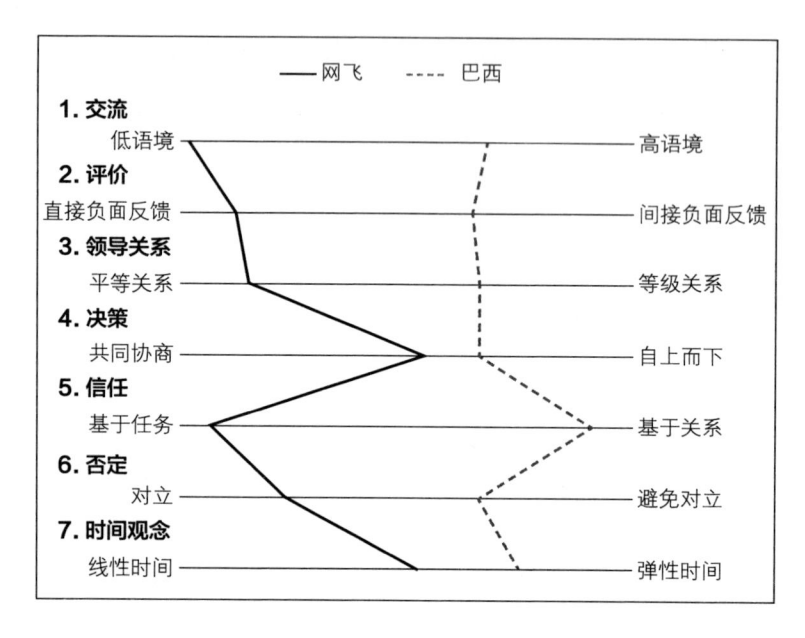

```
                    ——网飞      ----巴西

1. 交流
     低语境 ——————————————————— 高语境
2. 评价
 直接负面反馈 ——————————————— 间接负面反馈
3. 领导关系
     平等关系 ————————————————— 等级关系
4. 决策
     共同协商 ————————————————— 自上而下
5. 信任
     基于任务 ————————————————— 基于关系
6. 否定
        对立 ————————————————— 避免对立
7. 时间观念
     线性时间 ————————————————— 弹性时间
```

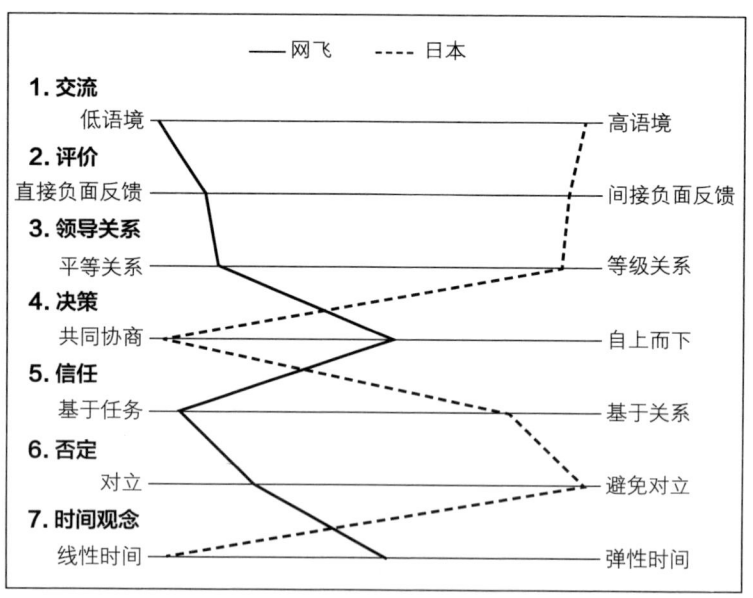

```
                    ——网飞      ----日本

1. 交流
     低语境 ——————————————————— 高语境
2. 评价
 直接负面反馈 ——————————————— 间接负面反馈
3. 领导关系
     平等关系 ————————————————— 等级关系
4. 决策
     共同协商 ————————————————— 自上而下
5. 信任
     基于任务 ————————————————— 基于关系
6. 否定
        对立 ————————————————— 避免对立
7. 时间观念
     线性时间 ————————————————— 弹性时间
```

在研究中我们发现，分公司出现的很多问题都是由文化差异导致的。例如，在决策制定上，荷兰和日本都遵循各方商议并达成一致的模式（第四个维度）。这就解释了为什么在我们阿姆斯特丹和东京的分公司，许多员工一直都反对"知情指挥"制度。在这种制度下，总有一个人为决策负责（请参阅第六章）。我们在考查第三个维度（不同文化对权威的服从度）时，发现网飞位于荷兰的右边、新加坡的左边，而这正是由于荷兰有着显著的平等主义文化，而新加坡有着明显的社会等级化。这有助于我们理解，为什么我们的荷兰员工可以毫不犹豫地否决老板的建议，而如果让新加坡员工在老板不赞同的情况下做出决定，则需要更多的鼓励。

关于信任维度（第五个维度）的比较也让我们印象非常深刻。在网飞文化中，任务导向型特点非常明显，几乎高于所有的目标文化。我们将这一维度放大，同时加上美国文化，从中可以看到该维度呈现的差异（见下图）。

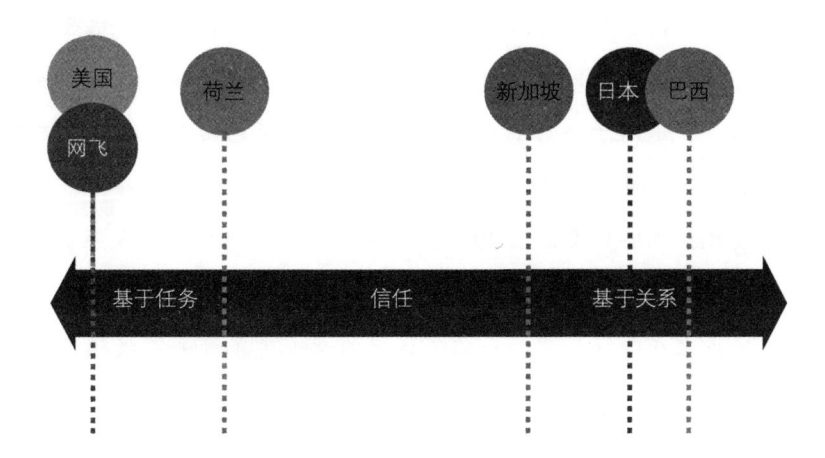

在网飞，人们都是盯着表上班。公司绝大多数会议议程都是30分钟。大家普遍认为，大多数议题，哪怕是重要的议题，也都可以在半小时内解决。人们会努力做到友善并乐于助人，但在绘制这张文化地图之前，我们不会花很多时间来讨论非工作的问题。我们的目标就是效率与速度，而不是喝着咖啡闲聊。但随着网飞开始在全球范围内大量招募员工，我们很快发现，这种在工作中争分夺秒的方式对我们有很大的影响。拉丁美洲业务发展总监莱昂纳多·桑帕约就是一个很好的例子，他于2015年10月加入网飞，成为网飞在巴西的首批员工。

经过数十次电话和视频面试之后，我来到了硅谷，接受了整整一天的面试。招聘人员将我带到会议室，从早上9点到中午，我接受了6次30分钟的面试，来面试我的什么人都有。他们都很有魅力，有些人后来也会成为我的同事。我中午的午餐和休息时间只有半个小时。

在巴西，午餐是联络同事感情的好时机。利用这个机会，我们可以把工作暂时搁一搁，同时增进对彼此的了解，建立相互间的信任，这对于今后的合作至关重要。对于巴西人来说，正是这样的人际关系，使上班成为一件愉快的事情。来到硅谷，我惊讶地发现，午餐只安排了30分钟。我想知道，谁会来和我分享这段时光呢？

我坐在会议室里，一位不认识的女士走了进来，我起身和她打招呼。她友好地对我说："萨拉让我为你带了些午餐，希望你喜欢。"袋子里的食物很丰富，有两份沙拉，几块三明治和一些水果。

她问我还有什么需要没有。我说没有了。于是,她便离开了会议室,我独自一人坐着吃午餐。现在我明白了,对于工作日的美国人来说,吃午餐只是一项任务。但对于巴西人而言,独自一个人吃午餐简直不可思议。我想:"我未来的老板也不和我聊一聊吗?比如问一下我的感受,问一下我在巴西的生活。这难道就是网飞所说的'我们是一个团队,而不是一个家庭'?"

当然,我并不孤独,因为 30 分钟很快就过去了。时间一到,我的下一位面试官也来了。我最终还是加入了网飞,这让我非常高兴。但我有一个想法:一定要帮助网飞了解巴西,也帮助巴西人了解网飞。

当我听到这个故事的时候,我感到有些不自在。"我们是一个团队,而不是一个家庭"这句话强调的是我们应该寻求更高的绩效,但我们并不否认建立人际关系需要投入,也不意味着不关心同事。对于大多数美国人而言,要接受一天的面试,倒是希望午餐时能独自待一会儿,以便能够回顾一下笔记上的内容。而对于巴西的面试人员来说,将他们搁在一边显得很不礼貌。现在,如果有巴西同事到访,我们也会花时间在个人层面进行相互了解;如果与巴西的客户洽谈,我们也会让巴西的同事帮忙,以便能够与客户建立良好的关系。

不仅如此,有了这样一份文化地图,我们在很多方面都会有更充分的准备,也有了更高的效率。由于我们构建起了文化意识,工作中一些关键性难题也就容易找到答案了。

当然,并不是文化地图上所有的问题都那么容易解决。比如,在量表中与坦诚相关的维度，就不断遇到各种大大小小的问题。文化地图帮助我们构建起文化差异的意识，但具体该如何做还需要我们去探索。

坦诚，全球范围内大相径庭

和外国人打过交道的人都会告诉你：在一个国家有效的反馈，在另一个国家不一定有效。例如，德国上司直接给予纠正性反馈，这在美国人看来就显得有些苛刻；而美国人会提供很多积极反馈，这在德国人看来则显得多余和不诚实。

这是因为世界各地的员工都是在自己的文化背景下，以截然不同的方式提供反馈。泰国经理从不在公开场合或在别人面前批评同事，而以色列经理则是诚实且直言不讳的。哥伦比亚人习惯用积极的话语化解消极的信息；而法国人则习惯于批评他人，很少给出正面反馈。网飞公司及其主要分公司所在地文化的定位如下图所示：

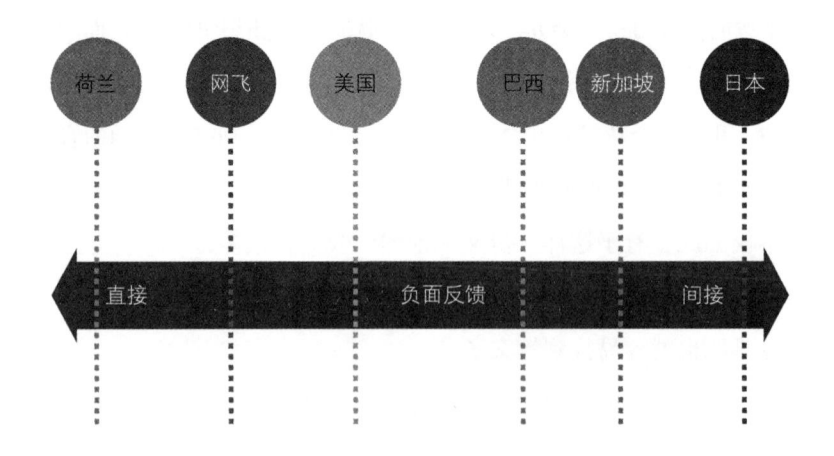

荷兰　网飞　美国　巴西　新加坡　日本

← 直接　　　　　　负面反馈　　　　　　间接 →

说到批评，荷兰算是世界上非常直接的国家了，而日本则是非常委婉的。新加坡是东南亚国家中最直接的一个，但在世界范围内仍然算是比较委婉的。美国平均水平位于中心偏左的位置。巴西与新加坡的地区差异巨大，不过直接程度只是略高于新加坡。网飞的定位来自2015年由里德牵头绘制的文化地图。

一个国家的文化在量表中处于不同位置，其中一个原因与人们提出批评时所使用的语言有关。比较直接的文化倾向于使用语言学家所谓的"升格语"（upgraders），这类用语出现在负面反馈的前面或后面，让反馈听起来更加强势，像"绝对""完全""强烈"这一类词。用在句子里面就是"这绝对不合适"，或者"这完全不专业"。相比之下，间接文化在给予负面反馈时则更多使用"降格语"（downgraders），这些词会缓和批评的语气，像"稍微""有几分""有一点""有些""可能""略微有些"等。降格的另一种类型就是故意轻描淡写。例如，"我们距离目标还有十万八千里"，但你可能会说："我们还没有完全到位。"

在网飞分公司所处文化中，日本是委婉程度最高的。他们在给予负面反馈时往往会使用大量的含蓄的用语。这并不是他们用来缓和批评的唯一手段，他们通常会使用非常含蓄的方式进行反馈，很少直接说出来。网飞在日本的分公司成立于2015年，成立不久，公司的管理层就发现，当地雇员很不适应他们所期望的那种明确、经常、自下而上的反馈。商业和法律事务副总裁约瑟芬·崔是一名亚裔美国人，她还记得自己在日本有这样一段经历：

我是东京分公司的早期雇员。作为日本方面的法律总顾问，我的首要职责是招聘一支专业的法律团队。我寻求会说双语（日语和英语），并且能够践行网飞企业文化，至少被网飞文化吸引的日本人。

招聘很成功，但问题暴露得也很快。比如在讨论的过程中遇到难题，团队看起来还是在公开讨论，但最重要的信息却表达得非常含蓄。

在英语中，我们的句子通常是主语后面跟动词和宾语。我们很少省略主语，否则句子就没有意义。但在日语中，句法却相当灵活。主语、动词和宾语在句中都可能会省略。一个句子甚至可能只有一个名词。在很多句子中，开头的是主题，然后是陈述的内容，最后才是动词。有时候，说话人认为大家都知道主语是什么，于是便把主语省略了。这种语言确实非常适合构建一种避免冲突的文化。这时，你就必须结合上下文理解到底说的是什么，谁又做了什么。

例如，在约瑟芬的团队里，如果某人犯了错误，或错过最后期限，他们会用日式的语言技巧来避免受到指责。

开会的时候，如果讨论出现的问题，大家通常都会使用被动语态。他们很可能会说："资产未创建，因此广告无法播出。"或者："未获批准，这出乎意料，所以账单未支付。"这样，他们就既能公开讨论问题，又不至于当众指责某人而使对方难堪。

而我作为会场上唯一的非日本人,不得不经常打断他们的讲话,以便把事情搞清楚。"等等,谁没有创建资产?是我们,还是代理商?"有时候,被动结构似乎暗示我有什么事情没做对,但没人敢提。"等等,应该由我批准吗?是我的过失吗?我该如何做?"

如果是给予纠正性反馈,传递不同意见或负面信息,他们的表达和解读就更显隐晦和含蓄。不直接传递令人不快的信息,可以让反馈提供者和接收者保持和谐的关系。在日本文化中,很少有人明确地提出建设性反馈,自下而上的反馈就更少了。约瑟芬还记得她第一次向日本员工寻求反馈时遇到的困难。

我在东京的第一批雇员中,有一位名叫美惠的主管级律师。在完成入职培训之后,我就建立了每周一次的一对一谈话制度。第一次谈话,我把反馈列入最后一项议程。在进行反馈以前,谈话进行得很顺利。我说:"你知道,反馈和坦诚是网飞的企业文化。我想首先听听你的反馈。你觉得入职的流程怎么样?我应该怎么样才能做得更好?你对我有些什么样的建议?"

约瑟芬针对美国的数十名员工都用过同样的方法,但接下来发生的事却完全出乎她的意料。

美惠看着我,脸颊竟然淌着泪水。这并不是出于恐惧或愤怒,而是出于这样一种感觉:"哦,天哪,我的老板要我给她提意见。

这是真的！"她说："哦……对不起，我没控制住情绪。我真的很愿意，就是不知道该怎么做。在日本，我们是不会这样向上司反馈意见的。"

我决定先舒缓一下。"行，那这次我先说吧。我给你的反馈是，我以后给你发送会议议程，你可以在会议主题列表中添加任何你想要添加的内容。"她擦干眼泪说道："好的，这对我很有帮助。你让我考虑一下，下次谈话我给你反馈。"

对于约瑟芬来说，这真是大开眼界。

我知道日本人没有美国人那么直接，向上级反馈意见可能有困难。但对于美惠的反应，我确实没有思想准备。经过一些训练之后，美惠开始在一对一的谈话中为我提供清晰、可行的反馈意见，我们的努力终于有了成效。

不过，要让日本员工在会议上或陈述过程中互相反馈，还需要一个漫长的过程。经过很多尝试与失败之后，网飞的管理者学会了如何将坦诚这一要素植入日本和其他间接文化。他们总结出的第一点就是：

在间接文化中增加正式反馈

考虑到日本文化的差异，网飞一些来自美国的经理尝试让日本员工提供 4A 反馈。他们从加州来到日本，向日本员

工讲授应该如何进行反馈。参加培训的日本内容经理优香有这样一段记忆：

> 四位网飞的领导从洛杉矶来到东京对我们进行培训，讲授如何提供和接收反馈。他们站在讲台上，互相提出纠正性反馈，并对收到的反馈做出回应。他们还讲述了自己多次收到其他同事强烈反馈的故事，谈到了自身的感受以及反馈所产生的积极影响。
>
> 讲完之后，我们都礼貌地鼓掌。但是我们都觉得，这对我们根本没有帮助。一个美国人用英语给另一个美国人提供反馈，这没有什么困难，我们已经看过数十次了。我们需要看到的，是一个日本人以恰当的、尊重他人且不损害与他人关系的方式，向另一个日本人（最好用日语）提出反馈。这种反馈我们就不知道该怎么做了，因为这在日本很少见到。

首席产品官格雷格·彼得斯想出一个更好的方法。格雷格的太太是日本人，他自己也会说一口流利的日语，这也是我让他2015年来东京开设分公司的一个原因。他回忆说：

> 我在日本待了大约6个月，收到的鼓励很多，但及时的反馈却很少。在实行360度反馈之后，我对反馈的期望值也很低。
>
> 我们先做的是360度书面评估；然后，我们又进行了360度面对面。可以想象，向同事和上级提出坦诚的反馈，这与日本的传统和习惯极不相符。但是我知道，好好利用他们文化中的某些因素，

可以使这种群体性的反馈成为可能。大多数日本人对待工作都是谨慎而细致的，都会进行非常认真的准备。如果你对他们有明确的期望，他们会竭尽所能达到你的要求。如果你对一个团队说："请为此做好准备，这些是我们要遵循的指示。"他们总是能干得非常出色。

这样做的效果也是惊人的。在 360 度评估中，我们团队中日本员工所提供的反馈质量，比前几年我所在的美国团队还要高。员工们学会了坦诚地提出意见，结构框架也很合理；他们的建议也是可行的，没有任何的保留；同时，他们也会虚心地接受反馈，并报以感激。

之后，我向几名员工问起反馈的情况，他们说："你告诉我们这是我们工作的一部分；你也告诉了我们该怎么做，以及做些什么。我们都做了准备，有些人甚至还进行了演练。我们希望能满足你和网飞公司的期望。"

有了这次经历之后，我们明白了，要求日本员工在非正式场合向同事和上级提出及时的反馈不太可行。但是，如果将反馈纳入正式的议程，对他们进行指导并提供清晰的结构框架，那我们同样可以获得许多有价值的反馈意见。后来我们发现，不仅日本如此，在大多数负面反馈不太容易被接受的间接文化中，这一做法都是可行的。

约瑟芬除了在日本工作过，后来还到巴西和新加坡管理过团队。她也有这样的一些看法。

现在，我告诉那些在间接文化中从事管理工作的同事："反馈要经常，要及早。要尽可能多地将反馈安排在会议议程中，以消除人们对反馈的偏见。提出反馈，可以先从切实可行的小事入手。在比较委婉的文化中，正式反馈还应该有所增加，同时着力于建立良好的关系。让员工在非正式场合自发地提出反馈不太可能，但你可以将反馈列入正式议程，给员工准备的时间。这样，你便可以收到很多有益的反馈。"

将反馈尽可能纳入正式的工作环节，这是网飞的经理们在全球分公司推行坦诚文化时总结出的第一点。第二点则是：

学会调整你的方法，交流、交流、再交流

网飞业务拓展到日本之后，约瑟芬·格雷格，以及其他管理团队成员都深知日本文化的不同，所以也高度关注文化差异对反馈效果可能产生的影响。但业务拓展至新加坡时，感觉文化差异并没有那么明显，于是领导们不再那么谨慎。许多人发现，他们新加坡的同事都精通英语，并且具有与西方人打交道的经验，对他们的方法也非常熟悉，所以也没有更多地考虑文化差异。然而，文化差异带来的问题还是逐渐显露出来。

营销协调员卡琳·王于2017年10月从有线电视网亚洲公司加入网飞。她提到过一个具体的案例：

我们的行政助理离职了，留下的空缺由我临时填补。上周，我美国的两位资深同事安排了与外部合作伙伴的电话会谈。这件事情我并没有经手。美国的同事起得很早，但合作伙伴的电话一直没有打进来。

然后，他们俩就分别发信息给我。他们的信息让我心里很不好受。我没有回复，而是出去转了一圈。一路上，我告诉自己，尽量把心放宽，冷静点，这就是他们的方式。也许他们没有意识到自己的信息很没有礼貌，也许他们不知道自己的话语对他人有什么样的影响。他们都是好人。我知道他们都是好人。

读了卡琳的这个故事，我越来越好奇，想看看这两个美国人到底有多么令人讨厌。也许这不是文化上的误解，而是他们的行为真的有问题。卡琳翻出了其中一条令她反感的信息。

卡琳：

我们很早就起床等电话，但是合作伙伴的电话一直都没有打过来。我们本可以利用这段时间联系另一位客户的。你可否再仔细检查一下前一天的所有来电？是否不小心从日程安排中删除掉了？

在我看来，这条信息并没有任何不妥，也没有显得无礼。为了帮助业务发展，发送者提出了一个问题，并提供了可行的解决方案。在信息中，她也并没有责备卡琳的意思。她用的是"请"，并告诉了卡琳应该如何改进。对于这样一条反馈信息，我想知道卡琳的反应究竟是文化差

异所致，还是她个人过度敏感。

因此，我又给其他几名新加坡员工看了文本截图，想听听他们的意见。在9个人当中，有7个人和卡琳的反应一致：这条信息很没有礼貌。其中一位是程序经理克里斯托弗·刘。

克里斯托弗：对于新加坡人来说，这样的信息有些咄咄逼人的感觉。这就是在发号施令。要求你这样做，那样做……如果我收到这样的信息，我会觉得这个人根本不了解情况就对我大呼小叫。尤其是她说："我们本可以利用这段时间打另一个电话的。"我会想："我到底做错了什么，让她反应这么强烈！"

艾琳：你觉得发件人是出于无私的坦诚吗？

克里斯托弗：我认为西方人想的是："我只需要迅速把事情做好，并且确保自己把事情交代清楚。我不想浪费不必要的时间。"但对于新加坡人来说，会感觉被人踢了似的。新加坡人不会觉得这是无私，他们会很震惊。

艾琳：那发件人应该怎么说才更好呢？

克里斯托弗：她完全可以更加人性化。她可以说："你好，我知道新加坡现在还是深夜。真不好意思，新的一天就给你带来一个不太好的消息。"或者，她也可以不用责备的语气，而是说："我知道会面不是你安排的，这不是你的错。"话语间命令的口吻不要那么强烈。"我知道你很忙，但我想知道你将来是否能够帮助我们解决这个问题。"还可以再加一个笑脸什么的，这样可能更容易让人接受。

克里斯托弗也强调，需要调整的不仅仅是美国人。

> 不要误会我的意思！作为一家美国公司的员工，我们都需要尽最大的努力来调整自己。新加坡人的反应可能是感到惊愕或者愤怒，但想要在网飞取得成功，我们也需要做出调整。我们需要提醒自己，在其他国家，这样做是恰当的，然后再和对方谈一谈。卡琳就应该拿起电话，直接对发送信息的同事说："这件事我知道了，这可能让你感到懊恼。但是你的信息也让我感到不安。"她还可以解释："也许这是文化差异的原因。我认为你可能并不是故意的，但是我感觉你对我很生气，这让我也很沮丧。"通过公开的对话和透明的讨论，我们完全可以适应网飞的文化；同时，我们向世界各地的同事提出和接收反馈的能力也会变得越来越强。

克里斯托弗的一番话为我们的第二点做了一个很好的诠释。因为坦诚在网飞文化中有着非常重要的地位，而身处间接文化的员工并不习惯这样的坦诚，所以他们必须努力适应，学会如何提出和接收反馈。这里，我们要再次强调第二章谈到的 4A 反馈准则。我们需要就文化差异进行不断地交流，训练和鼓励我们的国际团队，不要将直接反馈当成一记耳光，而应视作进步的途径。例如，圣保罗分公司每周都有一次例会，讨论公司的企业文化。会议议程上最常见的议题就是提供和接收反馈。

但是，要学会在世界范围内培养坦诚的文化，这条路不是单向的。总部与间接文化合作时，学会了要提高警惕，注意调整我们的沟通方式，从而让接收者感到这对他是有帮助的，避免因为方式的不当而遭到拒绝。克里斯托弗的建议很简单，任何需要向间接文化中的同事提供反馈的人都应该注意：友好一点，不要用责备的口吻；反馈时注意使用建议而非命令的语气；还可以加入笑脸一类的表情。这样，我们的信息就更能为对方所接受。这些都是我们可以办到的。

这一点可以说非常管用——无论你来自何种文化，只要进行跨文化的合作，就需要交流、交流、再交流。向国际上的同事提供反馈，一个最好的方法就是满怀好奇地先了解一下对方的文化。你可以首先询问该国另一位值得信赖的同事："我这样说听起来是不是有咄咄逼人的感觉？""在你们的文化中用什么办法最好？"我们提出的问题越多，好奇心越强，就越善于在不同文化中提出和接收反馈。

为了提出正确的问题，并理解我们从世界各地获得的答案，有必要记住我们跨文化战略的最后一点：

一切都是相对的

与文化的所有维度一样，在全球范围内提供反馈时，一切都是相对的。日本人会觉得新加坡人太过直接；美国人会发现新加坡人太隐晦，缺乏透明度；而网飞的新加坡人又对美国同事的直言感到震惊；但对于许多荷兰人来说，网飞的美国人根本没有给人特别直接的感觉。

尽管网飞着力于全球化的战略，但仍然是一家以美国文化为主导的公司。在提供负面反馈方面，美国人比许多文化都更为直接，但比起荷兰人又有差距。荷兰公司的公共政策总监伊势于2014年加入位于阿姆斯特丹的网飞公司，针对两种文化的差别，她有这样一番解释：

> 网飞文化为常态化的反馈创造了良好的环境。但是，即使是美国人提供反馈，他们也几乎总是先肯定你的工作，然后再告诉你他们真正想说的内容。美国人遵循的就是诸如"三个正面评价带一个负面评价""要看到员工的好"这一类的信条，但这会使荷兰人感到困惑。荷兰人会给你正面或负面的反馈，但没法同时既说正面的，又说负面的。

在网飞，伊势很快得知，对于美国同事来说，她自认为自然且舒适的反馈方式显得太过直接了。

> 我的美国同事唐纳德最近来到了荷兰，在阿姆斯特丹主持会议。网飞的7个合作伙伴分别从欧洲各地乘飞机、火车前来参会。会议进行得很顺利，唐纳德表达清晰，讲解详细，而且具有说服力。很显然，他做了充分的准备。但是有好几次，我看得出其他参与者也想要分享他们的观点，但没有机会，因为唐纳德讲得太多了。
>
> 会议结束后，唐纳德对我说："我觉得这次会议开得很成功，你认为呢？"在我看来，网飞的领导一直提倡坦诚的反馈，而这就是一个绝佳的时机，所以我就直接对他说："斯汀专程从挪威赶来参加会议，但你说得太多了，她都没有机会插话。我们把他们请过

来，又是乘飞机，又是坐火车，到头来连说话的机会都没有。会上80%的时间都是你在讲，其他人也就很难再说什么了。"

当伊势正准备讲应该如何改进的时候，她看到了唐纳德的反应，觉得这充分凸显了美国人的特点。

我还没讲完，就看见他叹息着，一副垂头丧气的样子。和其他美国人一样，他觉得我的反馈太严厉了。他说："哦，天哪，我很抱歉把这一切都弄糟了。"事实上，情况也没有他说的那么严重，我也并不是那个意思。会议还是很成功的，他也知道。他自己也说过"会议开得很成功"，不足的只是个别方面，所以我提出来帮助他改进。

结果，他的反应让我感到很不安。其实，他们提供反馈，同样也渴望听到反馈。但如果在表达负面反馈之前，你不先说一些正面的话，他们就会觉得整件事情就像是一场灾难。一旦荷兰人首先给出负面反馈，美国人就会觉得一切都无药可救了。

在网飞的 5 年时间里，伊势向各国同事，尤其是美国人，学到了很多反馈方面的知识：

现在，我对这些文化倾向有了更好的了解。我依然会经常提出反馈，但我会站在接收者的角度加以考虑，同时思考该如何调整才能得到我所期望的结果。在和间接文化打交道的过程中，我也学会了先从积极的方面给予适当的肯定。如果工作总体良好,我会先热情地赞扬一番;然后,我再通过建议的形式引入反馈;最后,我会说:"这只是我个人的意见,不知道有没有价值。"或者:"你可以选择接受或不接受。"从荷兰人的角度来看,这样精心包装一番显得有点滑稽,但确实很有效。

伊势的话,概括了网飞在国际扩张过程中提升坦诚度的策略。当你领导一个全球团队,与来自不同文化的员工用 Skype 交流时,你所说的每一句话都会因为听众文化背景的不同而被放大或缩小。因此,你必须加以注意。你得有策略,同时还要灵活。在你对目标文化有一定的了解并掌握一些技巧之后,就可以对反馈的形式进行调整,从而获得你所需要的结果。

就我个人而言,我喜欢伊势在唐纳德面前表现出的坦诚。她的目的在于帮助对方。她很清楚什么行为影响了会议的圆满成功。她的反馈也是可行的。

她所缺乏的,是对文化差异的敏感度。尽管她很坦诚,但她反馈的方法仍然引起了误解。她打算传达的信息是,这次会议开得很好,唐纳德可以再少讲一点,从而使下一场会议更好。但是,她的信息到了唐纳德那里,就让唐纳德觉得这次会议是一场灾难。如果唐纳德是巴西人或者新加坡人,他可能就会直接离开会场,等着下周的解聘通知了。

那么,我们就到了……

最后一个关键点

面对与你属于同一文化的人，可使用第二章中概述的 4A 准则进行反馈。但如果在世界范围内，还请增加第五条准则。

我们的 4A 准则是：

- 目的在于帮助。
- 反馈具有可行性。
- 感激与赞赏。
- 接受或拒绝。

现在再加上第五条：

- 调整、适应——根据你所处的文化环境，调整你提出和接受反馈的方式，以获得你所期待的效果。

关于如何将网飞的企业文化整合到全世界的分支机构，我们仍然有很多的东西要学习。在大多数的季度会议中，我们都至少有一次关于企业文化的讨论。由于我们未来的增长大部分在美国以外，因此，我们越来越多的讨论将集中在如何让我们的价值观在全球范围内发挥作用。我们认识到，为了在全球范围内整合企业文化，我们必须谦虚好学，必须牢记在讲话之前要先听人家讲，在教给人家之前自己要先学会，这样才能够在这个缤纷多彩的世界中追求更高的效率。

本章要点

- 在国际上推广企业文化，需要对自己的企业文化进行定位，然后与目标文化做比较。对于自由与责任的企业文化，坦诚这一问题需要特别加以注意。
- 在文化中庸的国家，员工进行非正式反馈的可能性不大，可以实施更为正式的反馈机制，将反馈更多地纳入正式议程。
- 在文化直接的国家，要公开地讨论文化差异，以使反馈收到预想的效果。
- 将调整与适应作为第五条反馈准则，公开讨论坦诚在世界不同地区的含义。携手合作，各自调整，让共同的企业文化在不同的文化土壤中焕发出生机。

结　语

我的童年是在明尼阿波利斯度过的。我家附近有一个名叫布德马卡斯卡（Bde Maka Ska）的湖，绕湖一周有3英里（约4.8公里）。在炎热的夏季，一到周末，成群的居民就会涌向湖边小径、码头和海滩。尽管人很多，却出奇地平和与宁静，因为这里有很多的规则。比如：行人禁止在自行车道上行走；自行车只能顺时针骑行；禁止吸烟；不得在浮标以外区域游泳；溜冰鞋和滑板车走自行车道，不得走人行道；慢跑者只能走人行道。这样一些规定，都被人们广泛地知晓并得到了严格的遵守。因此，这里成为一个有序且平和的港湾。

如果网飞的文化是自由与责任，那布德马卡斯卡的文化就是规则与流程。

尽管这种文化创造了平和的环境，但也存在一些弊端。如果你想逆时针骑上一段，哪怕是很短的距离，也是不可以的。你必须沿顺时针方向绕着湖骑下去。如果你想游到湖的对岸，你会被救生员拦下并带回岸上。你游得好与坏都不重要,重要的是这里不允许。营造这种文化是为了给更大的群体带来平和与安全,而不是给个人带来自由。

对于协调团队的行为,规则与流程是大家非常熟悉的一种范式,所以也不需要做更多的解释。从幼儿园开始,桑德斯夫人就让所有5岁的孩子坐在绿色的地毯上,向他们解释哪些事情能做,哪些事情不能做,这就是在学习规则和流程。后来,你在商场旁边的那家面馆从事第一份工作的时候,有人会告诉你,制服可以与什么颜色的袜子搭配,不能与什么颜色的袜子搭配;还有人会告诉你,如果你在工作时间吃了煎饼,你将会被扣掉多少钱,这些就是你在当学徒期间的规则和流程。

几个世纪以来,规则与流程一直是协调团队行为的主要方式,但是并不是唯一的方式,网飞以及其他一些组织机构采用的则是另一种截然不同的方式。

在过去的19年里,我居住在距离巴黎凯旋门只有9分钟车程的地方。从家到凯旋门顶层,沿途可以欣赏到著名的香榭丽舍大街、埃菲尔铁塔,以及圣心大教堂的壮丽景色;但最令人印象深刻的,还是凯旋门四周宏大的交通布局,即人们熟知的星形广场。里德有时将自由与责任比作混乱边缘的行动。对此,没有比凯旋门的交通更形象的例子了。每一分钟,这里都有数百辆汽车从12条林荫大道上涌出,汇聚在中心十车道的环岛周围。一辆辆摩托车在双层巴士之间摇晃着驶过。出租车强行加塞,以便把游客放到凯旋门中心。汽车通常会在没有打转向灯的情况下,突然驶向某一条林荫大道。

尽管有大量的车辆和人员,但可供遵循的基本交通规则只有一条：一旦进入环道，赶紧把从 12 条林荫大道进入环岛的路让出来。除此之外，就是要知道自己想去哪儿，锁定目标，充分发挥自己的判断力。这样，你才可能迅速到达目的地而不出意外。大多数人都是这样做的。

如果你第一次来到凯旋门的顶端，亲眼目睹了下面街道的混乱，你根本不会明白这种治理方式的好处在哪里。为什么不绕环岛设置红绿灯，让汽车依次通过呢？为什么不对车道做标记，并严格限制谁在什么时候可以行驶至何处呢？

几十年来，我的丈夫埃里克几乎每天都要驾车在凯旋门周围行驶。根据他的说法，那样做只会阻碍交通。"凯旋门附近的交通其实是非常高效的。从 A 点到 B 点，没有比这更快的方法了。此外，驾驶员还有极大的灵活性。你可能进入了环岛，准备从香榭丽舍大街出去，结果一辆旅游巴士挡住了出口。你不要慌。你可以马上更改路线。你可以走弗里德兰大街或奥什大街出去，也可以绕着环岛转几圈，直到旅游巴士开走。几乎没有其他交通方式可以让你这么快地在中途改变路线。"

读完本书，你可能已经认识到，无论你是领导一个团队还是管理一家公司，你都要有一个明确的选择。你可以采用布德马卡斯卡湖的方式，通过规则和流程来控制员工的活动；你也可以选择更靠近混乱边缘的方式，倡导自由与责任的文化，追求速度与灵活性，并为员工提供更多的自由。每种模式都有其优点。当你刚拿到本书的时候，你可能已经知道如何通过规则和流程对一个群体进行管理。现在，你还知道了如何通过自由与责任来进行管理。

何时应该采用规则与流程

在过去的 300 年里，工业革命为世界上大多数成功的经济体提供了动力。因此，从追求数量、避免错误的生产实践中形成的固有管理模式，也自然而然地成为企业的主导。在生产过程中，你总是努力消除异质化的东西，这是大多数的管理模式需要考虑的一点。几乎分毫不差地生产出数以百万剂青霉素，或制造出一万辆完全相同的汽车，这确实可以体现出一个企业的卓越。

也许这就是为什么在工业时代，许多顶级公司都像乐团一样，步调精准一致，协同完美，只不过指导它们的不是乐谱和指挥，而是流程与政策。即使在今天，如果你正在经营对安全性要求很高的企业，或者你希望生产出可靠性高的同质化产品，那么，注重规则与流程的乐团式管理仍是你的不二之选。

即使在网飞，我们在很多方面也是将安全和错误防范作为首要目标。我们就把这些方面圈起来，建一支小乐团，演奏他们自己的规则与流程。

比如像员工安全和性骚扰一类的问题。要保证员工安全，防止性骚扰，我们实施的就是错误防范机制，对员工进行相关培训并设置了热线；我们还有强有力的保障措施，以确保所有的诉求都能得到调查；同时，我们还使用流程改进原则，将此类事件的发生率降至零。

同样，如果错误会导致灾难性后果，我们也会选择规则与流程。其中一个例子就是我们每个季度向华尔街发布的财务状况数据。想象一下，我们发布相关数据之后，再回过头来说："等一等，我们搞错了。收益比我们发布的要少。"那将是一场灾难。另一个例子就是我们观众数据的隐私权。如果有人侵入我们的系统，窃取了我们观众的信息，并将其发布到互联网上，将会造成怎样的后果呢？那也将是一场灾难。

对这些特殊的情况，错误防范显然比创新更重要。我们需要经过层层检查，需要有规则和流程，以确保工作能够顺利开展。在这些方面，我们就希望网飞像医院一样，外科医生在进行膝盖手术之前，需要有5个人检查核实。如果错误会导致灾难，那规则和流程就不再是可有可无，而是必须得有。

因此，到底选择自由与责任，还是规则与流程，你必须慎重考虑你的目标之后再做决定。为了选择正确的方法，你可以问以下几个问题：

1. 在你从事的行业中，员工或客户的健康和安全是否取决于按部就班的工作流程？如果是，选择规则与流程。
2. 如果犯了一个错误，会导致灾难性的后果吗？如果是，选择规则与流程。
3. 你是否在制造同质化的产品？如果是，选择规则与流程。

如果你负责急诊室的相关工作，如果你从事的是飞机测试、煤矿管理，如果你需要及时为老年人提供药物治疗，那你就必须遵循流程与规则。几个世纪以来，这一直是大多数组织机构所采用的管理模式。而且对于一些组织机构而言，在未来的若干年，这仍然是最佳的模式。

但是，如果你正在寻求一种更加灵活、更加快速的管理和创新机制,那就可以考虑抛弃这种管弦乐团的思维,而转向另一种音乐——爵士乐。

抛弃管弦乐,选择爵士乐

即使在工业时代,也有一些经济领域,如广告代理商,靠发挥创造性思维取得了成功。它们的管理也是处在混乱的边缘。当时,这样的经济占经济总量比例很小。但是现在,随着知识产权和创意服务的不断增长,依赖于发明和创新的经济比例越来越高,并且还在不断增长。然而,大多数公司遵循的,依然是过去300年来主导财富创造的工业革命的模式。

在当今的信息时代,许多公司和团队的目标不再是进行复制或防范错误,它要求具有创造力、速度和敏捷度。在工业时代,目标是差异最小化,但在当今的创意企业里,我们追求的却是差异最大化。在这种情况下,最大的风险不是犯错误或失去一致性,而是当环境变化时,无法吸引到顶级的人才,发明不出新的产品,或不能及时改变方向。此时的一致性和可重复性可能会压制新思维,而不是为公司带来利润。很多小错误有时会令人感到痛苦,但可以帮助一个组织快速地学习成长;同时,小的错误也是创新周期的关键环节。在这种情况下,规则与流程不再是最佳选择,交响乐团也不再是你的最佳选择。将指挥和乐谱丢在一边吧。现在,你需要建立一支爵士乐队。

爵士乐强调个性的张扬。演奏者熟知音乐的整体结构,但他可以自由地即兴发挥,相互模仿,创作出令人赞叹的乐曲。

当然，你不能简单地去除掉规则和流程，告诉你的团队现在是一支爵士乐队，然后团队就能如你所愿地发展。没有适当的条件，混乱就会随之而来。但是现在，读完本书之后，你便有了一张蓝图。音乐一旦开始，就请保持专注。文化不是你可以随便建立然后又弃之不顾的东西。在网飞，我们也不断地讨论企业文化，期望它能继续向前发展。要建立一支创新、快速、灵活的团队，就要学会对一些事情放手，迎接不断出现的新变化，朝混乱的边缘稍微靠一靠。不要提供乐谱，也不要组建交响乐团，要为爵士乐的奏响创造条件，并热烈拥抱有着共同志向的员工。所有这一切都融合在一起，便是世间最美妙的音乐。

致 谢

人才密度和坦诚这两个概念贯穿本书始终，是本书两个最基本的概念。

在此衷心感谢我们才华横溢的梦之队。我们首先要感谢文学经纪人阿曼达·邦基·厄本，是他从我们最早的提纲中看到了本书的价值，在写作计划的制订及其他方面给了我们很多的指导。我们还要感谢企鹅出版社大名鼎鼎的编辑安·戈多夫，感谢他从开始到成书，一直给予我们最坚定的支持。

感谢戴维·钱皮恩在编辑上给予的帮助，他将这本书的手稿视若己出，每一个章节都仔细阅读并反复修改，为了让本书达到最高的标准，他倾注了大量心血。感谢戴斯·狄洛夫和斯图尔特·克雷纳，当我们写作遇到困难的时候，是他们勇敢地提出了严格且坦诚的反馈，我们最终能完成这本书，与他们的坦诚是分不开的。感谢艾琳·威廉姆斯，在我们准备与其他人分享初稿之前，她为我们提出了很多意见，之后又为我们修改润色，剔除了冗余的段落，确保了信息的清晰。特别感谢帕蒂·麦科德，她在网飞企业文化的发展中发挥了至关重要的作用，她前后花了数十个小时的时间，为我们讲述了很多网飞发展早期的故事。

还要感谢网飞的200多名员工，无论是离职的还是仍然在网飞工作的，他们的故事就是本书内容的基础。正是由于他们慷慨、坦率且精彩的讲述，本书内容才如此丰富多彩。特别感谢网飞的同事理查德·西克洛斯、阮宝越和塔妮·阿金特，本书的完成离不开他们自始至终的帮助。

当然，我还要感谢我的家人，尤其是我的母亲琳达·伯克特，书中每一个章节都融入了她的心血。她帮助我改正语法错误、标点符号，使文章更具可读性。感谢我的孩子们，伊桑和洛根，他们让我的整个写作过程都充满了乐趣。还要郑重感谢我的丈夫，同时也是我的合伙人——埃里克。在我的整个写作过程中，他不仅给了我爱和支持，还花费了数百个小时反反复复阅读本书的每一个章节，并提出他的意见和建议。

最重要的，是要感谢网飞的数百名管理者。感谢他们20年来对网飞企业文化的发展做出的巨大贡献。这本书并不是我一个人埋头冥思苦想的结果，而是我们大家通过激烈的讨论，积极的探索，反复尝试和审视错误而共同发现的成果。正是因为你们的创造力，你们的勇气和智慧，才铸就了网飞今天的企业文化。

艾琳·迈耶

参考文献

自序一、自序二

Edmondson, Amy C. *The Fearless Organization: Creating Psychological Safety inthe Workplace for Learning, Innovation, and Growth*. Hoboken, NJ: Wiley, 2019.

"Glassdoor Survey Finds Americans Forfeit Half of Their Earned Vacation/PaidTime Off." *Glassdoor*, About Us, May 24, 2017, www.glassdoor.com/about-us/glassdoor-survey-finds-americans-forfeit-earned-vacationpaid-time/.

"Netflix Ranks as #1 in the Reputation Institute 2019 US RepTrak 100." Reputation Institute, 3 Apr., 2019, www.reputationinstitute.com/about-ri/press-release/netflix-ranks-1-reputation-institute-2019-us-reptrak-100.

Stenovec, Timothy. "One Huge Reason for Netflix's Success."

HuffPost, Dec. 7, 2017,www.huffpost.com/entry/netflix-culture-deck-success_n_6763716.

第一章　优秀同事造就优质工作环境

Felps, Will, et al. "How, When, and Why Bad Apples Spoil the Barrel: Negative Group Members and Dysfunctional Groups." Research in Organizational Behavior27 (2006): 175–222.

"370: Ruining It for the Rest of Us." This American Life, December 14, 2017, www.thisamericanlife.org/370/transcript

第二章　以积极的态度说出你真实的想法

Coyle, Daniel. The Culture Code: The Secrets of Highly Successful Groups. NewYork: Bantam Books, 2018.

Edwardes, Charlotte. "Meet Netflix's Ted Sarandos, the Most Powerful Person inHollywood." Evening Standard. May 9, 2019. www.standard.co.uk/tech/netflix-ted-sarandos-interview-the-crown-a4138071.html.

Goetz, Thomas. "Harnessing the Power of Feedback Loops." Wired. June 19, 2011.www.wired.com/2011/06/ff_feedbackloop.

Zenger, Jack, and Joseph Folkman. "Your Employees Want the Negative FeedbackYou Hate to Give." Harvard Business Review. January 15, 2014.hbr.org/2014/01/your-employees-want-the-negative-feedback-you-hate-to-give.

第三章（上） 取消限期休假制度

Bellis, Rich. "We Offered Unlimited Vacation for One Year: Here's What We Learned." Fast Company, November 6, 2015. www.fastcompany.com/3052926/we-offered-unlimited-vacation-for-one-year-heres-what-we-learned.

Blitstein, Ryan. "At Netflix, Vacation Time Has No Limits." The Mercury News.March 21, 2007. www.mercurynews.com/2007/03/21/at-netflix-vacation-time-has-no-limits.

Branson, Richard. "Why We're Letting Virgin Staff Take as Much Holiday as TheyWant." Virgin. April 27, 2017. www.virgin.com/richard-branson/why-were-letting-virgin-staff-take-much-holiday-they-want.

Haughton, Jermaine. "'Unlimited Leave': How Do I Ensure Staff Holiday's Don't Get out of Control?" June 16, 2015, www.managers.org.uk/insights/news/2015/june/unlimited-leave-how-do-i-ensure-staff-holidays-dont-get-out-of-control.

Millet, Josh. "Is Unlimited Vacation a Perk or a Pain? Here's How to Tell." CNBC.September 26, 2017. www.cnbc.com/2017/09/25/is-unlimited-vacation-a-perk-or-a-pain-heres-how-to-tell.html.

第三章（下） 取消差旅和经费审批

Pruckner, Gerald J., and Rupert Sausgruber. "Honesty On The Streets: A Field Study On Newspaper Purchasing." *Journal of the European Economic Association* 11, no.3, (2013): 661–679.

第四章　支付行业最高薪资

Ariely, Dan. "What's the Value of a Big Bonus?" Dan Ariely (blog). November 20,2008.danariely.com/2008/11/20/what's-the-value-of-a-big-bonus/.

Gates, Bill quoted in chapter 6 in, Thompson, Clive. Coders: Who They Are, What They Think and How They Are Changing Our World. New York: Picador, 2019.

Kong, Cynthia. "Quitting Your Job." Infographic. Robert Half (blog). July 9,2018.www.roberthalf.com/blog/salaries-and-skills/quitting-your-job.

Lawler, Moira. "When to Switch Jobs to Maximize Your Income." Job Search Advice (blog). Monster. www.monster.com/career-advice/article/switch-jobs-earn-more-0517.

Lucht, John. Rites of Passage at $100,000 to $1 Million+: Your Insider's Strategic Guide to Executive Job-Changing and Faster Career Progress. New York: TheViceroy Press, 2014.

Luthi, Ben. "Does Job Hopping Increase Your Long-Term Salary?" Chime. October 4, 2018. www.chimebank.com/2018/05/07/does-job-hopping-increase-your-long-term-salary.

Sackman, H., et al. "Exploratory Experimental Studies Comparing Online and Offline Programing Performance." Communications of the ACM 11, no. 1 (January 1968): 3–11. https://dl.acm.org/doi/10.1145/362851.362858.

Shotter, James, Noonan, Laura, and Ben McLannahan. "Bonuses Don't Make Bankers Work Harder, Says Deutsche's John Cryan." CNBC,

November 25,2015,www.cnbc.com/2015/11/25/deutsche-banks-john-cryan-says-bonuses-dont-make-bankers-work-harder-says.html.

第五章　开卷管理

Aronson, Elliot, et al. "The Effect of a Pratfall on Increasing Interpersonal Attractiveness." Psychonomic Science 4, no. 6 (1966): 227– 28.

Brown, Brené. Daring Greatly: How the Courage to Be Vulnerable Transforms theWay We Live, Love, Parent, and Lead. New York: Penguin Random House Audio Publishing Group, 2017.

Bruk, A., Scholl, S. G., and Bless, H. "Beautiful Mess Effect: Self- other Differences in Evaluation of Showing Vulnerability. Journal of Personality and Social Psychology, 115 (2), 2018. https://doi.org/10.1037/pspa0000120.

Jasen, Georgette. "Keeping Secrets: Finding the Link Between Trust and Well-Being." Columbia News. February 19, 2018. https://news.columbia.edu/news/keeping-secrets-finding-link-between-trust-and-well-being.

Mukund, A., and A. Neela Radhika. "SRC Holdings: The 'Open Book' Management Culture." Curriculum Library for Employee Ownership (CLEO). Rutgers. January 2004. https://cleo.rutgers.edu/articles/src-holdings-the-open-book-management-culture/.

Rosh, Lisa, and Lynn Offermann. "Be Yourself, but Carefully." Harvard Business Review, August 18, 2014, hbr.org/2013/10/be-yourself-but-carefully.

Slepian, Michael L., et al. "The Experience of Secrecy." Journal of

Personality and Social Psychology 113, no.1 (2017): 1–33.

Smith, Emily Esfahani. "Your Flaws Are Probably More Attractive Than You Think They Are." The Atlantic. January 9, 2019. www.theatlantic.com/health/archive/2019/01/beautiful-mess-vulnerability/579892.

第六章　无须决策审批

Daly, Helen. "Black Mirror Season 4: Viewers RAGE over 'Creepy Marketing' Stunt 'Not Cool'." Express.co.uk, December 31, 2017. www.express.co.uk/showbiz/tv-radio/898625/Black-Mirror-season-4-release-Netflix-Waldo-Turkish-Viewers-RAGE-creepy-marketing-stunt.

Fingas, Jon. "Maybe Private 'Black Mirror' Messages Weren't a Good Idea,Netflix." Engadget, July, 18 2019. www.engadget.com/2017-12-29-maybe-private-black-mirror-messages-werent-a-good-idea-netfl.html.

Gladwell, Malcolm. Outliers: Why Some People Succeed and Some Don't. New York:Little Brown, 2008.

"Not Seen on SNL: Parody of the Netflix/Qwikster Apology Video." The Comic's Comic, October 3, 2011, http://thecomicscomic.com/2011/10/03/not-seen-on-snl-parody-of-the-netflixqwikster-apology-video.

第七章　员工留任测试

Eichenwald, Kurt. "Microsoft's Lost Decade." Vanity Fair. July 24, 2012. www.vanityfair.com/news/business/2012/08/microsoft-lost-mojo-steve-ballmer.

Kantor, Jodi, and David Streitfeld. "Inside Amazon: Wrestling Big Ideas in a Bruising Workplace." The New York Times, August 15, 2015, www.nytimes.com/2015/08/16/technology/inside-amazon-wrestling-big-ideas-in-a-bruising-workplace.html.

Ramachandran, Shalini, and Joe Flint. "At Netflix, Radical Transparency and Blunt Firings Unsettle the Ranks." The Wall Street Journal, October 25, 2018, www.wsj.com/articles/at-netflix-radical-transparency-and-blunt-firings-unsettle-the-ranks-1540497174.

SHRM. "Benchmarking Service." SHRM, December 2017, www.shrm.org/hr-today/trends-and-forecasting/research-and-surveys/Documents/2017-Human-Capital-Benchmarking.pdf.

The Week Staff. "Netflix's Culture of Fear." The Week. November 3, 2018. www.theweek.com/articles/805123/netflixs-culture-fear.

第八章　反馈循环

Milne, A. A., and Ernest H. Shepard. The House at Pooh Corner. New York: E.P. Dutton & Company, 2018.

第九章　情景管理而非控制管理

Fast Company Staff. "The World's 50 Most Innovative Companies of 2018." Fast Company. February 20, 2018. www.fastcompany.com/most-innovative-companies/2018.

Saint-Exupéry, Antoine de, et al. The Wisdom of the Sands. Chicago:

University of Chicago Press, 1979.

"Vitality Curve." Wikipedia, Wikimedia Foundation, November 5, 2019,en.wikipedia.org/wiki/Vitality_curve.

第十章　走向全球的网飞文化

Meyer, Erin. The Culture Map: Breaking through the Invisible Boundaries of Global Business. New York: PublicAffairs, 2014.

To view the culture maps presented in this chapter as well as to create your own corporate culture maps, go to: www.erinmeyer.com/tools.